复杂地质条件下
地铁隧道穿越工程施工
关键技术

FUZA DIZHI TIAOJIANXIA

DITIE SUIDAO CHUANYUE GONGCHENG SHIGONG

GUANJIAN JISHU

郑爱元　武科　著

中国电力出版社
CHINA ELECTRIC POWER PRESS

内 容 提 要

本书依托深圳地铁 7 号线建设工程，针对复杂地质条件下浅埋暗挖法隧道下穿既有工程，综合运用现场试验、理论分析与数值模拟，重点研究了复杂地质特征与灾害预报方法，揭示了浅埋暗挖隧道施工力学机理，提出了浅埋暗挖地铁隧道下穿既有建筑物高效施工技术；进一步，探讨了浅埋大跨度变截面隧道围岩失稳破坏机理与控制措施。总结形成了下穿工程对既有结构物安全控制的流程与风险控制体系提出完整的变形控制方法，从风险分析的角度对浅埋暗挖法隧道施工及组合工艺的应用技术进行评价，对今后类似工程的建设具有重要意义。

本书适用于从事地下工程设计、施工、监理、研究等领域教学、科研与开发的教师、学生、研发人员等参考使用。

图书在版编目（CIP）数据

复杂地质条件下地铁隧道穿越工程施工关键技术 / 郑爱元，武科著 . —北京：中国电力出版社，2019.8

ISBN 978-7-5198-3299-5

Ⅰ . ①复… Ⅱ . ①郑…②武… Ⅲ . ①复杂地层－地铁隧道－隧道施工 Ⅳ . ① U231.3

中国版本图书馆 CIP 数据核字（2019）第 118515 号

出版发行：中国电力出版社
地　　址：北京市东城区北京站西街 19 号（邮政编码 100005）
网　　址：http://www.cepp.sgcc.com.cn
责任编辑：王晓蕾（010-63412610）
责任校对：黄　蓓　朱丽芳
装帧设计：赵姗姗
责任印制：杨晓东

印　　刷：三河市航远印刷有限公司
版　　次：2019 年 8 月第一版
印　　次：2019 年 8 月北京第一次印刷
开　　本：787 毫米 ×1092 毫米　16 开本
印　　张：12.5
字　　数：306 千字
定　　价：68.00 元

前　　言

近年来我国地下轨道交通建设快速发展，由于交通规划的多变性以及城市的快速发展，前期城市轨道交通建设中没有预留新线的接线，或者预留工程的标准和条件不够，必然造成新建线路在既有线路附近施工的实际问题，产生了大量的新建地铁隧道下穿既有道路工程案例，其下穿施工技术难度大，新建隧道埋深浅，且地层沉降控制要求高，不确定因素多。若施工过程中对于既有建（构）筑物控制措施不合理，不但影响隧道内施工，对地面车辆行车安全也有较大范围的影响，因此受到国内外学者的广泛关注。

作为城市轨道交通建设的一种施工工法，浅埋暗挖法是在地表较近的地下进行各种类型地下洞室暗挖施工的一种方法。该工法具有拆迁少、不扰民、不破坏环境等特点，同时，结合工程特点和水文地质系统，创造了小导管超前支护技术、8字形网构钢拱架设计和制造技术、正台阶环形开挖留核心土施工技术和变位进行反分析计算的方法，突出时空效应对防塌的重要作用，提出在软弱地层快速施工的理念。然而，在实际工程建设中，对于结构埋置较浅、地面建筑物密集、交通运输繁忙、地下管线密集及对地面沉降要求严格等情况，采用浅埋暗挖法施工时，也应依据地质特征，不断完善和改进施工工艺，减小施工引起周围地层的移动，防止既有建（构）筑物的变位。

为此，本文作者依托深圳地铁7号线停车场出入线下穿北环大道快车道工程，采用理论计算方法、数值模拟方法、现场监测分析等技术手段相结合，对地铁隧道穿越既有市政道路的地层变形规律与控制方法进行研究，提出基于皮尔曲线模型的隧道施工地层变形三维时空预测模型，并将其拓展到地铁双线隧道；利用等效土柱法推导出地铁隧道下穿既有道路统一计算公式，并给出公式中相关参数确定方法；建立了三维数值模型，进行数值计算分析，研究了隧道下穿引起既有结构的应力应变状态；基于流固耦合模块对隧道开挖造成的孔压变化和渗流情况进行分析，研究了隧道间距对邻近隧道的影响关系；开展了超前加固措施进行比选，并对超前加固工艺进行进一步讨论。为工程稳定性及地层控制效果的评价提供理论依据，为同类工程提供参考和奠定理论基础。

由于作者水平所限，书中错误和不妥之处在所难免，敬请读者提出宝贵的批评意见。

目　　录

1 绪 论

1.1 研究背景与意义

"十三五"期间，随着国民经济的持续快速发展和城镇化进程的加快，城市交通压力日益增大，为缓解大城市巨大的交通压力，地下轨道交通网的建设日趋密集。由于交通规划的多变性以及城市的快速发展，前期城市轨道交通建设中没有预留新线的接线，或者预留工程的标准和条件不够，必然造成新建线路在既有线路附近施工的实际问题，产生车站及区间隧道相互下穿的工程问题。所有这些问题直接关系到既有轨道交通的结构、线路安全，将影响既有线线路的正常运营和在建工程的施工安全、工期和工程造价，对于我国城市轨道交通的快速建设和发展提出了严峻挑战，必须尽快解决。

作为城市轨道交通建设的一种施工工法，浅埋暗挖法是距离地表较近的地下进行各种类型地下洞室暗挖施工的一种方法。此方法继 1984 年王梦恕院士在军都山隧道黄土段试验成功的基础上，又于 1986 年在具有开拓性、风险性、复杂性的北京复兴门地铁折返线工程中得到应用，在拆迁少、不扰民、不破坏环境下获得成功。同时，结合中国水文地质特点，创造了小导管超前支护技术、8 字形网构钢拱架设计、制造技术、正台阶环形开挖留核心土施工技术和变位进行反分析计算的方法，提出了"管超前、严注浆、短开挖、强支护、快封闭、勤量测"18 字方案，突出了时空效应对防塌的重要作用，提出在软弱地层快速施工的理念。由此形成的浅埋暗挖法创立了适用于软弱地层的地下工程设计、施工方法。然而，在实际工程建设中，对于结构埋置较浅、地面建筑物密集、交通运输繁忙、地下管线密集，及对地面沉降要求严格等情况，采用浅埋暗挖法施工时，如果不严格按照 18 字方案实施，极易引起周围地层的移动。一方面在地表引起不均匀沉降，另一方面也会直接引起既有结构物的变位。

2012 年 5 月 31 日，中国电建股份公司（以下简称"中国电建"）接到深圳市地铁集团公司中标通知书——中标深圳市城市轨道交通 7 号线 BT 项目。这是中国电建承建的第一条完整的地铁项目和投资规模最大的城市基础设施项目。深圳地铁 7 号线像一条金元宝的弧线，从东到西把深圳最繁华、GDP 最高、人口最多的福田、罗湖、南山三个区串联起来，西起南山区西丽湖站，终至罗湖区太安站，全长 30.173km，中国电建以"投融资＋设计施工总承包"的模式承建 BT 项目，合同金额 168.53 亿元，工程涵盖 28 座地下车站和 27 个区间土建、轨道、安装装修工程，以及新建体育北主变电所、深云车辆段及安托山停车场、深圳市轨道交通网络控制运营中心（NOCC）等工程。与此同时，深圳地铁 7 号线具有"地质博物馆"之称，近 1/2 面积是填海造地形成的，全线 21 个盾构区间，多次下穿楼房、河流、铁路、车站、高速公路、地铁隧道，沿线有 35 处重大风险源。因此，工程建设面临着七大难题：工程规模大、场地狭窄、施工难度大、环境复杂、危险源多、要求高、地质条件复杂。

为此，依托深圳地铁 7 号线建设工程，针对复杂地质条件下浅埋暗挖法隧道下穿既有工程，综合运用现场试验、理论分析与数值模拟，重点研究了复杂地质特征与灾害预报方法，揭示了浅埋暗挖隧道施工力学机理，提出了浅埋暗挖地铁隧道下穿既有建筑物高效施工技术，进一步探讨了浅埋大跨度变截面隧道围岩失稳破坏机理与控制措施。总结形成了下穿工程对既有结构物安全控制的流程与风险控制体系提出完整的变形控制方法，从风险分析的角度对浅埋暗挖法隧道施工及组合工艺的应用技术进行评价，对今后类似工程的建设具有重要意义。

1.2 国内外研究现状

1.2.1 地质灾害超前预报方法

目前，国内外隧道地质灾害超前预报方法主要有以下几种：直接预报法（水平钻孔法和超前导坑法）、地质分析法（断层参数预测法、地质体投射法和正洞地质编录与预报等）、物探法〔TSP 超前预报技术、地震负视速度法、水平声波剖面法（HSP）、TRT 真地震反射成像技术、陆地声纳法、面波法、地质雷达技术、红外探水法、BEAM 法〕和地质物探综合分析法等。

隧道建设中地质灾害超前预报是保证岩溶隧道安全施工的重要环节，是国内外工程地质和隧道工程界十分关注而又没有得到很好解决的难题。隧道地质超前预报的研究由来已久，国内从 20 世纪 50 年代开始，先后采用超前导坑，水平超前钻探等方法进行超前地质预报。超前导坑掘进时，同样存在地质预报的问题，而且由于该方法造价高，在实际工程中除非有其他用途如运输、通风等，该方法在实际中很少采用。由于上述方法预报距离近、对隧道掘进施工干扰大，不能满足隧道快速、科学施工的需要。为了开发出预报距离远、施工干扰小、预报准确的科学预报方法，人们开始探索用物探方法开展隧道中地质预报的工作。20世纪 80 年代初，我国首先提出用物探方法对隧道进行超前地质预报，针对大瑶山隧道，铁道部攻关项目中列出了用物探方法进行超前地质预报的研究内容。20 世纪 80 年代后期，在大秦铁路隧道施工过程中，研究用施工钻孔台车在掌子面钻 15m 深孔，探查前方不良地质情况。1992 年，重庆煤炭研究所用自制探地雷达，在开滦煤矿井下巷道对工作面前方不良地质情况进行超前预报研究。1992—1993 年，水电贵阳勘测设计院物探队用美国产地质雷达在锦屏二级电站 5km 勘探洞施工时，对不良地质进行超前预报工作。铁道部科学研究院铁建所经过对多种物探方法进行现场试验和生产使用，于 1995 年确定了以"地震反射负视速度法（隧道 VSP）"和"陆地声纳法"为主，探地雷达和水平声波剖面法（HSP 法，此法由中铁西南分院发明并不断完善）为辅的综合物探方法，对隧道前方不良地质缺陷进行超前预报，取得了较好的效果。

2000 年后，铁道部科学研究院西南分院将水平声波法（HSP）进一步完善并研发了 CT成像技术。国内也有不少学者提出采用地质方法预测隧道前方的地质缺陷，如刘志刚等提出用断层参数来推测预报不良地质体位置和规模的方法。秦小林和蒋忠信等提出一种地质、地貌调查与地质推理相结合的定性方法。张清依靠专家系统知识，建立了一个专家系统，以对隧道下穿碳酸岩地区时对岩溶灾害进行预测。刘崧对岩溶勘察中常用的物探方法如电法、地震法、微重力法、射气法和地球物理测井法等在岩溶勘察中的应用进行了介绍。近年来，山东大学等高院校、其他科研所和工程单位应用 TSP202 和 TSP203、地质雷达和陆地声纳等设备结合工程地质方法对国内秦岭隧道、圆梁山隧道、乌鞘岭隧道和龙潭隧道、八字岭隧道、庙垭隧道、宜万铁路沿线多处隧道进行了超前预报工作，其中不少隧道取得了较好的效果，但岩溶隧道的预报技术还有待提高。

国外方面，1984 年，美国学者 Benson 等在北卡罗来州 Wilmington 西南部的一条军用铁路中运用地质雷达进行潜在岩溶危害的超前地质预报研究工作；1992 年，瑞士 Amberg 公司推出用于隧道超前预报的 TSP 方法，近年又推出 TSP203；1995 年，日本推出 HSP 技术。2000 年，随着隧道反射地震波 CT 技术进一步发展，美国 NST 工程公司发展了 TRT 技术（真正反射层析成像）。TRT 法在结晶岩体中的探测距离可达 100～150m。该方法在奥地利的通过阿尔卑斯山的铁路双线隧洞施工中进行了全程的超前预报。

上述 TSP 等弹性波反射类方法可探查隧道掌子面前方地质缺陷（如断层、大的节理、裂隙、破碎带等），由于目前现场仅能测准第一层反射面的岩体波速 V_1，后面各层的波速 V_2、V_3 等的准确测量仍是需要突破的问题，因此该类方法对反射面空间准确定位比较困难。同时，由于所测到的反射波均与反射面垂直，空间定位时仅能将反射面沿产状延伸到隧道的正前方。因此，预报距离越远，误差越大，错误率越高。所以该类方法预报距离应尽量控制在 100m 以内。

地质雷达是应用电磁波的探测技术，根据电磁波双程走时的长短差别，确定探测目标的形态和属性，结合理论分析达到对前方目标的探测与判断。地质雷达主要用于对掌子面前方短距离（20～30m）的特殊地质问题（如破碎带、岩溶地区发育的溶洞、裂隙水等）进行预测预报，缺点是预报距离短，对工程施工干扰较大。

由于物探的多解性，单一预报方法对地质预报的准确度并不十分可靠，同时不同的方法对不同的地质缺陷预报效果也不尽相同。国内外专家、学者都在试图发展准确预报不良地质的三维可视化物探设备，但从目前状况看，还没有哪种设备能对各种地质缺陷做出准确预报。

因此，发展一种综合有效的方法，开展城市复杂地质灾害超前预报研究，对确保工程的顺利进行，无疑具有重要的现实意义。同时对其他类似工程也有相当大的指导意义和推动作用。

1.2.2 隧道工程施工力学机理研究

1. 地层移动与变形的时空效应

隧道施工引起地层移动与变形的发展规律和特征随隧道开挖工作面所处的位置、历经的时间、地层与隧道工作面的相对位置等的不同而变化，表现出强烈的时空效应，时间与空间的交互作用。

（1）地层移动的时间效应

通过对隧道施工地表沉降进行实际观测，可得沿隧道纵向轴线所产生的地表变形的一般规律，如图 1.1 所示。地表点的变形经历三个阶段，即前期变形阶段、施工变形阶段和后续变形阶段。前期变形是指隧道开挖工作面尚未到达该点时的变形。它是由于工作面支护力不

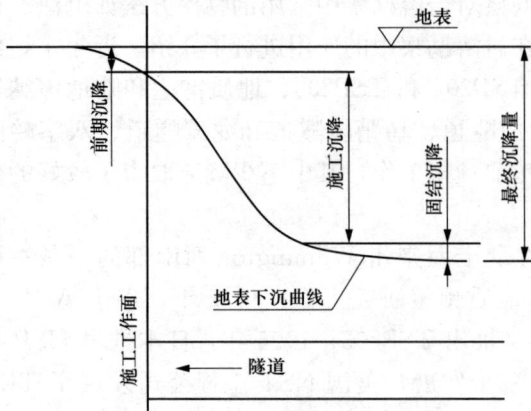

图 1.1 隧道开挖地表变形的一般规律

足等原因，导致工作面前方岩土体向后向下移动，在地表表现为微小下沉。在施工变形阶段，由于隧道开挖，隧道周边的岩土体必然向隧道内移动，一方面隧道开挖后不可能马上提供支护，另一方面支护也不可能完全阻止地层向隧道内的变形，在此阶段地表必然出现较大的下沉，这一阶段的下沉通常在1个月左右完成。在隧道开挖工作面通过后的很长一段时间内（有时需要几年以上时间），地表下沉仍在不断发展，这部分变形属于后续变形阶段，这主要是由于岩土体的次固结沉降和蠕变变形引起的。

隧道施工引起的地层变形从开始到最终稳定需要经历很长一段时间。在这个过程中，地层变形随隧道的开挖掘进不断发生变化，有时变形的性质（如拉伸变形和压缩变形等）还会发生改变。对于隧道周边的地表建筑物及地下管线而言，如果单从最终稳定的移动盆地看，所受到的变形均有可能在允许范围之内；但如果从隧道掘进的过程来看，建筑物及管线所受到的变形有可能超过其允许范围。

（2）地层移动的空间效应

隧道施工所引起的地层移动在空间上具有三维性，它随着隧道工作面的推进沿隧道纵向不断向前发展，出现的地表沉陷槽也随之扩大和发展。地层的空间移动状况如图 1.2 和图 1.3 所示。

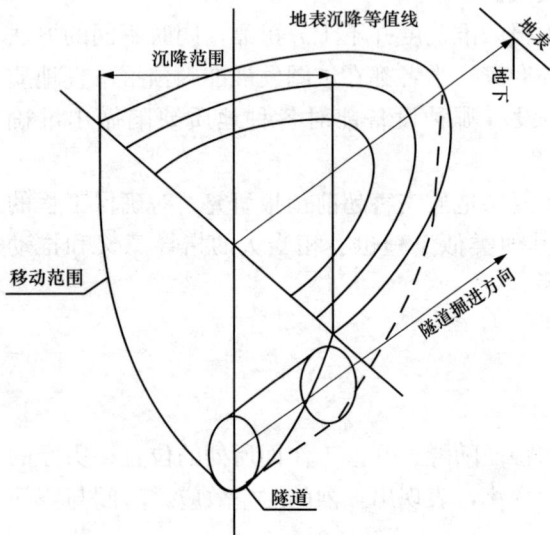

图 1.2 地层变形的空间形态

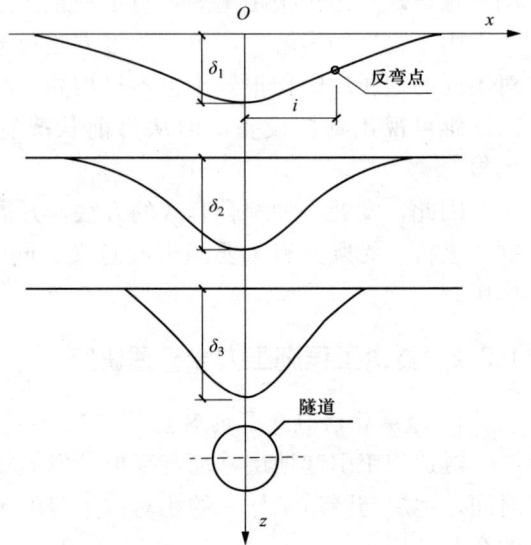

图 1.3 横向断面地层沉降形状

隧道开挖引起的地层空间移动具有如下规律：

1）地层移动以隧道开挖工作面为起始点向上向前或侧向上扩展，其影响范围自隧道位置起从下到上逐渐增大，具有扩散性。

2）竖向地层移动量的大小与距隧道工作面的距离有关，在衬砌的拱顶，下沉量最大，随着与隧道工作面距离的加大，下沉量逐渐减小，具有衰减性。

3）隧道施工引起的沉降槽在地表面上产生的沉降等高线呈锥形，锥尖顺着隧道前进的方向。随着隧道工作面的向前延伸，锥形沉降等高线向前扩展。

2. 地层移动与变形的理论基础

地球表层岩土体以及地表变形，乃是亿万年地质构造运动作用的产物，在隧道开挖施工之前，它们处于平衡状态，极为缓慢的大陆漂移及造山运动对工程的影响可以忽略不计。由隧道施工引起的地层移动与变形主要体现在以下几个方面：

（1）地层损失理论

美国的 Peck 在对隧道施工引起的大量地表沉陷数据进行分析的基础上，首先提出了地表沉降槽似正态分布以及地层损失的概念。他认为地层移动由地层损失引起，并认为隧道施工引起的地表沉降是在不排水条件下发生的，所以地表沉陷槽的体积应等于地层损失的体积。

地层损失是指隧道施工掘进过程中，实际开挖土体体积与竣工隧道体积（包括隧道周边包裹的压入浆体体积）之差。隧道作为土体在弥补地层损失的过程中，必然导致地层移动，从而引起地表沉降。该法的理论基础是：在隧道施工过程中产生了一定的地层损失，相当于从地层中挖去一块岩土体，形成一个空洞，从而导致上部的岩土体产生移动和变形，最终该空洞被填充，而在地表则形成体积等于空洞体积的沉降槽。该理论在不排水固结的条件下，对隧道施工期间的变形做出了较为满意的解释。

隧道开挖施工所引起的地层损失是多种因素作用的结果。隧道开挖卸载时，开挖面岩土体会向隧道内移动，隧道支护结构刚度偏低，从而在围岩压力的作用下产生变形，支护结构未及时闭合会造成围岩的挤入，隧道支护结构背后存在一定的空隙，如果隧道施工方法不当造成的围岩失稳以及隧道结构的整体下沉等都会产生地层损失，并最终导致地层发生移动和变形。

（2）孔隙水压力及固结压密理论

土体是由土颗粒（固相）、气体（气相）和水（液相）所组成的三相体系，土体介质的力学行为受土体颗粒间压力、孔隙水压力及气压力的控制。在含水地层中进行隧道施工时，地层中的地下水位会产生变化：当土体颗粒骨架之间的孔隙水逐渐被排出，地层中的地下水位降低时，会引起土体内部孔隙水压力的降低，而土体颗粒间的应力，即有效应力相应会增加。

假定地表下某深度处地层总应力为 σ，有效应力为 σ'，孔隙水压力为 p，根据太沙基有效应力原理，地下水位下降前应满足式（1-1）关系

$$\sigma = \sigma' + p \qquad (1\text{-}1)$$

随着地下水位的下降，孔隙水压力也随之减小，在降水前后地层中的总应力应保持不变，孔隙水压力的减少量 Δp 相应转化为粒间有效应力的增加量 Δp（如图 1.4 所示）。

$$\sigma = (\sigma' + \Delta p) + (p + \Delta p) \qquad (1\text{-}2)$$

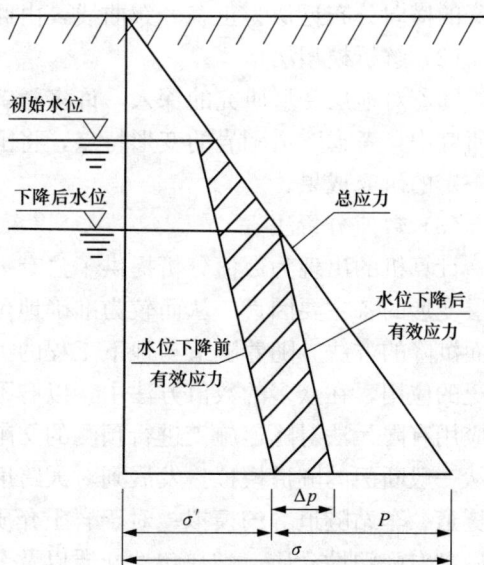

图 1.4　水位下降前后土中有效应力的变化

土层有效应力的增加相当于在降水地层上方施加了一种有效外荷载,在这种外荷载的作用下,地层相应会产生固结压密,降水范围内土体的固结压密向上传播并进行叠加,导致了地层的移动和变形,传递到地表,便形成了地表沉降槽。

(3)次固结沉降理论

隧道开挖以及降水必然会对地层产生或大或小的扰动,在这种扰动作用后,土体骨架还会发生持续很长时间的压密变形,在土体蠕变过程中产生的沉降成为次固结沉降。在孔隙比和灵敏度较大的软塑和流塑性黏土中,次固结沉降往往要持续几年以上,且其所占总沉降的比例也较大;而在一般性地层中,次固结沉降所占比例较小。

3. 隧道施工地层变形预计方法研究

地层变形包括了地层下沉、水平位移以及由不均匀地层沉降和不均匀水平位移所形成的地层倾斜和水平变形,以及地层的弯曲变形。城市隧道施工引起的地层变形,尤其是在地面建筑设施密集城市中进行的隧道施工,一直是人们关心的课题。国内外科技工作者对地层变形的预计也提出了很多方法,主要包括建立在现场实测资料基础上的经验公式法、以理论分析为基础的解析模型法、以有限元计算为主要手段的数值分析方法、建立在模型试验基础上的物理模型法等。近年来,神经网络方法和随机介质方法也开始在隧道开挖地层变形预计中得到应用。

(1)经验公式法

经验公式法主要是根据隧道开挖后地表沉降槽的形状,认为可以采用一定的曲线形式表示,再根据地表沉降实测结果或已有的资料,确定曲线的具体特征参数。在隧道施工引起的地层移动和变形中,地表沉降的大小和分布是最受关注的。美国的 Peck 较早对隧道施工引起的地面沉降问题进行了研究,在对大量隧道开挖地表沉降的实测数据分析的基础上,他于 1969 年系统地提出了地层损失的概念和估算隧道开挖地表下沉的实用方法,即著名的 Peck 公式。此后,Peck 本人及其他学者和工程技术人员做了大量工作,使之成为目前应用最为广泛的预计隧道施工地表沉降的方法。Peck 认为在不排水的情况下,地表沉降槽的体积应等于地层损失的体积,并假定地层损失在整个隧道长度上均匀分布,隧道施工所产生的地表沉降的横向分布近似为正态分布曲线,由此提出地表沉降横向分布的预计公式。

(2)解析模型法

随着对地层变形研究的深入,许多学者将相关学科的研究成果引入到隧道开挖地层变形的研究中,考虑隧道围岩的变形特点,将围岩作为弹性、弹塑性、黏弹塑性体来看待,取得了一定的研究成果。

(3)数值分析法

计算机的出现为数值分析提供了强有力的工具。借助于计算机,可以较全面地考虑影响地层变形的各主要因素,从而较为准确地预计隧道施工引起的地层变形,并提出有效地控制地面沉降的方法。随着隧道与地下工程的大量修建,数值分析方法在地下工程中已经得到了广泛的应用,在众多的数值方法中,以有限单元法的应用更为普及和成熟,国内外科技工作者应用有限元法对隧道施工进行预测的文献和报道很多。对于隧道结构的复杂程度而言,已经从一般断面的隧道模拟,发展到对大跨度隧道、小净距隧道、交叉隧道、连拱隧道、变跨度隧道、车站隧道等的模拟;对于岩土介质的复杂程度应用而言,已从对弹性介质的模拟,发展到对弹塑性介质、黏弹塑性介质以及节理裂隙等的模拟;就研究问题的应用领域而言,已经从单一的应力场问题的模拟,发展到对应力场、渗流场乃至温度场等多场耦合问题的模拟；就解决问题的复杂程度而言，已经从平面问题的施工过程的模拟，发展到了对空间问题的动态施工过程进行模拟。

此外，将解析法与数值法相结合的半解析数值方法开始应用于隧道结构分析中。有限层法、有限条法、无限元法、边界元法等都属于半解析法。在此基础上，有限元与半解析元耦合分析的数值方法也开始出现，并在隧道中得到广泛应用。在隧道及地下工程分析中经常会遇到节理、层理以及断层面等不连续问题，为了能够处理非连续介质问题，发展了离散单元法和非连续变形分析法，它们均以受节理切割成分立离散的块体为研究对象。

（4）模型试验法

在现场实测、理论分析的基础上，许多学者还通过模型试验方法对这一课题进行了研究。这些模型试验方法主要有相似材料模型试验和离心模型试验等，在这方面也取得了一定的研究成果。

（5）神经网络与灰色预测方法

人工神经网络作为动态系统识别、建模和控制的一种新的工具，经过 20 年的研究取得了一定的进展，许多学者致力于将其引入自己的专业研究领域。对于隧道与地下工程领域神经网络的应用，不少学者也作了积极的探索，并取得了一些有意义的成果。

（6）随机介质理论方法

随机介质理论是波兰学者李特威尼申（Litwiniszyn）于 1957 年研究采煤岩层与地表移动问题时提出的。他在砂箱模型试验研究的基础上，提出了五大公理，并应用严密的数学方法，建立了随机介质理论。在随机介质理论中，地表下沉预计参数是围岩物理力学性质和工程施工的各种影响因素的综合反映，其对地表下沉预计结果的精确度影响很大，预计参数的准确确定为工程的准确预报提供了可靠的保证。但是目前随机介质理论在浅埋隧道施工地层变形预计中的应用还只限于考虑平面情况，对变形的预计也仅限于地表和最终的结果，没有充分考虑变形的空间分布以及地层内部的位移和变形，也没有考虑变形随时间变化的过程，这些方面都有待进行进一步的研究和解决。

1.2.3　地层变形规律及预测方法研究现状分析

地层变形是下穿工程地表道路、构筑物等破坏的直接原因。目前常用的隧道开挖方法包括新奥法、盾构法、浅埋暗挖法等，但不管采用何种方法，都不可避免地破坏原有的平衡状态，引起围岩应力变化形成二次应力场，造成土体固结变形，从而引发地表沉降。影响地表沉降模式和沉降量的因素很多，如地质条件、支护措施、施工工艺、隧道截面形状等，合理地对地表沉降进行预测可以有效指导施工，优化设计。目前，常用的地表沉降预测方法有经验公式法、理论解析法、模型试验法、数值预测法等。

1. 经验公式法

经验公式法是通过收集大量现场的实测数据，进行回归分析，通过数理统计总结其中的规律。这种方法比较简单，因为统计数据多取自现场，具有较好的参考价值，但往往考虑因素较少，使用上受到一定限制。

预测地表沉降最著名的经验公式是 Peck 公式，Peck 对大量现场地表沉陷实测数据进行归纳统计后认为，隧道开挖会在地表形成沉降槽，在假设土体不排水的情况下，沉降槽体积应等于土体损失体积。Peck 进一步提出，隧道上方地表横向沉降槽形状类似正态分布曲线，

且横向沉降曲线符合以下规律:

$$S(x) = S_{\max} \exp\left(\frac{-x^2}{2i^2}\right) \tag{1-3}$$

$$S_{\max} = \frac{V_{\text{loss}}}{i\sqrt{2\pi}} \tag{1-4}$$

式中　$S(x)$——地表某点的沉降量;

　　　　x——该点距离隧道轴线的水平距离;

　　　　V_{loss}——土体损失量,m^3/m;

　　　　i——地面沉降槽宽度系数。

即隧道轴线距离沉降槽曲线反弯点的水平距离,由经验公式求得:

$$i = R\left(\frac{h}{2R}\right)^n \tag{1-5}$$

式中　R——隧道半径;

　　　　h——隧道轴线距离地面埋深;

　　　　n——0.8~1.0,与土体性质有关。

在此基础上,一批国内学者依据国内隧道修建现场实测数据对 Peck 公式进行了改进和研究:韩煊等对国内收集到的多组监测数据进行了统计分析,对 Peck 公式在国内隧道工程中的适用情况进行了讨论,给出了公式中参数在国内各地区的取值。

马克栓对 Peck 公式在国内双线隧道开挖沉降槽预测中的适用性展开了论证,并进一步提出用超几何方法对先行隧道沉降槽和后行隧道附加沉降槽进行叠加,可以合理解决双线隧道开挖引起地表沉降槽的不对称性。

陈春来等对平行隧道盾构施工引起的三维土体沉降进行推导,分析了两条隧道开挖面前后距离对沉降槽影响,得到三维土层沉降预测公式。

方恩权等对大量实测数据进行回归分析,在 Peck 公式的基础上,综合插值法、最小二乘法,推导出预测模型,随后将模型融入信息系统进行地表沉降预测。

康庄等将盾构坡角和隆起效应等计入考量,引入角度系数对 Peck 公式进行修正,使其适应盾构隧道斜交下穿的地表沉降计算。

2. 理论解析法

(1) 弹-黏-塑性理论解析方法

随着相关力学理论的发展,一些学者将弹-黏-塑性理论引入隧道软土地层变形研究中,将隧道围岩看作弹性、弹塑性、黏弹塑性体进行解析计算来预测土体变形。久武胜保等将土体作为弹塑性和黏弹性材料,同时把时间因素加入考量,得到圆形隧道非线性弹塑性解析解。

卞跃威等将围岩的塑性应变软化特性引入到考虑应力释放的圆形隧道黏弹塑性解中,并且在围岩的软化和残余强度阶段考虑围岩的塑性体积膨胀特性,提出了考虑塑性软化以及塑性体积膨胀和围岩应力释放的圆形隧道弹塑性解。

上述采用的模型,均把土体看做均匀、轴对称材料,作为平面应变问题考虑,因此其应用受到极大的限制。

(2) 随机介质理论

岩土体是一种饱含节理、裂隙断层等地质弱面的复杂介质,目前的超前地质预报技术并不能完全揭露隧道开挖区域围岩特性。目前的块体理论将围岩视为不同形状大小的块体，当隧道开挖时，地下岩土体出现临空面，力学平衡被打破必将引发块体的移动。大量块体的运动方向、运动距离具有不可预测性，但总体沉降往往呈现规律性。因此，概率统计的方法在这种情况下适用性较高。

波兰学者 J. Litwiniszyn（李特威尼申）于 1956 年提出随机介质理论，把隧道开挖过程当作一个平面应变问题，运用概率统计的思想将隧道土体的开挖看作无数微小单元体开挖的总和。经过这样的处理后，对地面的影响也可视作每个单元体影响的叠加。

刘宝琛将随机介质理论引入国内，验证了该理论在国内煤矿中的适用性，随后将其拓展到隧道开挖等领域，并对随机介质理论进行系统的研究。张家生给出基本参数三维反分析的方法，并编制了相应的计算机软件（POBA）协助使用者确定公式中各项参数。施成华在刘宝琛给出的沉降槽体积与时间关系上对随机介质理论进行扩展，推导出地层变形时空过程统一计算公式。李立新将随机介质理论预测方法用于注浆抬升位移预测中，建立了单孔注浆抬升量模型，并运用叠加原理使其适用多孔注浆。魏纲基于单线随机介质理论建立修正了随机介质理论简化公式，并基于上述公式对双线水平平行盾构的计算公式进行推导，使其适应沉降曲线的不对称性。

3. 模型试验法

经验公式法和理论解析法都依赖计算公式，但公式中的参数毕竟有限，这就造成公式中考虑的影响因素数量与现场实际的差异，从而使某些因隧道开挖造成的影响无法被真实地反映。为了弥补这些问题，模型试验被引入地表沉降变形预测中。模型试验应用较多的是相似模型试验和离心模型试验。模型试验不同于计算公式，其往往能较为真实地反映现场情况和施工过程，结果直观，但其造价较高，结果往往受相似材料选取等因素的影响。

（1）相似模型试验

相似模型试验根据尺寸比例分为足尺模型试验和缩尺模型试验。足尺模型试验采用与现场 1∶1 的比例，一般采用原位试验，也有一部分采用室内试验，足尺试验是能够最真实地反应现场情况的试验方法，数据处理也较为方便，但因其尺寸往往过大，需要耗费大量的材料、人工，造价极其高，因此，大部分非必要的情况下，均采用缩尺模型试验。

李新志等基于长城岭隧道下穿古齐长城工程，通过缩尺地质力学模型试验，模拟现场开挖和支护情况，得到了地表沉降的量值和分布特征，并分析了施工措施对沉降规律的影响。

王非等利用填入长江砂的自制大型模型试验箱，模拟隧道施工引起的底层位移，分析不同深度地层位移模式，研究了砂性土隧道开挖引起地层沉降分布特征，得出同深度最大沉降量与深度呈线性关系；沉降槽体积不是常数，与深度有关；且沉降槽宽度系数与深度有关。

（2）离心试验

缩尺模型试验往往不能解决重力问题，因此采用离心试验对重力模拟，试验中要用到离心机，通过调节转速来调节施加重力的强度，其优点是可以真实模拟现场重力，得到较为可靠的结果。

Kimura 和 Mair 等基于土体不可压缩假设，运用离心模型试验对伦敦地铁地层中产生的地表沉降进行预测，并给出水平位移的计算公式。Mair 和 Gunn 通过数值模拟并结合离心试验验证了隧道周围土层性状和隧道埋深对地表沉降的影响。Hirohisa-Kamata 通过离心试验方法，对砂性地层隧道开挖进行模拟，并着重对锚喷支护体系进行模拟，研究了垂直锚杆和掌子面锚杆对地层沉降的影响作用。

马险峰等利用离心模型试验对盾构隧道开挖进行模拟，研究了地层损失与施工期及工后地表沉降的关系，得出隧道拱顶和地表沉降量在纵向上的关系公式，$S=a\ln t+b$，并得到隧道拱顶沉降量大约是地表沉降量的 2 倍。苑艺依托西安地铁穿越住宅区项目，通过 1：25 的缩尺物理模型试验对开挖引起的地层应力-应变规律进行研究，得出穿越地面沉降凹槽中心长轴时隧道底部受拉明显，并给出底部纵向土压力影响长度。许明采用离心机模型试验方法研究小导管注浆范围对隧道稳定性及地面沉降的影响。试验结果表明，随着小导管环形布置范围扩大，隧道塑性区及滑移面由拱顶向拱脚转移，稳定性提高。

4. 数值模拟法

上述方法可以较为简单地进行地层沉降预测，但其往往都基于均匀介质假定，适用条件比较严苛，当地质情况较为复杂或者施工工艺、隧道形状等较为复杂时，预测误差较大，并且计算量、成本方面都存在各种问题，且动态控制方面缺乏方法。

随着计算机技术的发展，数值模拟技术被引入地层沉降预测中，目前主流的数值计算方法包括有限元法（FEM）、有限差分法（FDM）、边界元法（BEM）、离散元法（DEM）、刚度有限元法（RFEM）等。通过将黏弹塑性本构关系编入数值模拟软件，可以实现仿真模拟开挖计算。目前主流的软件都可以比较方便地改变隧道埋深、形状、施工过程，根据实际情况创建多种性质、形状规则或不规则的地层，如 ANSYS、FLAC 3D、ABAQUS、UDEC、COMSOL、PLAXIS 等都可以较为方便地模拟隧道动态开挖过程。

W. Ke 等利用 Plaxis 数值模拟软件对隧道侧穿建筑物进行模拟，并与模型试验结果进行对比，揭示了隧道近距离侧穿建筑物地表沉降规律及对建筑物影响规律。Zhang W 等运用 FLAC 3D 软件对膨胀土地区隧道开挖进行模拟，并模拟了围岩降雨增湿膨胀与失水收缩的过程，得到膨胀土隧道地层沉降规律。杨延栋等利用有限元软件 ANSYS 对某盾构隧道施工进行数值模拟，并将结果与 Peck 公式进行对比，得出某工程横向地表沉降规律。吕玺琳等通过数值模拟和离心试验相结合，对粉砂地层盾构隧道开挖面进行三维弹塑性有限元模拟，得到地层沉降规律并得出极限支护压力与渗流条件、内摩擦角及隧道埋深的关系。康佐等针对西安地铁 1 号线下穿某古城墙段进行三维数值模拟，优化加固方案，并提出城墙沉降控制标准。

1.2.4 隧道下穿施工地层变形规律及控制措施研究现状

随着城市地铁隧道在地下工程中所占比例越来越高，隧道近距离穿越道路、建筑物、构筑物的情况频繁出现在工程中，国内外学者针对隧道下穿施工地层沉降规律及对上部结构的影响做了大量研究。

Jenck O 等利用有限元模拟对某盾构隧道下穿既有构筑物进行模拟分析，分析认为在考虑地层损失和构筑物刚度时，构筑物下方土体变形较大。Mroue 采用三维有限元模拟，对某盾构隧道下穿施工进行分析，得到穿越上方结构物时地层的沉降规律，并与无结构物的情况进行比较，结果证明下穿施工中土层沉降相对较大。Morton King 研究了隧道近接桩基础时地层沉降规律和对既有桩基的影响。采用模型试验的方法验证了既有桩基受影响程度。Ibranhim Ocak 依托伊斯坦布尔地铁工程，综合运用理论解析法、监测分析法研究了黏土质隧道施工引起地层变形和工法优化。研究结果表明，UAM 配合管棚施工效果在黏土质地层隧道开挖沉降控制方面效果更优，运用此方法地表沉降只达到普通管棚法的三分之二。Jia

Rui-hua 等采用现场监测和数值模拟相结合的方法评价分析了浅埋暗挖隧道穿越既有结构物时对上部结构的影响，同时对隧道拱顶、沉降规律进行了研究。

仇文革按照受力特性对各种近接施工情况进行归纳分类，并从力学角度说明近接施工互相影响是由于围岩应力重分布引起，并提出了近接度和近接对策等级的概念。朱正国等提出通过公路平整度要求来确定隧道下穿公路的沉降控制值，并通过 FLAC3D 数值模拟软件分别对单双线隧道下穿公路进行建模计算，得到了地层和路面的变形规律，提出了路面沉降控制标准并通过工程实际验证其合理性。郑余朝等依托某地铁工程，采用经验公式法和数值模拟法研究了地铁隧道下穿既有铁路引起的路基沉降，提出了在单因素分析基础上的多远非线性逐步回归方法。何知思等依托某隧道下穿城大高速公路工程，利用监控量测和数值模拟相结合的方法，对施工过程进行动态模拟分析，证明了六步 CRD 法在浅埋黄土隧道下穿施工中的优势。曹成勇等结合浅埋大跨隧道下穿高速公路现场监测数据，建立了基于功效系数法的隧道施工风险评估模型，提出风险控制措施并用数值模拟方法验证其可行性。

1.3 工程概况及难点

1.3.1 工程概况

深圳地铁 7 号线工程涵盖 28 座地下车站和 27 个区间土建，轨道、安装装修工程，以及新建体育北主变电所、深云车辆段及安托山停车场、深圳市轨道交通网络控制运营中心（NOCC）等工程。与此同时，深圳地铁 7 号线（图 1.5）具有"地质博物馆"之称，近一半面积是填海造地形成的，全线 21 个盾构区间，多次下穿楼房、河流、铁路、车站、高速公路、地铁隧道，沿线 35 处重大风险源。因此，工程建设面临着七大难题：工程规模大、场地狭窄、施工难度大、环境复杂、危险源多、要求高和地质条件复杂。

图 1.5　深圳地铁 7 号线线路示意图

1. 深云村站—农林站区间与安托山停车场出入线

深云村站—农林站区间与安托山停车场出入线路段需下穿北环大道 5 次、广深高速 4 次、安托山工业厂房、老旧雨水箱涵及侧穿鸿新花园（图 1.6）。与此同时，该段下穿区域主要为第四系全新统人工填筑土、砾（砂）质黏性土，下伏基岩为燕山期花岗岩。区间隧道埋深较大，下穿地层多为强—微风化岩，施工难度很大。

图 1.6　深农区间工程平面图

依托深圳地铁 7 号线深云站—农林站区间下穿广深高速、两次下穿北环大道及安托山填土层工业厂房的隧道工程。

（1）下穿广深高速隧道工程

安托山站—农林站区间左线设计里程范围为左 DK09＋948.468～左 DK11＋725.462，短链 28.013m，左线全长 1748.981m；右线设计里程范围为 DK09＋948.456～DK11＋725.462，短链 2.685m，全长 1774.321m。其中，矿山法空推段为左 DK10＋067.740～左 DK10＋219.740，左 DK10＋528.668～左 DK11＋344.668，右 DK10＋070～右 DK10＋255，右 DK10＋536.540～右 DK11＋395.540，全长 2012m。

安农区间隧道两次下穿广深高速公路，详见表 1.1，平面示意图详见图 1.7。

表 1.1　　　　　　　　　安—农区间隧道下穿广深高速公路汇总表

位置	里程	长度/m	围岩级别	深度/m	施工方法
左线	DK10＋763.009～DK10＋830.390	67.381	Ⅴ、Ⅳ	约 20	台阶法
右线	DK10＋751.884～DK10＋811.004	59.12	Ⅲ、Ⅳ、Ⅴ	约 20	全断面法
左线	DK11＋105.387～DK11＋214.776	109.389	Ⅱ、Ⅲ	约 20	台阶法
右线	DK11＋153.549～DK11＋257.956	104.407	Ⅳ、Ⅴ	约 21	台阶法

其中，下穿广深高速地层及环境的基本特点：原状残积土为厚达 16～20m 的沙质土及杂填土、高速公路填土路基及路面结构，隧道洞身上部是残积土（局部是回填土），下部是岩石，并且富含水，严重影响下穿工程施工及广深高速公路的安全。

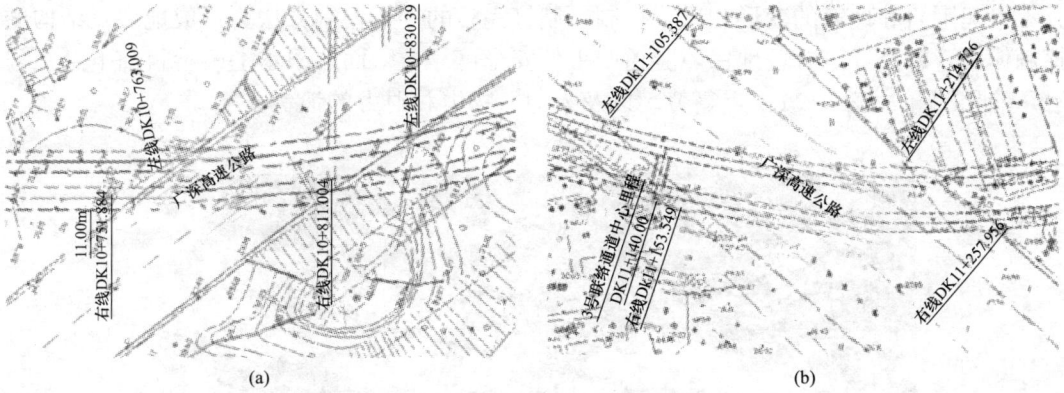

图 1.7　下穿广深高速公路平面示意图

(a) 小里程；(b) 大里程

（2）下穿北环快车道

深圳市城市轨道交通 7 号线 7302 标安托山停车场出入线暗挖区间：右线起止里程为 ADK0+231.316～ADK1+550.494（长 1300.678m），另有与深安区间共线段 108.721m，左线起止里程为左 ADK0+170.805～左 ADK1+550.494（长 1805.86m），另有与深云车辆段出入线左线共线段 329.195m。安托山停车场出入线最大曲线半径为 800m，最小曲线半径为 250m，区间隧道最大线路纵坡为 30‰，最小纵坡为 1.5‰，竖曲线均为 2000m。

安托山停车场出入线分别在左 ADK1+101.00～左 ADK1+163.00（长 62m），右 ADK0+655.00～右 ADK0+719.00（长 64m）两处以单洞单线隧道下穿北环大道。下穿北环大道平面如图 1.8 所示。

下穿北环快速路及邻近区域的地层特点是具有厚度不均的残积土与回填土，有古冲击沟与老旧雨水箱涵，且富含水，严重影响施工安全。

（3）下穿北环快车道及安托山填土层工业厂房

深圳市城市轨道交通 7 号线工程深云站—安托山站区间安托山站前明挖区间位于深圳市福田区北环大道南侧，安托山混凝土公司厂区内。

安托山站前明挖段北端与三条隧道相连，分别为深安区间左、右正线隧道及安托山停车场出入线与深云车辆段共线隧道。其中，深安区间正

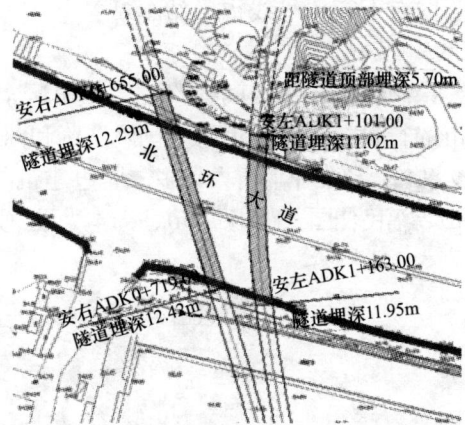

图 1.8　安托山停车场出入线下穿北环大道平面图

线隧道为单洞单线隧道，安托山停车场出入线与深云车辆段出入线共线隧道为单洞双线隧道。

深农区间正线分别在左 DK9+388.00～左 DK9+430.00（长 42m），右 DK9+387.00～右 DK9+343.00（长 44m）、安托山停车场出入线与深云车辆段出入线共线隧道在 ADK0+261.00～ADK0+303.00（长 42m）三处下穿北环大道。下穿北环大道平面图如图 1.9 所示。

因此，在总结已有工程经验和研究成果的基础上，紧密结合当前正在进行的 7 号线下穿既有城市快车道、高速公路、地下雨水箱涵及侧穿建筑物等典型工程。通过研究地铁隧道下

穿施工引起围岩和地表的变形和风险控制，制订完整的变形控制方法，形成地层及结构的变形控制体系，以及经济合理地保障隧道施工的安全可靠，从而从根本上改善目前下穿工程中"一事一研究"的做法，减少重复劳动以及人力、物力和财力的浪费。

图1.9　下穿北环快车道及安托山填土层工业厂房隧道工程布置图

2. 皇岗村—福民区间下穿福民车站

深圳地铁7号线7304-2标皇岗村—福民区间呈东西走向，起点为皇岗村站东端，沿福民路向东下穿4号线福民站车站，至7号线福民站西端，区间左线全长392.499m，右线全长396.077m。

皇岗村—福民区间线路位于福田区福民路上，福田区是深圳市委、市政府所在地，是深圳市的行政、文化、信息、国际展览和商务中心；下穿既有4号线福民站段位于福民路与金田路交叉口，路面车辆行人较多，周边建筑与下穿隧道距离较近，主要有福民妇幼保健院（距离20m）、福民佳园（距离44m）、知本大厦（距离35m）；4号线福民车站内客流量较大（图1.10）。

图1.10　区间周边环境平面示意图

皇岗村—福民区间隧洞零距离下穿既有 4 号线福民站，下穿段右线长 28.059m（里程 YDK18＋195.542～YDK18＋223.601），左线长 28.877m（里程 ZDK18＋191.183～ZDK18＋220.060），如图 1.11 所示，断面形式为矩形，宽 6.6m，高 7.885m；左右线隧道平行布置，净距为 8.9m；隧道轴线与既有 4 号线福民站轴线呈 75°夹角。新建车站地下连续墙与既有福民站地下连续墙之间的距离仅为 3.0m。

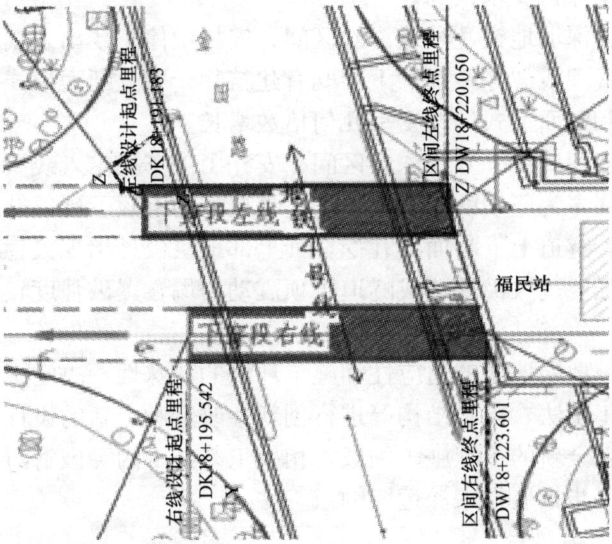

图 1.11　皇福区间下穿 4 号线福民站段位置关系平面图

4 号线福民站为地下二层车站，围护结构采用地下连续墙支护，地下墙与内衬墙作叠合式结构，地下连续墙厚 800mm，内衬墙厚 400mm，底板厚 900mm（图 1.12）；下穿段隧道采用紧贴 4 号线底板的"全断面注浆＋CRD 平顶直墙暗挖"的设计方案，开挖前对隧道间及隧道外轮廓 3m 范围土体进行超前深孔注浆加固，并对侧壁进行超前小导管补注浆加固。

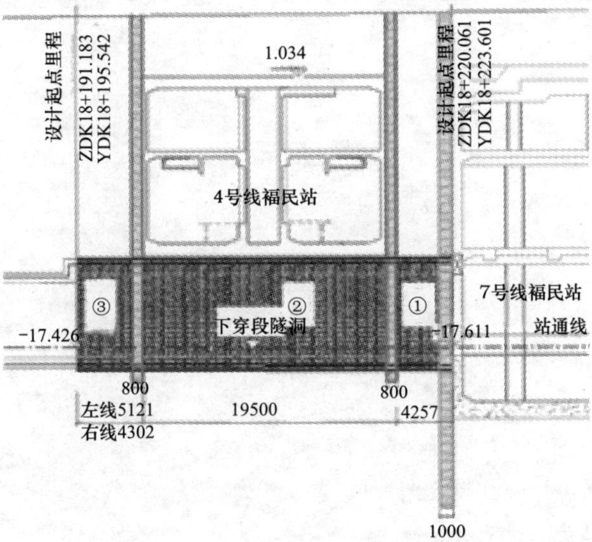

图 1.12　皇福区间下穿 4 号线福民站段位置关系纵剖面图

1.3.2　工程难点

既有建筑物保护要求高：深圳地铁7号线深农区间、安托山停车场出入线以及皇福区间下穿福民车站所在施工区域位于深圳市核心地段内，施工场区内包括广深高速公路、北环快车道、安托山混凝土公司厂房、高压电塔和营运中的港铁福民车站等建筑。这些既有建筑物稳定性与施工期间环境保护要求极高。

工程建设风险大：深圳地铁7号线深农区间、安托山停车场出入线以及皇福区间下穿福民车站施工建设均为浅埋或"零距离"下穿既有建筑物，并且断面形式复杂多变，施工难度和风险伴随隧道埋深和断面型式的改变呈几何倍数增长。

工程地质复杂：深圳地铁7号线深农区间、安托山停车场出入线所在区域隧道断面上部多为松软土层，而下部多为坚硬的岩石地层，这是典型的上软下硬复杂地层。针对浅埋暗挖法隧道施工建设，随着隧道上下断面的开挖，其上部地层极易出现失稳破坏，下部地层较难开展施工作业（爆破强度过大极易造成隧道拱顶震动坍塌，爆破强度较小无法满足下部地层施工要求）。

施工技术难度高：地层地质的适应性和施工环境的特殊性，决定了需要对浅埋暗挖法施工中的爆破开挖、施工工法、支护结构等进行创新性改造和全新的设计，技术难度高。

科学研究领域新：全新的工程施工领域，相关工艺技术的突破将对地下空间开发、浅埋暗挖法施工领域的进一步拓展带来深远影响。

2 地铁隧道施工地层变形三维时空预测模型

2.1 隧道开挖引起地层变形的机理及时空效应

2.1.1 隧道开挖引起地层沉降机理

隧道开挖引起地层沉降问题，国内外已有大量研究成果，目前对地层沉降机理的研究已形成较为完整的理论体系。一般认为引起地层沉降因素的有土体开挖造成的应力重分布、地层损失、地下水向隧道渗流引起的孔压变化、施工过程中破坏的重塑土再固结等。

隧道开挖是一个围岩应力再平衡的过程，开挖区域土体开挖后形成临空面，附近单元体由三向应力状态变为二向应力状态，原有的力学平衡被打破，引起地层位移和应力重分布。围岩应力-应变随时间发生持续的变化，形成新的应力场。此时引起地层沉降的主要因素是再平衡过程中应力释放引起的土体弹塑性变形。

隧道施工中由于爆破、开挖误差，常会产生超挖，初期支护结构与围岩之间产生空隙，若不采取回填注浆处理或处理不得当，同样会造成围岩一定量的移动，使地层产生弹塑性变形。其次，应力再平衡过程中会造成一定的地层损失，也是地层沉降的重要原因。地铁隧道常位于地下水位以下，隧道掌子面渗水、涌水和衬砌结构的渗水等带走土体中较小的颗粒，造成剩余土体颗粒的再平衡，引起地表沉降。最后，隧道衬砌结构的变形也可能使地表产生变形。

当隧道位于地下水位下方时，围岩中的孔隙水会在外部荷载作用下向掌子面流动，随着土体内孔隙水的流失，使土体的有效应力变大，产生固结变形。固结变形本质上就是随着时间推进，土体变形量增长的过程。总结隧道施工土体变形规律，引起固结变形的因素一般可归纳为：

① 地下水位的变化。
② 孔隙水压力的变化。
③ 隧道施工扰动土体，土体重新固结。
④ 土体次固结。

国内外学者对土体沉降固结理论已进行了大量研究，形成了较为完善的理论体系，例如太沙基提出的一维固结理论，以及随后的三维固结理论等，这其中具有典型代表的为 Terzaghi—Rendulic 固结理论和 Biot 固结理论。

2.1.2 隧道开挖引起地层变形的时空效应

通过归纳国内外隧道施工地表沉降实测数据，得到隧道轴线上方地表纵向沉降一般规律曲线如图 2.1 所示。隧道轴线上方地表变形一般分为三个阶段：前期变形阶段、施工变形阶段和后续变形阶段，对应的各点最终地表变形量也主要由三部分组成，分别为前期沉降、施工沉降和固结沉降。前期变形阶段主要是指隧道掌子面还未通过该点下方时，该点产生的沉降变形，其产生的原因主要是前期该点后方隧道施工土体开挖引起的地表沉降沿隧道轴线扩散和掌子面临空造成的前方土体滑动等，经国内外学者统计，此阶段的沉降量占总沉降量的10%～15%。施工变形阶段主要是由于隧道施工，围岩应力释放造成的沉降，是最终沉降量最主要的组成部分，该过程往往持续一个月左右。后续变形阶段是指在隧道掌子面通过该点较长时间的施工变形，后期仍存在的一部分地表沉降变形，该阶段产生的原因主要是土体的次固结变形和蠕变变形，经大量现场经验，此阶段的沉降量占总沉降量15%左右。

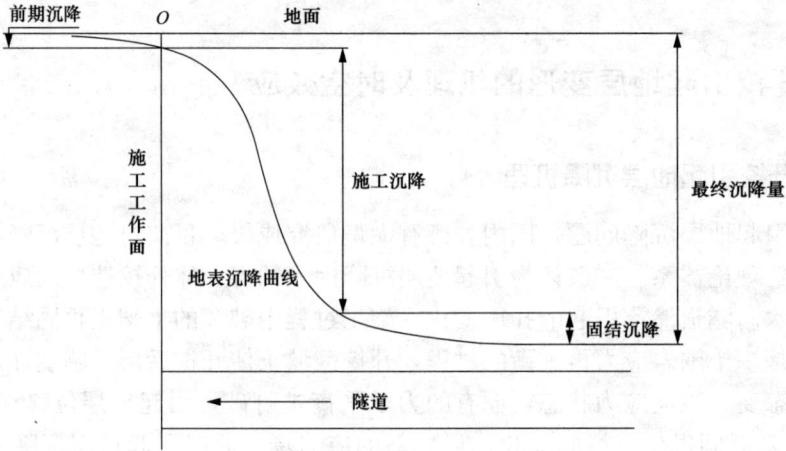

图 2.1 地表沉降曲线

隧道开挖引起的地层变形是一个随时间不断变化的过程，地表沉降从开始到稳定经历了较长时间。地表单个监测点的沉降量随着掌子面的推进不断变化，在不同时刻，其沉降量、沉降速度、产生原因也有较大差异，隧道施工产生的地层变形存在一定的时间效应。此外，隧道开挖引起的地层变形发生在三维空间中，变形向各个方向扩展，沉降盆地随着时间的推移沿横向纵向扩展，地层的三维空间变形图如图 2.2（a）所示，地层横向变形图如图 2.2（b）所示。

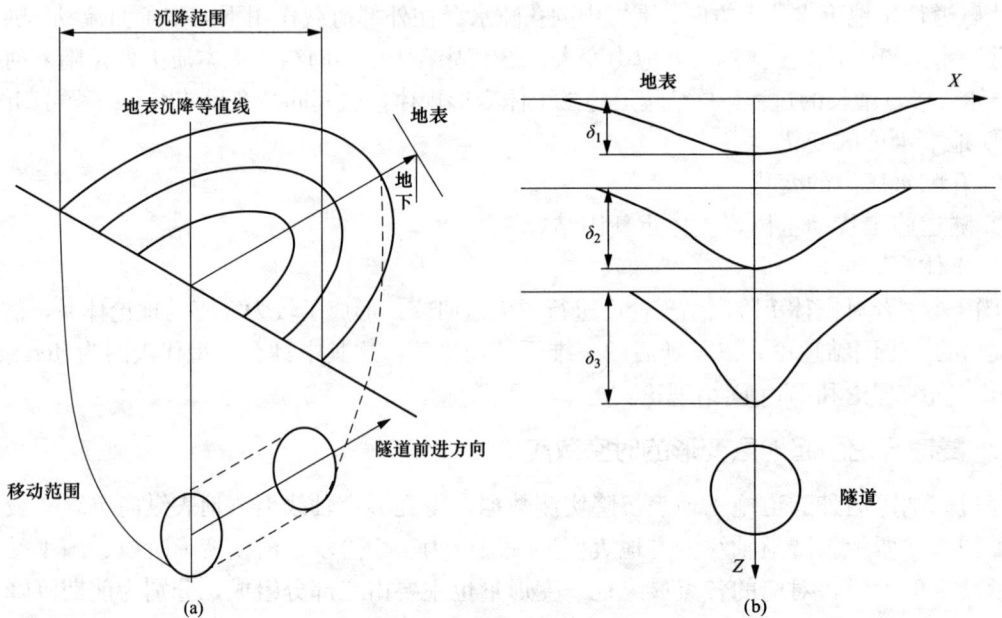

图 2.2 地层变形的空间状态

（a）地层三维变形图；（b）地层横向变形图

综合国内外工程数据和研究成果，归纳出隧道施工导致地层变形的时空普遍规律：

① 同一截面地层垂直方向的沉降量在隧道拱顶处最大，离隧道越远，横向和纵向上土体沉降量均减小，说明沉降具有衰减性。

② 隧道开挖引起地层沉降的影响范围随地层和隧道距离的增大而增大，由开挖面向上方和前方扩散，表现出一定的扩散性。

③ 隧道开挖造成的地表沉降等高线呈现锥形，随着隧道工作面的推进，锥形等高线向前移动。

2.2 Peck 公式在预测地层变形中的应用

隧道开挖必定打破原有的力学平衡，引起应力重分布，使得围岩向开挖区域移动。根据各国施工现场的实测数据，国内外学者总结了各种地层沉降预测公式。最著名的是 Peck 于 1969 年提出的 Peck 公式、J. Litwiniszyn（李特威尼申）于 1956 年提出随机介质理论以及 Sagaseta 于 1987 年提出的修正 Sagaseta 等，其中 Peck 公式以其直接来源于施工经验，公式简单，参数易于推导等特点被广泛应用于地层变形的预测中。

Peck 通过总结大量现场实测经验，提出隧道开挖后会在地表形成沉降槽的形状与正态分布相似。Peck 认为，沉降槽的形成主要由地层损失引起，在假设土体不排水、体积不可压缩的情况下，横向沉降槽数值最大的点应位于隧道中线位置，横向地表沉降槽形状如图 2.3 所示，横向地面沉降经验公式为：

$$S(x) = S_{\max} \cdot \exp\left(-\frac{x^2}{2i^2}\right) \tag{2-1}$$

其中

$$S_{\max} = \frac{V_{\text{loss}}}{i\sqrt{2\pi}} \tag{2-2}$$

$$V_{\text{loss}} = \pi R^2 \eta \tag{2-3}$$

$$i = R\left(\frac{h}{2R}\right)^2 \tag{2-4}$$

式中　$S_{(x)}$——地面沉降量；

x——以隧道中线位置为原点的地面水平坐标；

V_{loss}——隧道单位长度的土体损失率；

i——地表沉降槽宽度系数；

η——土体损失率。

在实际计算中，取正态曲线拐点距离隧道中线的水平距离。V_{loss} 和 i 的取值与最终预测结果密切相关。Peck 给出的 i 和 V_{loss} 公式分别为

国内外学者针对 i 取值做了大量分析研究，得到不同的计算公式，本文将在 2.4 节中进行讨论。

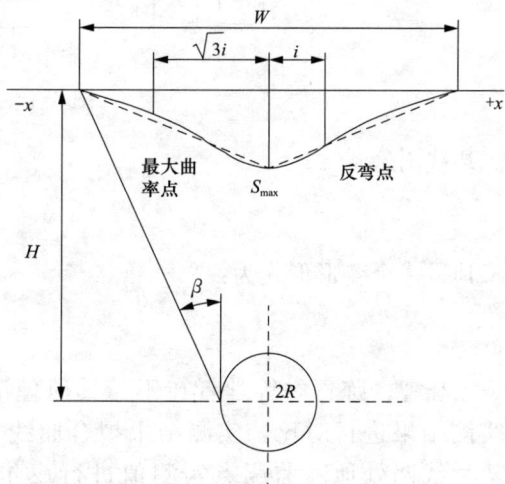

图 2.3　横向地表沉降槽

2.3 单线隧道施工地层变形三维时空过程统一计算

隧道开挖是一个动态的过程，土层沉降的发生也不是在一瞬间完成。土层最终空间沉降变化对地表建筑物、构筑物、道路等有直接影响。在开挖过程中，监测点的沉降量随时间增长，通过监测地表沉降的速度、持续时间等因素，可以预测今后一段时间内某点的沉降量，及时采取合理的措施。因此，分析隧道开挖土层沉降的时间-空间过程有助于动态控制施工期间的沉降，确保安全。

2.3.1 皮尔曲线模型

要研究地层沉降的时间-空间过程，需要建立合理的监测点沉降时空模型，目前主流的纵向地层沉降理论认为，隧道上方某点的沉降变形分为前期变形、开挖变形和后期固结变形阶段，每阶段的沉降速度有较大差异，位移-时间曲线呈 S 形。

皮尔曲线是生长曲线的一种，也是应用较多的一种模型，生长曲线预测法也称生长曲线模型（Growth curve models），是广泛应用于生物、经济、工程等领域的 S 形曲线，如图 2.4 所示。其性质为将反映的事物分为发生、发展、成熟三个阶段，发生阶段速度较为缓慢，其后进入高速发展阶段，后期变化速度放缓，与目前主流的隧道纵向沉降理论相符。

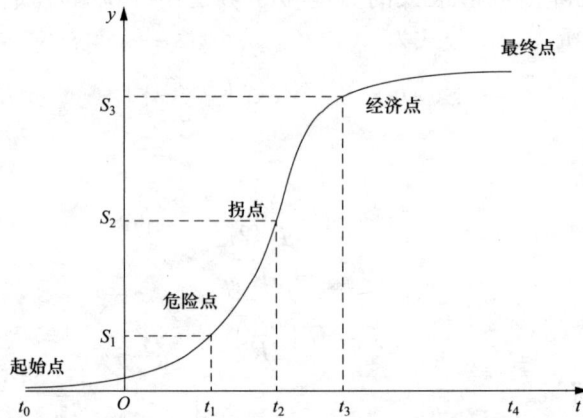

图 2.4 皮尔曲线模型

其常用公式为：

$$y^* = \frac{K}{1 + be^{-t}} \tag{2-5}$$

其另一个变形形式为：

$$y^* = \frac{1}{K + ab^{-t}} \tag{2-6}$$

王晓睿、陈青香等学者在不与其他理论结合的情况下，将该曲线计算的趋势线与现场实测结果进行对比，实测结果拟合曲线与皮尔曲线较为吻合，选取深圳地铁 10 号线及 7 号线两处地表监测点实测值进行皮尔曲线拟合，拟合效果较好，误差较小，如图 2.5 所示。

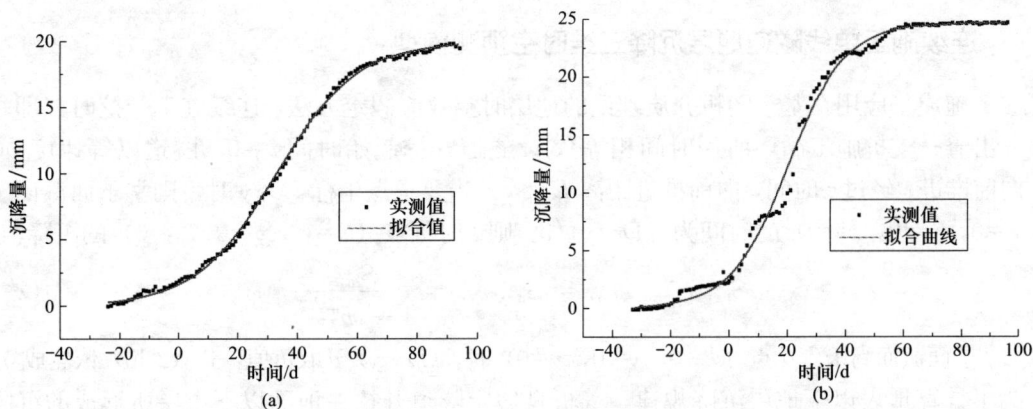

图 2.5 监测数据拟合曲线

(a) 地铁 10 号线某小区旁地表监测拟合值；(b) 地铁 7 号线某道路旁监测值

可见，皮尔曲线模型可以较好地反应隧道开挖时间-空间过程，假设 $t \to +\infty$ 时，$y^* \to 1$，可以求出 $K=1$，这样可以把 y^* 作为反映隧道中线正上方地表 S_{max} 随时间变化的系数，即用 $y^* \cdot S_{max}$ 来反映横向沉降槽中沉降最大点在垂直方向的时空变化过程。假设测线下方土体被开挖瞬间 $t=0$，则点 （0，0，0） 在 t 时刻的沉降量为：

$$S_{(t)} = \frac{S_{max}}{1 + ab^{-t}} \tag{2-7}$$

式中　$S_{(t)}$——t 时刻最大沉降量大小，当 $t \to +\infty$ 时，$S_{(t)} = S_{max}$；

　　　　a——前期沉降影响系数；

　　　　b——开挖速度系数，a，b 参数的取值将在后面进行讨论。

对式（2-7）求导即可得到沉降速度：

$$\frac{\mathrm{d}S_{(t)}}{\mathrm{d}t} = \frac{a \cdot b^{-t} \ln b}{(1 + a \cdot b^{-t})^2} \cdot S_{max} \tag{2-8}$$

将式（2-8）中的公式进一步求导，得到沉降速度增长率，并令导数等于 0 求极值，可得沉降速度最大值点，即曲线拐点。

$$\frac{\mathrm{d}^2 S_{(t)}}{\mathrm{d}t^2} = \left[\frac{2 \cdot a^2 \cdot (\ln b)^2 \cdot b^{-2t}}{(a \cdot b^{-t} + 1)^3} - \frac{a \cdot (\ln b)^2 \cdot b^{-t}}{(a \cdot b^{-t} + 1)^2} \right] \cdot S_{max} \tag{2-9}$$

令 $\frac{\mathrm{d}^2 S_{(t)}}{\mathrm{d}t^2} = 0$，求得增长速度最大值点，即为拐点 t_2，值为 $t_2 = \frac{\ln a}{\ln b}$。

隧道施工是在复杂的岩土体中进行的，这些岩土体是一种成因复杂的天然介质。由于岩土体在长期的地质作用下，受到诸如节理、裂隙、断层等地质弱面所切割，可以将其视为由大量尺寸和形状各异的岩土块体紧密聚集所构成。当岩土体因开挖而发生大量运动时，个别岩土块体的运动是十分复杂的。由于岩土体移动的这种特性，很难将其视为简单的弹性体或弹塑性体而用经典力学的方法来分析各个岩土块体的运动状态。然而地表移动及观测表明，岩土体总的运动趋势具有明显的规律性，在这种情况下，应用概率统计的方法可以获得较好的效果。考虑到岩土体的运动为大量已知及未知因素所控制，根据随机介质理论，将岩土体视为随机介质，这样由于隧道开挖所引起的岩土体的运动便可用随机方法加以研究。

2.3.2　连续施工单线隧道地层沉降三维时空预测模型

参考施成华应用在基于随机介质理论的地层时空效应假定方法，连续施工开挖时（即每个爆破—出渣—支护施工循环所用时间相等），设隧道开挖起始时间 $t=0$，隧道以等速度 $v(m/$天$)$ 向前推进，经过 t 时间，向前推进距离 $D=vt$，当要求点坐标 $D>y$ 时，则掌子面截面经过点 $(x=0,\ y=0,\ z=0)$ 的时间为 $(D-y)/v$。则 t 时刻点 $(x=0,\ y=0,\ z=0)$ 的沉降值为：

$$S_{(x=0,y=0,z=0,t)}=S_{\max(y,t)}=\frac{S_{\max}}{1+ab^{\frac{D-y}{v}}} \tag{2-10}$$

当掌子面截面尚未到达点 $(x=0,\ y=0,\ z=0)$ 时，$(D-y)/v$ 取负值，式（2-10）依然成立。

为了计算地表以下地层沉降规律，姜忻良假定隧道开挖在地面以下土层所形成的沉降槽体积等于土体损失体积，同深度地层沉降槽仍与地表沉降槽具有相同的规律，并通过回归分析提出：

$$\frac{S_{\max(z)}}{S_{\max(0)}}=\frac{i}{i_{(z)}} \tag{2-11}$$

并给出 i_z 的公式：

$$i_{(z)}=i\left(1-\frac{z}{h}\right)^{0.3} \tag{2-12}$$

式中　i——地表沉降槽宽度系数；

　　　　h——隧道轴线埋深。

Gang W 对公式（2-12）进行修正，提出式（2-12）中系数 0.3 应与隧道半径和土质条件有关，应该另外加以讨论。即

$$i_{(z)}=i\left(1-\frac{z}{h}\right)^{n} \tag{2-13}$$

将式（2-11）和式（2-13）代入式（2-10）得到隧道中线上方 $(0,\ y,\ z)$ 点 t 时刻的沉降量：

$$S_{(x=0,y,z,t)}=S_{\max(y,z)}=\frac{S_{\max}}{1+ab^{-\left(\frac{D-y}{v}\right)}}\cdot\frac{1}{\left(1-\frac{z}{h}\right)^{n}} \tag{2-14}$$

将式（2-14）代入 Peck 公式的标准形式（2-1）即得到点 $(x,\ y,\ z)$ 点 t 时刻沉降量

$$S_{(x,y,z,t)}=\frac{S_{\max}}{1+ab^{-\left(\frac{D-y}{v}\right)}}\cdot\frac{1}{\left(1-\frac{z}{h}\right)^{n}}\cdot\exp\left(-\frac{x^2}{2i^2\left(1-\frac{z}{h}\right)^{2n}}\right) \tag{2-15}$$

其中，$S_{\max,f}=\dfrac{\pi R^2\eta}{i\sqrt{2\pi}}$。

2.3.3　考虑施工停顿的单线隧道地层沉降三维时空预测模型

式（2-10）适用于连续施工情况，但施工过程中往往遇到各种情况导致施工停顿，此时需要考虑停顿时间的影响，假设隧道仍然以等速度 v（$m/$天）向前推进，经过 t 时间，$(0,\ t)$ 之间施工停顿总时间为 t'，则此时 $D=v(t-t')$，施工有所停顿时掌子面截面经过点 $(x=0,$ $y,\ z=0)$ 的施工总时间（停工时间不计）为 $(D-y)/v$。则根据式（2-10）推出，t 时刻点

（$x=0$，y，$z=0$）的沉降值为：

$$S_{(x=0,y,z=0)} = S_{\max(y)} = \frac{S_{\max}}{1+ab^{-\left(\frac{D-y}{v}-t'\right)}} \tag{2-16}$$

将式（2-11）和式（2-13），代入式（2-16）得到隧道中线上方（0，y，z）点 t 时刻沉降量：

$$S_{(x=0,y,z)} = S_{\max(y,z)} = \frac{S_{\max}}{1+ab^{-\left(\frac{D-y}{v}-t'\right)}} \cdot \frac{1}{\left(1-\frac{z}{h}\right)^n} \tag{2-17}$$

将式（2-17）代入 Peck 公式的标准形式（2-1）即得到点（x，y，z）点 t 时刻沉降量：

$$S_{(x,y,z)} = \frac{S_{\max}}{1+ab^{-\left(\frac{D-y}{v}-t'\right)}} \cdot \frac{1}{\left(1-\frac{z}{h}\right)^n} \cdot \exp\left[-\frac{x^2}{2i^2\left(1-\frac{z}{h}\right)^{2n}}\right] \tag{2-18}$$

其中，$S_{\max,\mathrm{f}} = \dfrac{\pi R^2 \eta}{i\sqrt{2\pi}}$

2.4　双线隧道施工地层变形三维时空过程统一计算

2.4.1　连续施工双线隧道地层沉降三维时空预测模型

双线隧道是城市地下轨道交通中常见的隧道形式，因为左右两条隧道依次开挖，两次开挖引起的沉降槽相互叠加形成新的沉降槽，单线隧道沉降槽如图 2.6（a）所示，双线隧道沉降槽应为两侧隧道沉降槽的叠加，在不考虑两侧隧道互相影响的情况下，双线隧道理论沉降槽如图 2.6（b）所示，然而在大量现场实测中均显示，双线隧道沉降槽形状并不是对称分布，其形状大多如图 2.6（c）所示，由于施工扰动和支护作用的影响，沉降槽波峰位置往往位于先行隧道上方或后行隧道上方，因此，不能采用上述公式进行简单的叠加计算，先行隧道和后行隧道的相应参数取值应分别进行考虑。

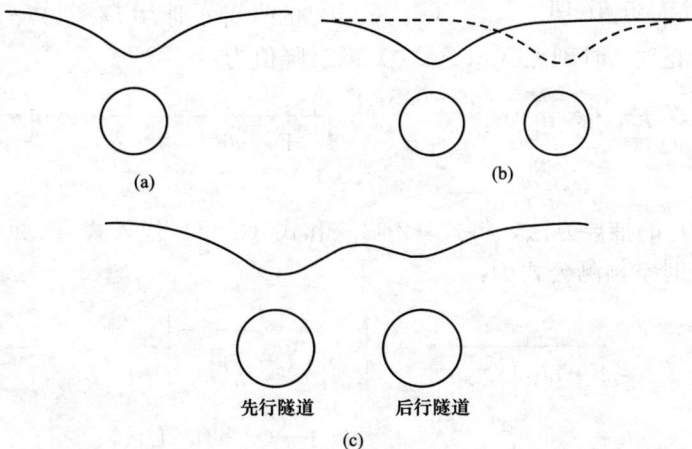

先行隧道　　**后行隧道**

图 2.6　沉降槽形状示意图

（a）单隧道沉降槽；（b）双线隧道理论沉降槽；（c）双线隧道实测沉降槽

马克栓基于武汉长江隧道现场实测数据，提出用超几何法把先行隧道引起的沉降槽与后行隧道引起的附加沉降槽进行叠加来得到最终的沉降槽。其主要思想是将先行隧道和后行隧道分别计算，每条隧道 i 值和 η 值独立取值，最后进行叠加。

最终给出的公式为：

$$S_{(x)} = S_{\max,f} \cdot \exp\left[\frac{-(x-0.5L)^2}{2i_f^2}\right] + S_{\max,s} \cdot \exp\left[\frac{-(x+0.5L)^2}{2i_s^2}\right] \tag{2-19}$$

式（2-19）以两平行隧道中线与地表线交点为坐标原点 O，以右侧隧道线开挖为例，L 为两隧道间距，施工俯视示意图如图 2.7 所示，$S_{\max,f}$ 和 $S_{\max,s}$ 分别为先行隧道和后行隧道的最大沉降值。其中，$S_{\max,f} = \dfrac{\pi R^2 \eta_f}{i_f \sqrt{2\pi}}$；$S_{\max,s} = \dfrac{\pi R^2 \eta_s}{i_s \sqrt{2\pi}}$；$i_f$ 和 i_s 分别为先行隧道和后行隧道的沉降槽宽度系数，η_f 和 η_s 分别为先行隧道和后行隧道的土体损失率，$\eta = \dfrac{V_{loss}}{\pi R^2}$。

该方法将先行隧道和后行隧道的参数分别考虑，可以很好地反映先行隧道对后行隧道的影响关系，仅有一维，只能对最终沉降进行估算。将时间 t 代入考虑，仅考虑一维地表沉降曲线情况下 t 时刻沉降量。

$$S_{(x,t)} = \frac{S_{\max,f}}{1+ab^{-t}} \cdot \exp\left[\frac{-(x-0.5L)^2}{2i_f^2}\right] + \frac{S_{\max,s}}{1+ab^{-t}} \cdot \exp\left[\frac{-(x+0.5L)^2}{2i_s^2}\right] \tag{2-20}$$

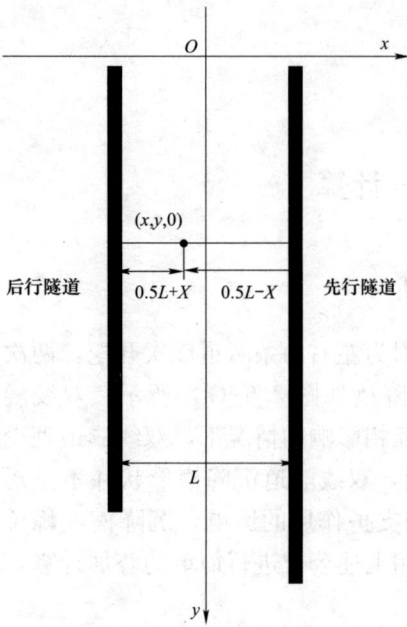

图 2.7 平行隧道俯视图

参考单线隧道二维时空预测的方法，设先行隧道开挖起始时间 $t=0$，后行隧道与后行隧道开挖起始时间间隔为 t_s，两隧道均以等速度 v（m/天）向前推进，经过 t 时间，先行隧道向前推进距离 $D_f=vt$，后行隧道向前推进 $D_s=v(t-t_s)$，则两隧道掌子面截面经过点 $(x, y, 0)$ 的时间分别为 $(D_f-y)/v$ 和 $(D_s-y)/v+t_s$。

则当两隧道等速开挖时 t 时刻点 $(x, y, 0)$ 的沉降值为：

$$S_{(x,y,0,t)} = \frac{S_{\max,f}}{1+ab^{-\frac{D_f-y}{v}}} \cdot \exp\left[\frac{-(x-0.5L)^2}{2i_f^2}\right] + \frac{S_{\max,s}}{1+ab^{-\left(\frac{D_s-y}{v}+t_s\right)}} \cdot \exp\left[\frac{-(x+0.5L)^2}{2i_s^2}\right] \tag{2-21}$$

根据式（2-15）的推导方法，将式（2-11）和式（2-13）代入式（2-20），得到平行双线隧道地层沉降三维时空预测公式为：

$$S_{(x,y,z,t)} = \frac{S_{\max,f}}{1+ab^{-\left(\frac{D_f-y}{v_f}\right)}} \cdot \exp\left[\frac{-(x-0.5L)^2}{2i_f^2\left(1-\frac{z}{h}\right)^{2n}}\right] \cdot \frac{1}{\left(1-\frac{z}{h}\right)^n}$$

$$+ \frac{S_{\max,s}}{1+ab^{-\left(\frac{D_s-y}{v_s}+t_s\right)}} \cdot \exp\left[\frac{-(x+0.5L)^2}{2i_s^2\left(1-\frac{z}{h}\right)^{2n}}\right] \cdot \frac{1}{\left(1-\frac{z}{h}\right)^n} \tag{2-22}$$

式中　$S_{\mathrm{max,f}}=\dfrac{\pi R^2 \eta_{\mathrm{f}}}{i_{\mathrm{f}}\sqrt{2\pi}}$；$S_{\mathrm{max,s}}=\dfrac{\pi R^2 \eta_{\mathrm{s}}}{i_{\mathrm{s}}\sqrt{2\pi}}$；$i_{\mathrm{f}}$ 和 i_{s} 分别为先行隧道和后行隧道的沉降槽宽度系

数，η_{f} 和 η_{s} 分别为先行隧道和后行隧道的土体损失率，$\eta=\dfrac{V_{\mathrm{loss}}}{\pi R^2}$。$L$ 为两平行隧道间距。

在地下轨道交通设计中，经常出现非平行双线隧道线型，如图 2.8 所示，在非平行隧道中，上述公式不再适用。均匀土体中土体单元开挖引起的地表沉降向 x，y 方向扩散量相等，单元开挖引起的地表沉降槽呈圆形，因此，对地表（x，y，0）点影响最大的应为（x，y，0）点到两隧道轴线的垂足附近区域。设（x，y，0）点到先行隧道轴线的垂线长度为 L_{f}，到后行隧道轴线的垂线长度为 L_{s}，在两隧道夹角较小的情况下，式（2-22）可改进为同时使用平行双线隧道和非平行双线隧道的地层沉降三维时空预测公式：

$$S_{(x,y,z,t)}=\frac{S_{\mathrm{max,f}}}{1+ab^{-\left(\frac{D_{\mathrm{f}}-y}{v_{\mathrm{f}}}\right)}}\cdot \exp\left[\frac{-(L_{\mathrm{f}})^2}{2i_{\mathrm{f}}^2\left(1-\dfrac{z}{h}\right)^{2n}}\right]\cdot \frac{1}{\left(1-\dfrac{z}{h}\right)^n}$$

$$+\frac{S_{\mathrm{max,s}}}{1+ab^{-\left(\frac{D_{\mathrm{s}}-y}{v_{\mathrm{s}}}+t_{\mathrm{s}}\right)}}\cdot \exp\left[\frac{-(L_{\mathrm{s}})^2}{2i_{\mathrm{s}}^2\left(1-\dfrac{z}{h}\right)^{2n}}\right]\cdot \frac{1}{\left(1-\dfrac{z}{h}\right)^n} \tag{2-23}$$

2.4.2　考虑施工停顿的双线隧道地层沉降三维时空预测模型

施工过程中，隧道地层情况更为复杂，施工停顿更易发生，并且需要考虑两隧道施工速度的差异。当两隧道开挖速度不同且停顿时间不同时，设先行隧道开挖速度为 v_{f}（m/天），后行隧道开挖速度为 v_{s}，因各种原因造成的施工停顿，（0，t）之间先行隧道停顿总时间为 t_{f}'，后行隧道停顿总时间为 t_{s}'，后行隧道与后行隧道开挖起始时间间隔为 t_{s}，则此时 $D_{\mathrm{f}}=v_{\mathrm{f}}(t-t_{\mathrm{f}}')$，$D_{\mathrm{s}}=v_{\mathrm{s}}(t-t_{\mathrm{s}}'-t_{\mathrm{s}})$ 则考虑两隧道开挖速度不同且存在施工停顿的双线隧道土层沉降二维时空预测公式为：

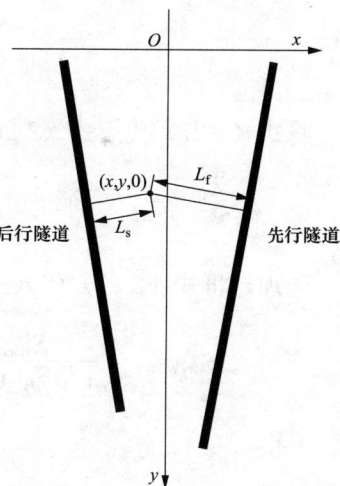

$$S_{(x,y,0,t)}=\frac{S_{\mathrm{max,f}}}{1+ab^{-\left(\frac{D_{\mathrm{f}}-y}{v_{\mathrm{f}}}-t_{\mathrm{f}}'\right)}}\cdot \exp\left[\frac{-(L_{\mathrm{f}})^2}{2i_{\mathrm{f}}^2}\right]$$

$$+\frac{S_{\mathrm{max,s}}}{1+ab^{-\left(\frac{D_{\mathrm{s}}-y}{v_{\mathrm{s}}}+t_{\mathrm{s}}-t_{\mathrm{s}}'\right)}}\cdot \exp\left[\frac{-(L_{\mathrm{s}})^2}{2i_{\mathrm{s}}^2}\right] \tag{2-24}$$

根据式（2-18）的推导方法，将式（2-11）和式（2-13）代入式（2-24），得到双线隧道地层沉降三维时空预测公式为：

图 2.8　非平行隧道俯视图

$$S_{(x,y,z,t)}=\frac{S_{\mathrm{max,f}}}{1+ab^{-\left(\frac{D_{\mathrm{f}}-y}{v_{\mathrm{f}}}-t_{\mathrm{f}}'\right)}}\cdot \exp\left[\frac{-(L_{\mathrm{f}})^2}{2i_{\mathrm{f}}^2\left(1-\dfrac{z}{h}\right)^{2n}}\right]\cdot \frac{1}{\left(1-\dfrac{z}{h}\right)^n}$$

$$+\frac{S_{\mathrm{max,s}}}{1+ab^{-\left(\frac{D_{\mathrm{s}}-y}{v_{\mathrm{s}}}+t_{\mathrm{s}}-t_{\mathrm{s}}'\right)}}\cdot \exp\left[\frac{-(L_{\mathrm{s}})^2}{2i_{\mathrm{s}}^2\left(1-\dfrac{z}{h}\right)^{2n}}\right]\cdot \frac{1}{\left(1-\dfrac{z}{h}\right)^n} \tag{2-25}$$

2.5 地铁隧道下穿既有道路施工地层变形三维时空过程统一计算

换算土柱法是铁路公路路基设计中常用的荷载换算方法，在《铁路路基设计规范》中规定，将列车荷载与轨道荷载转化为一定高度一定间隔分布的土柱施加在路基上，从而将列车荷载和轨道荷载转化为静荷载。换算土柱法同样适用于高速公路挡土墙、边坡设计等领域。本小节应用换算土柱法考虑隧道下穿道路施工中，车辆荷载对土层及隧道开挖的影响。

公路路基荷载不同于铁路路基荷载，车辆的轮距不同，运行轨迹不统一造成无法将荷载换算成以车轮为中心的土柱，且考虑到地层的荷载扩散作用，本小节进行简化处理，将车辆荷载换算成与公路同宽的长方体土柱。（暂不考虑公路刚性）

将车辆荷载简化为 $Q(\mathrm{kN/m^2})$ 的均布荷载，则路面荷载换算高度为：

$$h_{\mathrm{e}} = \frac{Q}{\rho \cdot g} \tag{2-26}$$

式中，$\rho \cdot g$ 为当地土体的重度。经过坐标转换，路面沉降可等效为深度为 h_{e} 的土层沉降，隧道埋深变为 $h+h_{\mathrm{e}}$，则公式为：

$$S_{(z)} = \frac{S_{\max}}{\left(1 - \dfrac{z}{h}\right)^n} \tag{2-27}$$

令 $S_{(z)}$ 等于现场实测 $S_{\max}$，则加入换算土柱顶部虚拟最大沉降值为：

$$S'_{\max} = \frac{S_{\max}}{\left(1 - \dfrac{h_{\mathrm{e}}}{h+h_{\mathrm{e}}}\right)^n} \tag{2-28}$$

将式（2-27）代入式（2-20）得到单线隧道穿越既有道路三维时空预测公式：

$$S_{(x,y,z)} = S_{\max(y,z)} = \frac{S_{\max}}{1 + ab^{-\left(\frac{D-y}{v} - t'\right)}} \cdot \frac{1}{\left(1 - \dfrac{z+h_{\mathrm{e}}}{h+h_{\mathrm{e}}}\right)^n} \cdot \exp\left(-\frac{x^2}{2i^2}\right) \tag{2-29}$$

同理，将式（2-27）代入式（2-24）得双线隧道下穿既有道路三维时空预测公式：

$$S_{(x,y,z,t)} = \frac{S'_{\max,\mathrm{f}}}{1 + ab^{-\left(\frac{D_{\mathrm{f}}-y}{v_{\mathrm{f}}}\right)}} \cdot \exp\left[\frac{-(L_{\mathrm{f}})^2}{2i_{\mathrm{f}}^2 \left(1 - \dfrac{z+h_{\mathrm{e}}}{h+h_{\mathrm{e}}}\right)^{2n}}\right] \cdot \frac{1}{\left(1 - \dfrac{z+h_{\mathrm{e}}}{h+h_{\mathrm{e}}}\right)^n}$$

$$+ \frac{S'_{\max,\mathrm{s}}}{1 + ab^{-\left(\frac{D_{\mathrm{s}}-y}{v_{\mathrm{s}}}\right)}} \cdot \exp\left[\frac{-(L_{\mathrm{s}})^2}{2i_{\mathrm{s}}^2 \left(1 - \dfrac{z+h_{\mathrm{e}}}{h+h_{\mathrm{e}}}\right)^{2n}}\right] \cdot \frac{1}{\left(1 - \dfrac{z+h_{\mathrm{e}}}{h+h_{\mathrm{e}}}\right)^n} \tag{2-30}$$

式中　$S'_{\max,\mathrm{f}}$——先行开挖隧道的换算土柱顶部虚拟最大沉降值；

$S'_{\max,\mathrm{s}}$——后行开挖隧道的换算土柱顶部虚拟最大沉降值。

$$S'_{\max,\mathrm{f}} = S_{\max,\mathrm{f}} \cdot \left(1 - \frac{h_{\mathrm{e}}}{h+h_{\mathrm{e}}}\right)^n \tag{2-31}$$

$$S'_{\max,\mathrm{s}} = S_{\max,\mathrm{s}} \cdot \left(1 - \frac{h_{\mathrm{e}}}{h+h_{\mathrm{e}}}\right)^n \tag{2-32}$$

需要注意的是，公式中参数的取值都需要考虑换算土柱的高度。

2.6 地层变形预测参数及其确定方法

2.6.1 地层损失率 V_{loss}

因隧道埋深、半径都已确定，地表沉降槽形状由地层损失率 V_{loss} 和沉降槽宽度系数 i 两个值来确定，因此，这两个值的确定尤为关键。

隧道开挖体积往往要大于竣工后隧道体积，用 V_{loss} 代表隧道单位长度土体损失量，其定义为隧道实际开挖土体体积与竣工隧道体积之比。主要分析方法分为实测数据反分析法、理论法和经验法三种。

1. 实测数据反分析法

在地面抽取一条测线，沉降槽宽度可以通过实地测量取得，根据经验一般认为 $i=1/6\sim1/5$ 沉降槽宽度，地表最大沉降量 S_{max} 也可以现场测得，由 Peck 公式可反推 V_{loss} 值：

$$V_{loss} = S_{max} \cdot i \sqrt{2\pi} \tag{2-33}$$

2. 理论法

Lee 等提出两圆相切模型，并给出盾构隧道土体损失计算公式：

$$V_{loss} = \pi\left(\frac{Dg}{2} - g^2/4\right) \tag{2-34}$$

其中，$g=G_P'+U_{3D}+\omega$，其中 G_P' 为盾构与衬砌间几何孔隙 G_P 与注浆充填折减系数 α 的乘积，U_{3D} 为盾构前部土体三维弹塑性变形，ω 为受施工影响的参数。

3. 经验法

各国学者基于各地施工实测数据对 V_{loss} 的取值进行了大量研究，Burland 认为，地层损失率的取值主要与施工区域的水文地质条件、施工工艺方法等有关，因此，V_{loss} 的值还需要依托具体工程来取得。

表 2.1 为部分学者针对特定工程的 V_{loss} 取值。

表 2.1 土体损失率部分研究成果

研究人员	土层性质	施工方法	地层损失率（V_{loss}）
Shirlaw 和 Doan	海相软黏土	盾构法	3%
Kanayasu	砂砾	盾构法	0.2%
O'Reilly&New	伦敦黏土	盾构法	1%~2%
沈培良等	灰色黏粉，淤泥质黏土	盾构法	0.35%~0.7%
张云	灰色黏粉，淤泥质黏土	盾构法	1.21%
万姜林	粉质黏土、全风化片麻状花岗岩	暗挖法	1.18%
王梦恕	黏土、粉土	浅埋暗挖	0.7%
季亚平	素填土、粉质黏土、砂土	盾构法	3.01%
刘洪震	杂填土、中细砂	盾构法	0.1%~5.5%
铁科院	黄土	暗挖法	0.75%

表 2.1 中包含国内外多种地层中 V_{loss} 取值，其值在 0.2%~5.5% 之间，但表 2.1 中的统计极其有限，具体取值仍需特殊考虑。

魏新江对我国部分地区土体损失率进行了统计，见表2.2。

表2.2 国内各地区土体损失率统计表

地区	基本地层特征	样本个数	土体损失率范围（%）	平均值（%）
北京	粉质黏土、粉土、砂土	19	0.31~1.71	0.91
上海	饱和软黏土、粉砂	17	0.35~2.02	0.89
南京	粉质黏土、粉细砂	10	0.40~1.02	0.74
武汉	粉质黏土、粉细砂	8	0.29~1.43	0.74
杭州	粉砂夹粉土、淤泥质粉质黏土、粉质黏土	8	0.20~0.85	0.48
广州	黏性土、残积土、风化岩	7	0.63~2.45	1.25
天津	粉土、粉质黏土	1	1.56	1.56
深圳	黏性土、砂土、风化岩	1	3.01	3.01

在双线隧道互相影响的案例中，大量实测数据表明，先行隧道沉降不同于后行隧道沉降，先行隧道和后行隧道的V_{loss}取值应分别考虑，当隧道间距足够大时，两隧道相互不影响，因此，双线先行隧道和后行隧道的V_{loss}值显然与隧道间距L有关。

魏纲的研究显示，双线先行隧道和后行隧道的V_{loss}值之比可能大于1也可能小于1，规律性较弱，且和隧道埋深与隧道半径的比值线性相关。本文搜集到一些地区隧道埋深、隧道半径相似的工程监测数据做V_{loss}比值与隧道间距L进行线性拟合，如图2.9所示。在不考虑隧道埋深、隧道半径差异的情况下，实测数据V_{loss}比值与隧道间距L表现出一定的线性关系。

因此，取值时可以用当地相似工程的经验值，也可以在当地工程中抽取断面用反分析的方法计算V_{loss}的取值以及与L的关系。

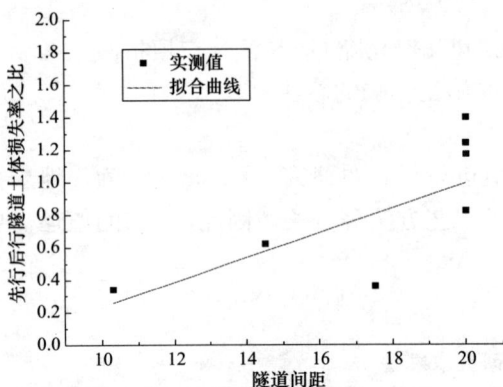

图2.9 实测数据拟合曲线

2.6.2 沉降槽宽度系数i

沉降槽宽度系数定义为地表沉降曲线的拐点到沉降曲线中心的水平距离，各国学者针对i的取值提出了不同见解，表2.3列出了一些学者对i值的定义。

表2.3 沉降槽宽度系数公式

研究人	沉降槽宽度系数公式	适用条件
Peck	$\frac{i}{R}=\left(\frac{Z_0}{2R}\right)^n$	$n=0.8~1.0$适合各类土
O'Reilly&New	$i=0.43Z_0+1.1$ $i=0.28Z_0+0.1$	黏性土（$3\leqslant Z_0\leqslant34m$） 黏性土（$6\leqslant Z_0\leqslant10m$）
O'Reilly&New	$i=KZ_0$	各类土层
Attewell&Farmer	$\frac{i}{R}=K\left(\frac{Z_0}{2R}\right)^n$	K,n取值与地层条件和施工因素有关
Atkinson&Potts	$i=0.25(Z_0+R)$ $i=0.25(1.5Z_0+R)$	松砂 密实和超固结土

研究人	沉降槽宽度系数公式	适用条件
Clough&Schmidt	$\dfrac{i}{R}=\left(\dfrac{Z_0}{2R}\right)^{0.8}$	黏土
Rankin	$i=0.5Z_0$	黏土
刘建航	$i=\dfrac{Z+R}{\sqrt{2\pi}\tan\left(45°-\overline{\varphi}/2\right)}$	各类岩石
Loganathan&Poulos	$\dfrac{i}{R}=1.15\left(\dfrac{Z_0}{2R}\right)^{0.9}$	黏性土

实际的沉降槽宽度系数往往可以通过统计该地实地监测结果取得经验值。表 2.2 中公式表明，与沉降槽宽度系数关系最大的是隧道埋深和隧道直径因素。双线隧道间距对 i 取值存在一定影响，但影响量不大。

2.6.3 前期沉降影响系数 a 和开挖速度系数 b

前期沉降影响系数 a 主要受前期沉降占总沉降比例影响，a 的取值主要与围岩条件等因素有关，前期一维计算时，人为设定 $t=0$ 为该点下方土体被开挖瞬间。因此，可以通过现场数据反分析获得前期沉降影响系数 a 和开挖速度系数 b，具体计算过程如下：

① 选取隧道轴线上方地表监测点，测得前期沉降 S_1 和总沉降量 S_{max}。

② 令 $t=0$ 时，$\dfrac{1}{1+ab^{-t}}=\dfrac{S_1}{S_{max}}$，式中 b 被约掉，求解该一元一次方程得前期沉降影响系数 a。

③ 曲线对称点为 $t=t_2$，计算现场监测点沉降量 $S_2=S_{max}/2$ 所对应时间 t_2，由函数关系 $t_2=\dfrac{\ln a}{\ln b}$ 即可求得开挖速度系数 b。

根据各地实测情况，前期沉降在 $10\%\sim15\%$ 之间，因此可以令 $\dfrac{S_1}{S_{max}}=0.1\sim0.15$，计算获得 a 的取值为 $5.67\sim9$。某些地区因为土层和施工工地等原因可能不在此范围。

2.6.4 隧道半径和土质条件影响系数 n

系数 n 主要受隧道半径和土质条件影响，求得方法主要通过经验法和反分析法。其中，通过多点位移数据的反分析具有较高的可靠性。

姜忻良等根据一些国外隧道的工程实测数据，通过回归分析，得到 n 的取值范围是 $0.2\sim0.45$，在后续计算中 $n=0.3$ 取得较好的结果。孙玉永对现场监测数据和有限元模拟结果进行对比分析，确定 $n=0.5$。魏纲对国内外多条隧道现场监测数据进行反分析，并对比室内模型试验结果，给出建议值，黏土 n 取值为 $0.35\sim0.85$，砂土 n 取值为 $0.85\sim1.0$。

可见，不同地区、不同地层条件下测得的 n 值差别较大，建议针对具体工程利用公式 $\dfrac{S_{max(z)}}{S_{max(0)}}=\left(1-\dfrac{z}{h}\right)^n$ 进行反推。

将在 4.3.1 小节中给出具体计算算例，并对公式的合理性进行讨论分析。

3 复杂地质条件下地铁隧道穿越工程实测数据分析

现场监控量测是监测围岩稳定、判断隧道支护衬砌设计是否合理、施工方法是否正确的重要手段，也是保证安全施工、提高经济效益的重要条件，应贯穿施工的全过程。为此，基于新建隧道下穿高速区域开展围岩变形与地表沉降监测，探讨施工过程中围岩实际变形特征与地表沉降规律，为指定下穿工程变形控制标准提供参考依据。

3.1 隧道下穿广深高速公路工程

3.1.1 围岩变形特征

图3.1给出了安农区间下穿广深高速公路（以下简称广深速）右线隧道拱顶沉降历时曲线。由图可知：

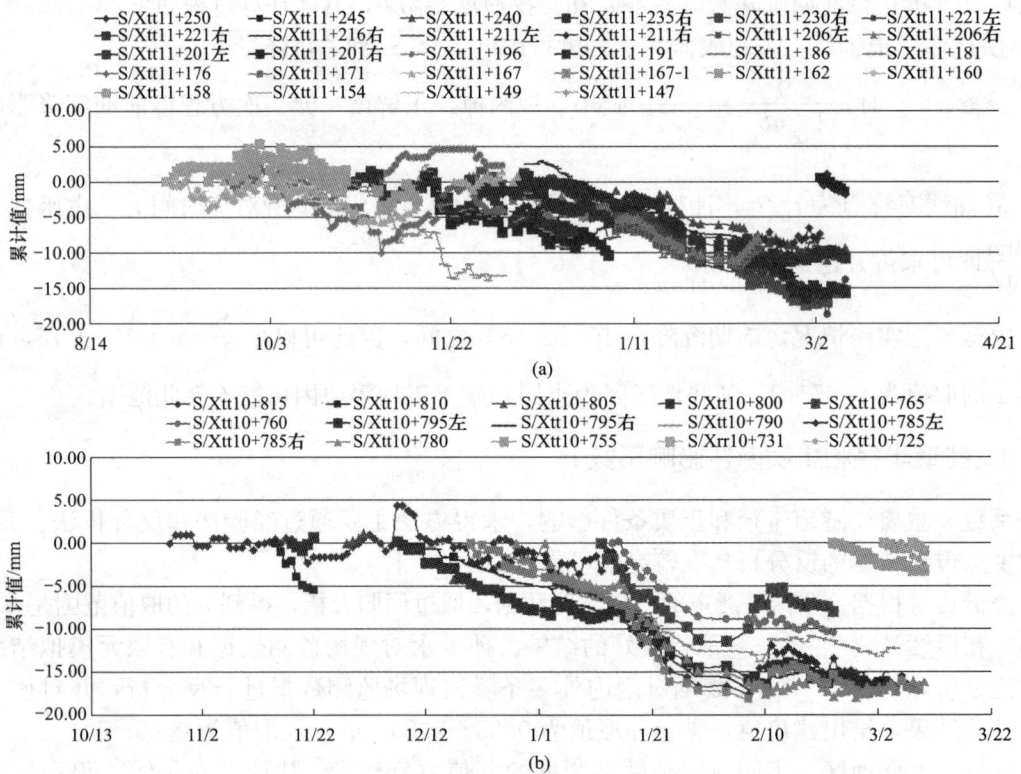

图 3.1 右线隧道拱顶沉降历时曲线

（a）安农竖井右线大里程拱顶沉降监测历时曲线图；（b）安农竖井右线小里程拱顶沉降监测历时曲线图

① 右线大里程拱顶沉降最大值为 18.70mm，位于监测断面 S/Xtt11＋221 左处；右线小里程拱顶沉降最大值为 17.90mm，位于监测断面 S/Xtt10＋780 处。

② 随着隧道下穿进尺不断扩大，其各拱顶沉降量逐渐增大，最终达到稳定状态。

③ 拱顶沉降速率变化最明显时是 2014 年 1 月，其大小里程拱顶沉降速率突变较大，沉降量增长最快。

隧道开挖之后的瞬间主要是由围岩的自稳能力来保证隧道的安全，其受力特征表现为围压从三向应力状态在较短的时间内转化为平面应力状态。首先，要在应力缺失的一面发生较大的位移；其次，围岩的变形对其周围的围岩会起到一个约束作用，围岩与围岩之间会相互制约，从而达到一个新的平衡；随后的支护与持续开挖会不断打破既有的平衡并寻求新的稳定，在这个过程中隧道拱顶的位移是呈上下波动的；最终隧道支护结构的高强度会控制围岩变形的恶化，使其趋于收敛。

图 3.2 给出了安农区间下穿广深高速左线隧道拱顶沉降历时曲线。由图可知：

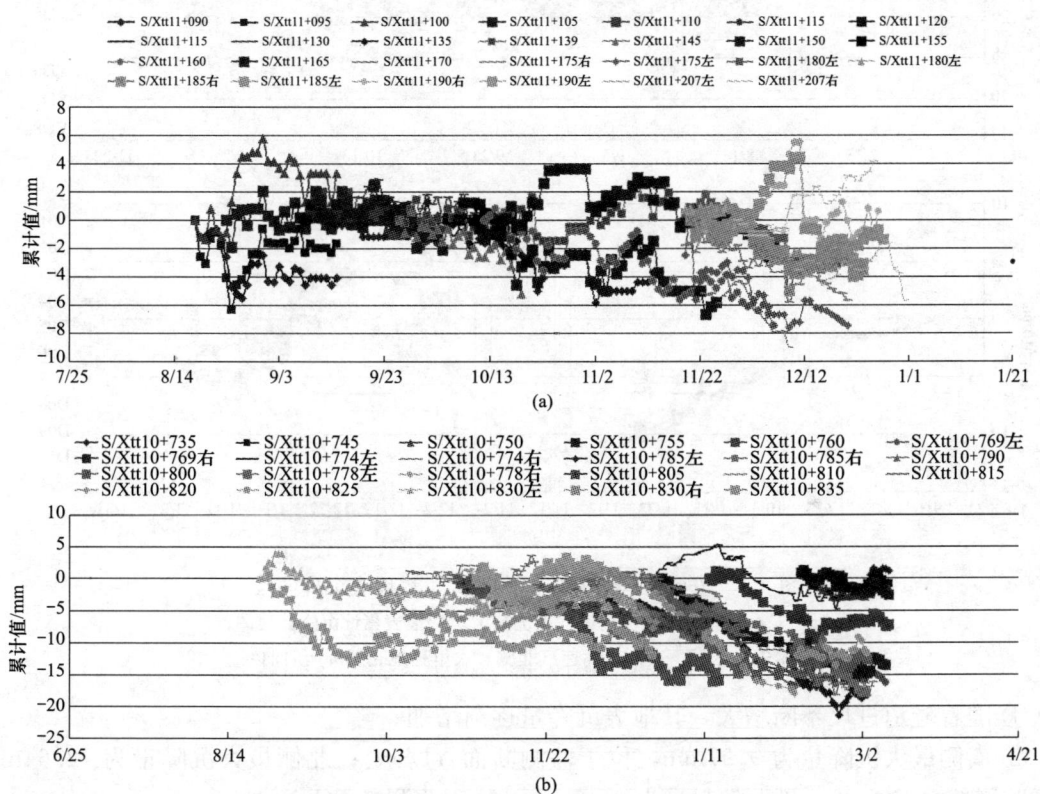

图 3.2 安农竖井左线隧道拱顶沉降历时曲线
（a）安农竖井左线大里程拱顶监测历时曲线图；（b）安农竖井左线小里程拱顶监测历时曲线图

① 左线大里程拱顶沉降最大值为 9.00mm，位于监测断面 S/Xtt11＋170 处；右线小里程拱顶沉降最大值为 21.40mm，位于监测断面 S/Xtt10＋785 左处。

② 随着隧道下穿进尺不断扩大，其各拱顶沉降量逐渐增大，最终达到稳定状态。

③ 拱顶沉降变化曲线较为分散，拱顶沉降速率突变较小。

任何隧道面的左右受力都是不对称的，由于这种差异性势必会造成隧道拱顶偏压受力，隧道的偏压会对洞顶三个点的位移产生不同的影响，围岩应力较高的一侧会抵消一部分围岩的自我约束力继续下沉变形，而围岩应力较低的一侧会受到围岩应力较高一侧的反推作用，产生较大的回弹位移；初期支护增强了围岩的整体强度，并对围岩产生了一定的约束反力，这种围岩和支护结构的相互作用会一直延续到支护提供的阻力与围岩作用力之间达到平衡为止，从而形成一个力学上稳定的隧道结构体系。

3.1.2 地表沉降规律

图3.3给出了安农区间下穿广深高速大里程地表沉降曲线。由图可知：

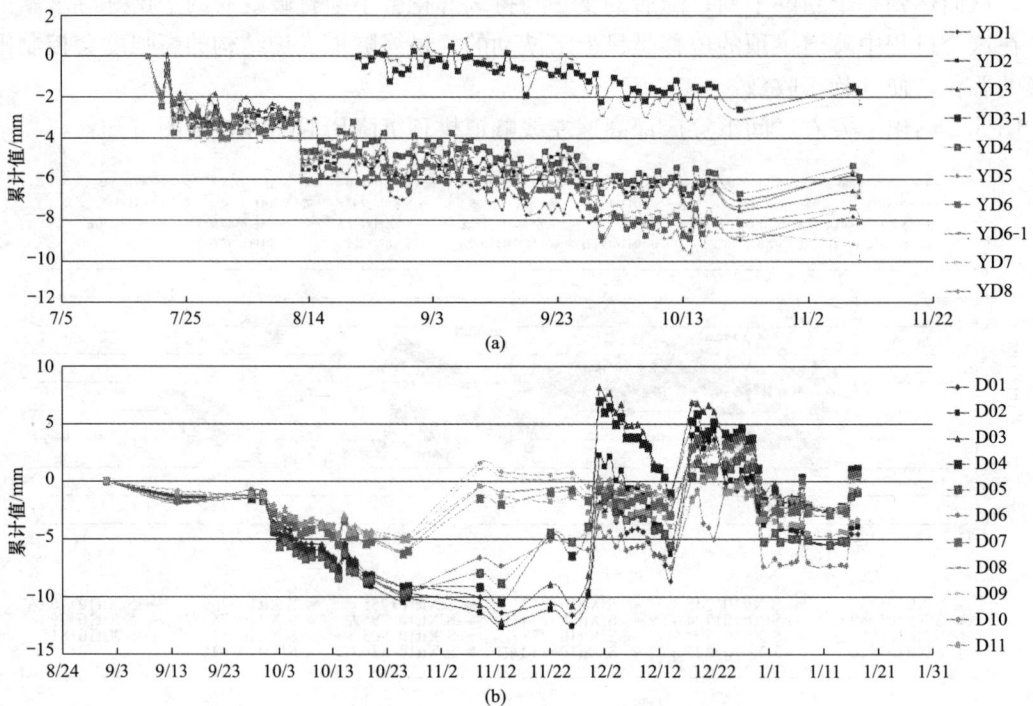

图3.3 安农区间下穿广深高速大里程地表沉降曲线
（a）安农区间下穿广深高速（南侧）大里程地表累计沉降曲线图；
（b）安农区间下穿广深高速（北侧）大里程地表沉降历时曲线

① 随着隧道进尺不断增大，其地表沉降量逐渐增加。

② 南侧最大沉降量为9.97mm，位于监测断面YD8处；北侧最大沉降量为12.64mm，位于监测断面D02处，最大隆起量为8.18mm，位于监测断面D03处。

③ 南侧地表沉降变化曲线基本都是沉降量不断增加趋势，沉降变化曲线近似斜线降低；而北侧地表沉降变化曲线基本都呈现沉降量先增大后减小（即地表隆起），然后再增大的趋势。

图3.4给出了安农区间下穿广深高速小里程地表沉降曲线。由图可知：

① 随着隧道进尺不断增大，其地表沉降量逐渐增加。

② 南侧最大沉降量为47.69mm，位于监测断面D6-1处；北侧最大沉降量为22.21mm，位于监测断面D01-1处，最大隆起量为14.23mm，位于监测断面D08处。

③ 南侧地表沉降变化曲线基本都是沉降量不断增加的趋势，沉降变化曲线近似斜线降低；而北侧地表沉降变化曲线基本都是沉降量先增大后减小（即地表隆起），然后再增大的趋势。

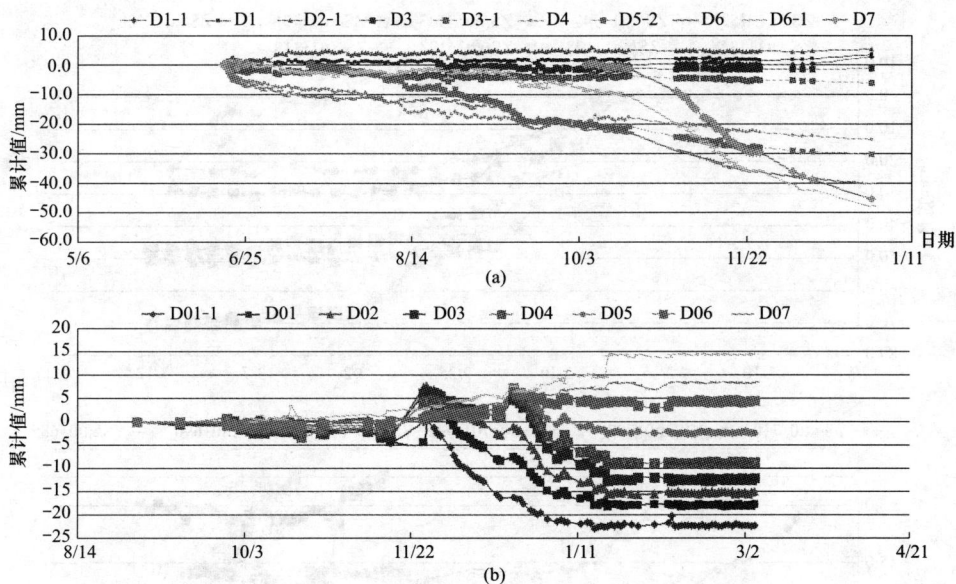

图 3.4　安农区间下穿广深高速小里程地表沉降曲线
(a) 安农区间下穿广深高速（南侧）小里程地表沉降累计值曲线图；
(b) 安农区间下穿广深高速（北侧）小里程地表沉降历时曲线

地表沉降位移与洞内拱顶位移的变化趋势不同，洞内拱顶沉降曲线波动性较大，而地表沉降曲线变化趋势稳定；只是由于隧道左线与右线开挖进度不同，同时隧道宏观受力与地形地质条件有关，地表监测点受力与变形会产生较大的差异，部分位置的应力甚至会出现拉与压之间的转化，所以会出现地表监测点沉降减小的趋势，也就是隆起现象。

3.2　隧道下穿北环快车道工程

3.2.1　围岩变形规律

图 3.5 给出了安农区间下穿北环快车道隧道拱顶沉降历时曲线。由图可知：

① 左线小里程拱顶沉降最大值为 70.10mm；右线小里程拱顶沉降最大值为 44.90mm。

② 随着隧道下穿进尺不断扩大，其各拱顶沉降量逐渐增大，最终达到稳定状态。

③ 拱顶沉降速率变化最明显时是 2014 年 2 月，其大小里程拱顶沉降速率突变较大，沉降量增长最快。

隧道开挖之后的瞬间主要是有围岩的自稳能力来保证隧道的安全，其受力特征表现为围压从三向应力状态在较短的时间内转化为平面应力状态，首先要在应力缺失的一面发生较大的位移，其次围岩的变形对其周围的围岩会起到一个约束作用，围岩与围岩之间会相互制约，从而达到一个新的平衡；之后的支护与持续开挖会不断打破既有的平衡并寻求新的稳定，在这个过程中隧道拱顶的位移是呈上下波动的；最终隧道支护结构的高强度会控制了围岩变形的恶化，使其趋于收敛。

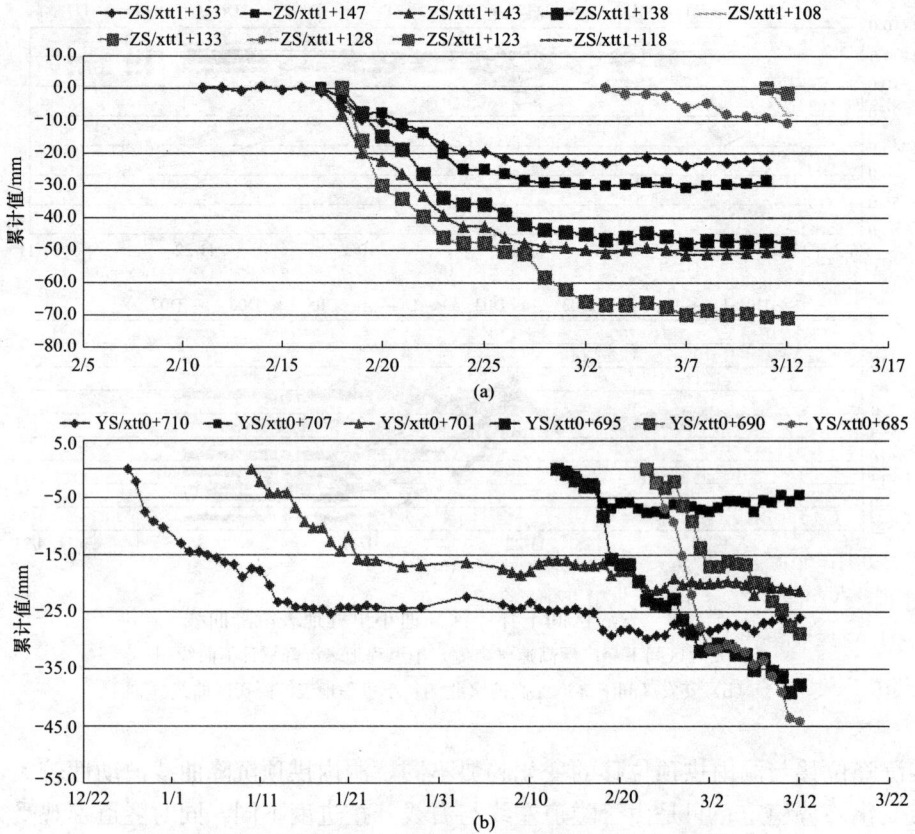

(a)

(b)

图 3.5　安托山停车场出入线小里程累计值历时曲线

（a）安托山停车场出入线左线小里程拱顶（下穿北环）累计值历时曲线；

（b）安托山停车场出入线右线小里程拱顶（下穿北环）累计值历时曲线

3.2.2　地表沉降规律

图 3.6 给出了停车场出入线下穿北环快车道的里程地表沉降曲线。由图可知：

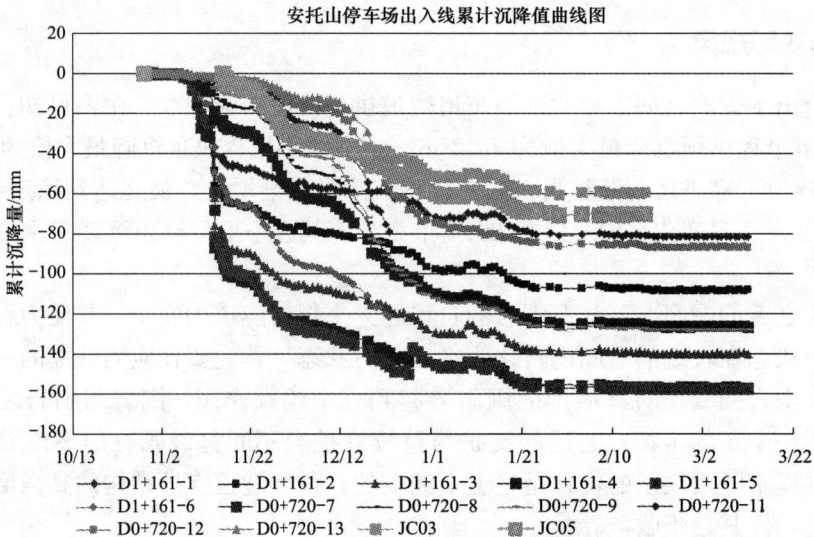

图 3.6　安托山停车场出入线地表沉降值曲线

① 随着隧道进尺不断增大，其地表沉降量逐渐增加。

② 最大沉降量为 160.20mm。

③ 南侧地表沉降变化曲线基本都是沉降量不断增加趋势，沉降变化曲线近似斜线降低；而北侧地表沉降变化曲线基本都是沉降量先增大后减小（即地表隆起），然后再增大的趋势。

地表沉降位移与洞内拱顶位移的变化趋势不同，洞内沉降曲线波动性较大，而地表沉降曲线变化趋势稳定；只是由于隧道左线与右线开挖进度不同，同时隧道宏观受力与地形地质条件有关，地表监测点受力与变形会产生较大的差异，部分位置的应力甚至会出现拉与压之间的转化，所以会出现地表监测点沉降减小的趋势，也就是隆起现象。

3.2.3 地层变形规律

为保证施工顺利进行，下穿段采用多种监控量测手段对施工过程中围岩、隧道结构的各项力学参数变化情况进行综合监测，具体监测内容包括围岩内部位移、钢拱架应变监测及初期支护压力监测。其中，在安托山停车场出入线下穿北环大道过程中，围岩内部位移监测设置 3 处监测断面，钢拱架及初期支护压力监测设置 5 处监测断面；安托山站前出入线隧道下穿建筑物及北环大道，下穿区域里程 DK0＋240 起至 DK0＋300 止布设 7 个断面（大约每 10m 一个断面），每个断面沿隧道拱顶、拱腰及边墙埋设 5 个压力传感器。监测项目和方法表见表 3.1。

表 3.1　　　　　　　　　　　　　　　监测项目和方法表

监测点类型	数量	埋设位置
多点位移计	9	北环大道两侧路肩及花坛共布设 9 个监测点
钢拱架应变	25	YDK0＋704，YDK 0＋691，YDK 0＋678，ZDK1＋150，ZDK 1＋138，ZDK 1＋129，ZDK 1＋117 断面
初期支护压力	25	YDK0＋704，YDK 0＋691，YDK 0＋678，ZDK1＋150，ZDK 1＋138，ZDK 1＋129，ZDK 1＋117 断面
拱顶沉降	—	拱顶每 5m 布置一个

1. 上方地层沉降规律分析

通过路面下方地层布设多点位移计可以实时监测道路两侧及中央绿化带下方不同深度的地层位移情况。下穿段隧道上方地层共布设 9 个点位，监测路面下方 2m、4m、6m、8m 地层相对位移情况。9 个点位分别布设在道路中线和路肩下方，横向位置分别为隧道轴线上方和两隧道中间位置，如图 3.7 所示。

图 3.7　多点位移计安装点位示意图

　　选取左线隧道上方 B 组、F 组、Ⅰ组监测数据进行分析，隧道开挖先经过Ⅰ组，其次为 F 组和 B 组。各点不同深度相对曲线如图 3.8 所示，除Ⅰ组 2m 深度数据采集不连续外，其余数据均效果良好，各深度处沉降趋势接近。

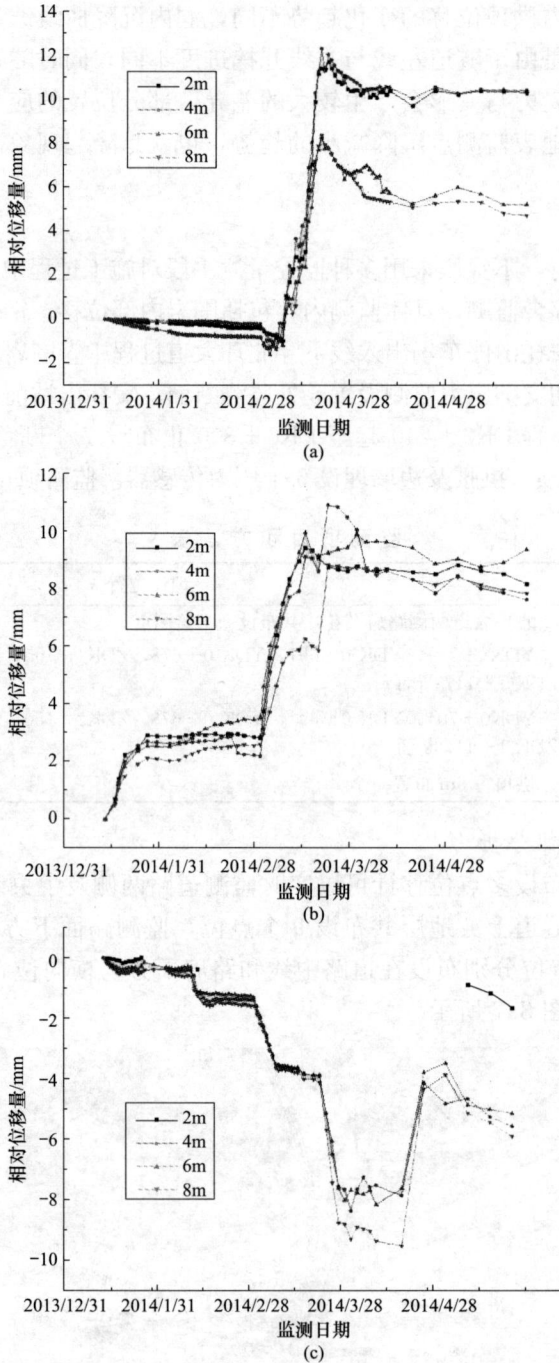

图 3.8　左线隧道上方各点的多点位移曲线图

(a) B 组多点位移曲线图；(b) F 组多点位移曲线图；(c) Ⅰ组多点位移曲线图

　　Ⅰ组多点位移计布置时下方已注浆完成，所以Ⅰ组各点前期无隆起过程，开挖过程中，Ⅰ组数据曲线呈台阶形，每个开挖结束后均有较大沉降，沉降最大位置处深度为8m，最大沉降值为9.51mm；其次为4m深度的8.35mm和6m深度的8.15mm。由于隧道间距较近，右线隧道开挖前期的注浆对左线隧道上方地层有一定影响，Ⅰ组数据在后期有一定隆起，各监测深度隆起量最大的为8m深度，隆起值为5.17mm，各深度隆起量平均值为4.25mm。B组和F组沉降曲线趋势接近，均呈平稳—迅速隆起—缓慢沉降过程。B组注浆隆起量最大处为2m深度，隆起值为16.64mm，各深度隆起量平均值为10.50；F组注浆隆起量最大处为4m深度，隆起值为8.72mm，各深度隆起量平均值为7.06。以上结果表明，在上软下硬地层隧道施工中，当双线隧道间距较小时，全断面注浆对注浆段上方较浅地层位移影响较明显，对临近隧道较深处影响较为明显，浅处影响减弱。各曲线后半部分沉降曲线较为平缓，说明全断面注浆对开挖引起的地层沉降起到了较好的控制作用。

　　多点位移计各深度地层位移曲线显示，全断面注浆造成较大隆起，图3.9给出了E组和D组的监测曲线，其中，D组多点位移计埋设于右线隧道上方，E组埋设位置位于北侧路肩处，且距两隧道距离相同。E组曲线有两处明显的隆起过程分别由右线隧道和左线隧道注浆引起，仅D组8m深度曲线前期受左线隧道注浆影响有明显隆起，2m、4m、6m处仅受下方注浆影响。可以认为，该类地层全断面注浆引起地层隆起影响范围为15m内，且15~20m影响较小，即注浆加固圈以外8m内影响较大，8~13m范围影响较小。

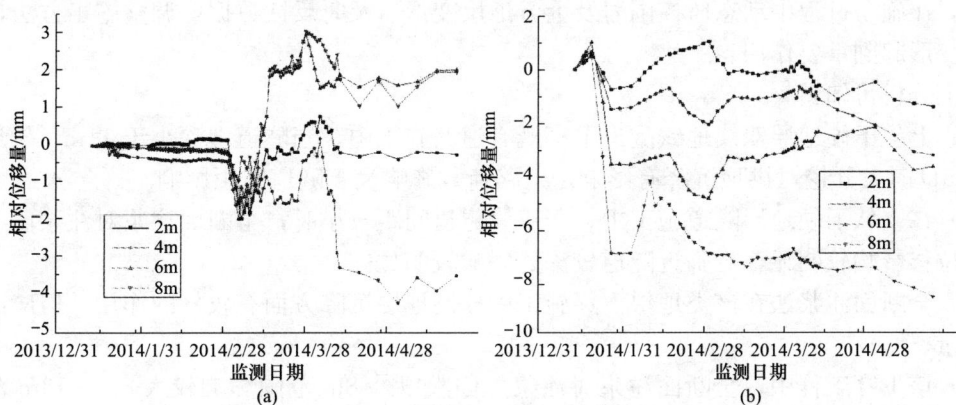

图 3.9　多点位移曲线图
（a）E组多点位移曲线图；（b）D组多点位移曲线图

2. 钢拱架应变及初期支护压力分析

　　拱顶沉降最大值位于靠近道路中线位置，为此，选取右线隧道YDK0+691和左线隧道ZDK1+138断面绘制钢拱架应变和初期支护压力曲线，如图3.10所示。因后期施工造成点位破坏，选择3月2日数据进行对比研究。右线隧道钢拱架应变最大处为拱顶位置，应变值为344.4E-6，其次为左侧拱腰，应变值为319.3E-6，右侧拱腰应变最小，应变值为307.7E-6。左侧隧道钢拱架应变最大处为拱顶位置，应变值为339.8E-6，其次为左侧拱腰，应变值为332.9E-6，右侧拱腰应变最小，应变值为218E-6。拱架应变曲线呈线型增大—减速增大—平稳趋势，由于后续开挖的影响，钢拱架在23天左右变形基本稳定。该日对应的初期支护压力，右线隧道拱顶处为0.205MPa，左侧拱腰处为0.148MPa，右侧拱腰处为

0.200MPa；左线隧道拱顶处为 0.294MPa，左侧拱腰处为 0.229MPa，右侧拱腰处为 0.273MPa。初期支护压力处于可控范围，钢拱架应变虽存在部分差异，但总体与初期支护压力呈线型关系，因此判断钢拱架处于弹性状态。

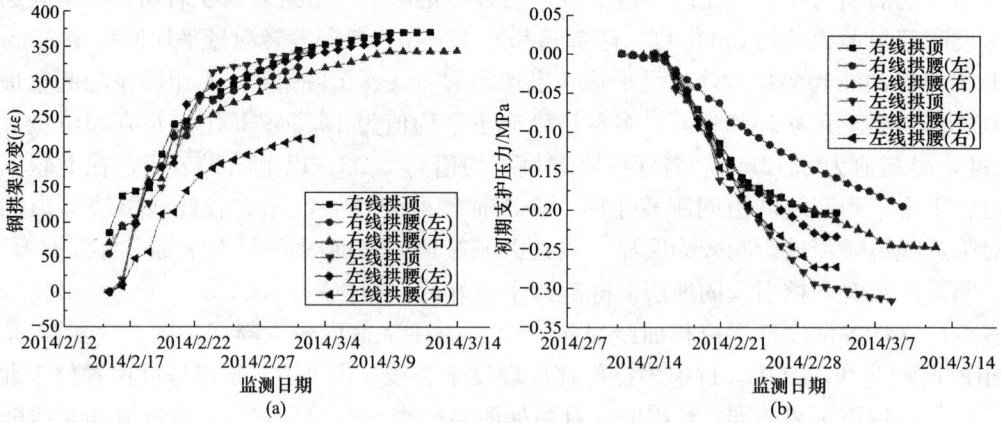

图 3.10　钢拱架应变及初期支护压力曲线图
(a) 钢拱架应变曲线图；(b) 初期支护压力曲线图

截至隧道通过北环大道，地表沉降值始终处于 30mm 的控制范围内。通过以上监控量测手段，在施工过程中动态监控围岩及上方地层变形，及时反馈数据，调整施工方法，对控制围岩变形起到重要作用。

综上分析可知：

(1) 上软下硬地层双线地铁隧道下穿既有道路施工中，当隧道埋深小于 11m，隧道间距大于 2.5D 时，开挖对拱顶沉降有影响，道路荷载影响大于隧道间距影响。

(2) 在上软下硬地层隧道施工中，当双线隧道间距较小时，全断面注浆对注浆段上方较浅地层位移影响较明显，对临近隧道较深处影响较明显。

(3) 全断面注浆法在该类地层下穿施工中控制地层沉降方面有较好的作用，但应注意控制隆起量。

(4) 该下穿工程中，全断面注浆对注浆加固圈以外 8m 范围影响较大，8～13m 范围影响较小。施工工程应注意控制。

(5) 采用多种监控量测手段相结合，可以全面监控隧道开挖过程中围岩及地层变形，保障施工安全。

3.3　隧道下穿地面厂房工程

由于安托山站前北侧暗挖隧道为 3 个，而且下穿地面建筑物和北环快车道，施工工序复杂，对围岩有多次扰动。因此，掌握隧道施工过程中隧道围岩变形叠加效应对于安全施工至关重要。图 3.11 给出了安托山站前小里程隧道地表及周边建筑物沉降点位布设图。

图 3.12～图 3.15 分别给出了地表累计沉降值曲线、周边建筑物累计沉降值曲线、隧道拱顶下沉值曲线和隧道收敛变形曲线。

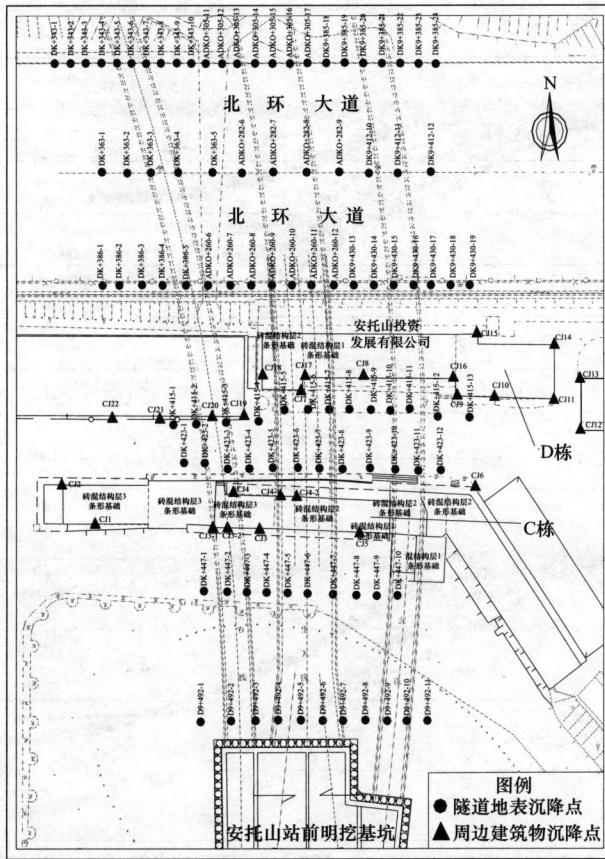

图 3.11 安托山站前小里程隧道地表及周边建筑物沉降点位布设图

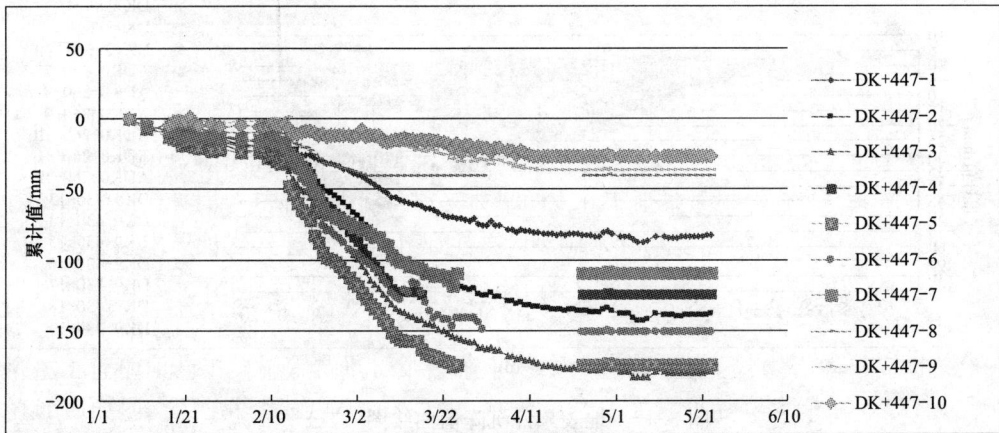

(a)

图 3.12 地表累计沉降值曲线图（一）

(a) 深安区间（安托山站前）小里程 DK9＋447 地表累计沉降值曲线图

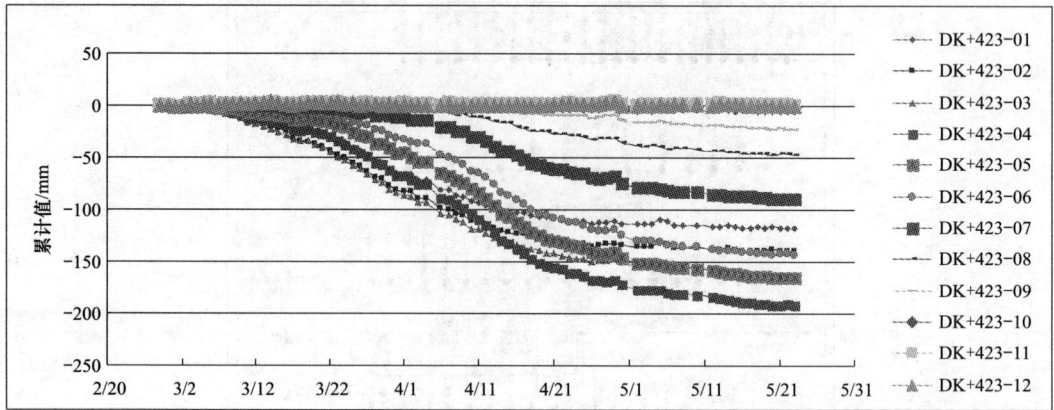

(b)

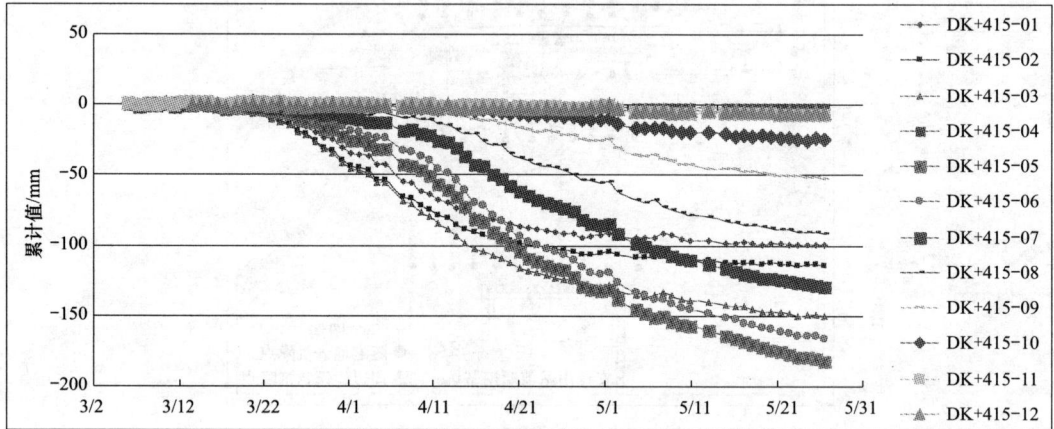

(c)

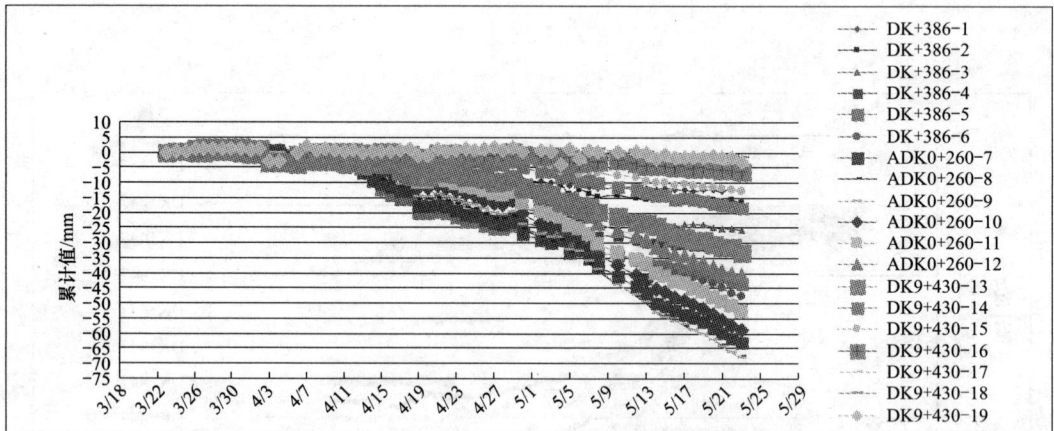

(d)

图 3.12　地表累计沉降值曲线图（二）

（b）深安区间（安托山站前）小里程 DK9+423 地表累计沉降值曲线图；

（c）深安区间（安托山站前）小里程 DK9+415 地表累计沉降值曲线图；

（d）深安区间（安托山站前）小里程地表 DK9+386 累计沉降值曲线图

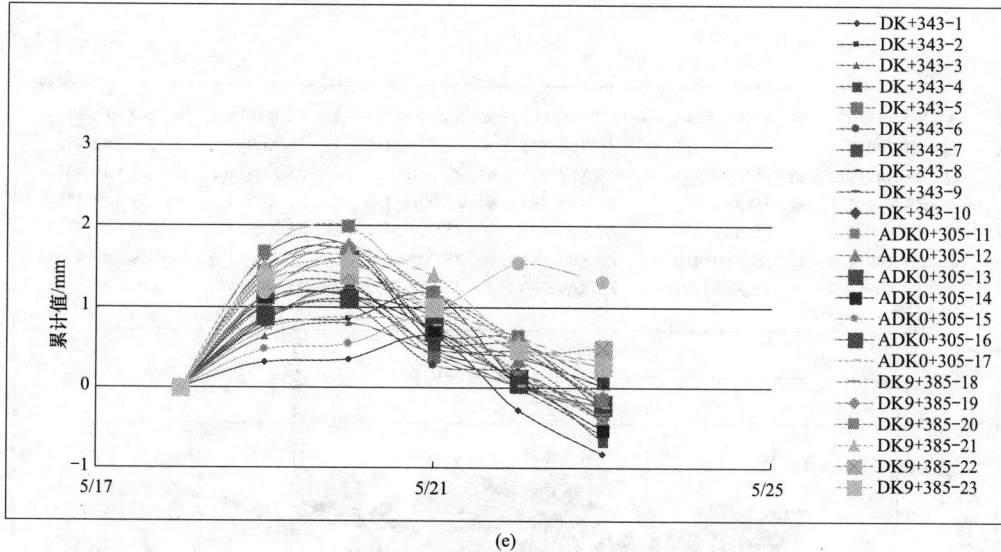

图 3.12　地表累计沉降值曲线图（三）
（e）深安区间（安托山站前）小里程地表 DK9＋343 累计沉降值曲线图

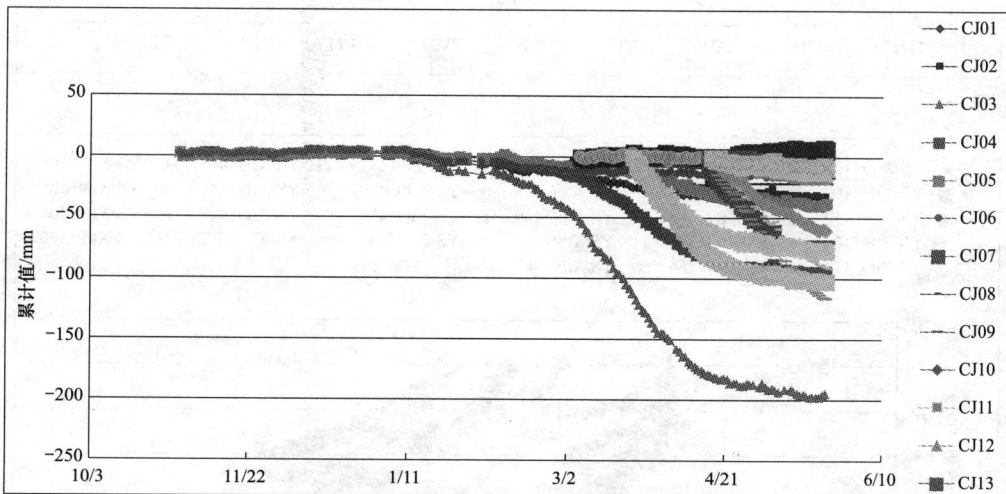

图 3.13　小里程周边建筑物累计沉降值曲线图

拱顶位移的发展是反映隧道围岩稳定性的一个重要标志，探明了掌子面距离对隧道围岩稳定性的影响，分析了隧道拱顶位移发展变化的过程。计算数据表明，①掌子面正上方开挖在本施工部完成后产生的拱顶位移量一般为总位移量的 30%～40%。同时，随着三个隧道开挖掌子面距离的缩短，隧道拱顶变形量有增大的趋势。②当三洞开挖时，其空间影响范围明显加大，引起的隧道拱顶、地表位移量值增大。③随着隧道的开挖，地表及洞内监测点位移随掌子面的推进呈递增趋势。其中左洞拱顶、拱腰、仰拱位移分别为 3.6mm、1.3mm、3.4mm，收敛比分别为 31%、17%、28%；右洞拱顶、拱腰、仰拱收敛比分别为 86%、88%、100%。④在开挖过程中，围岩的变形表现出明显的空间效应，且不同施工工序对围岩不同位处的变形影响不同。这是由于在上台阶开挖过程中，拱顶点和起拱线点处围岩的环

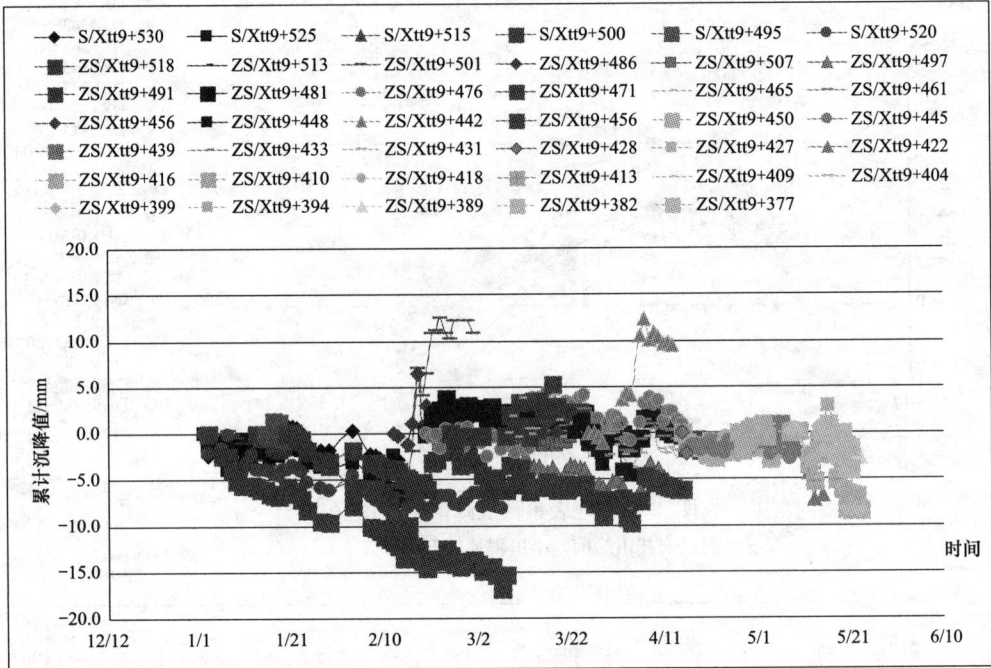

(a)

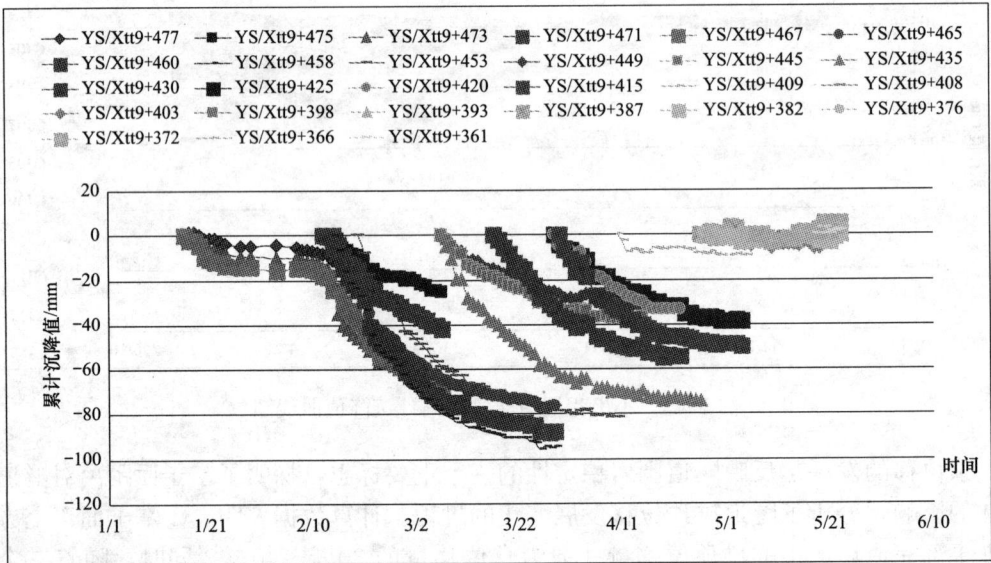

(b)

图 3.14　隧道拱顶下沉值曲线图（一）

（a）深安区间左线（站前）小里程拱顶曲线图；

（b）深安区间右线（站前）小里程拱顶累计变化曲线图

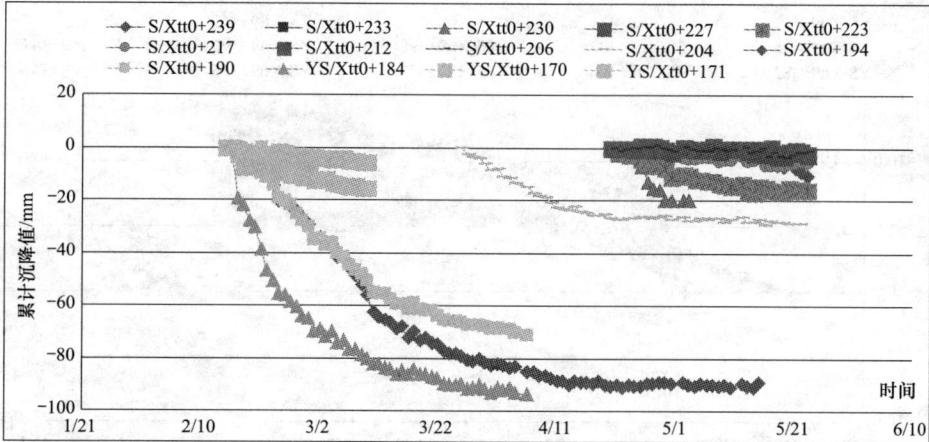

(c)

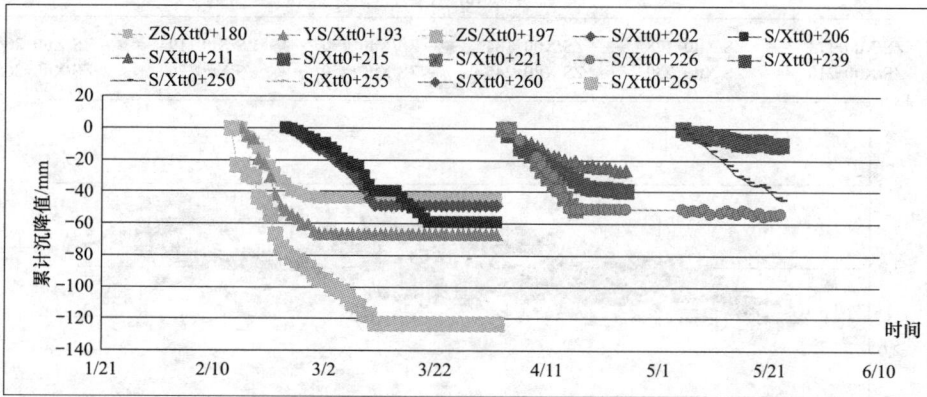

(d)

图 3.14 隧道拱顶下沉值曲线图（二）

（c）深安区间停车场出入线（站前）小里程拱顶累计变化曲线图（右洞）；

（d）深安区间停车场出入线（站前）小里程拱顶累计变化曲线图（左洞）

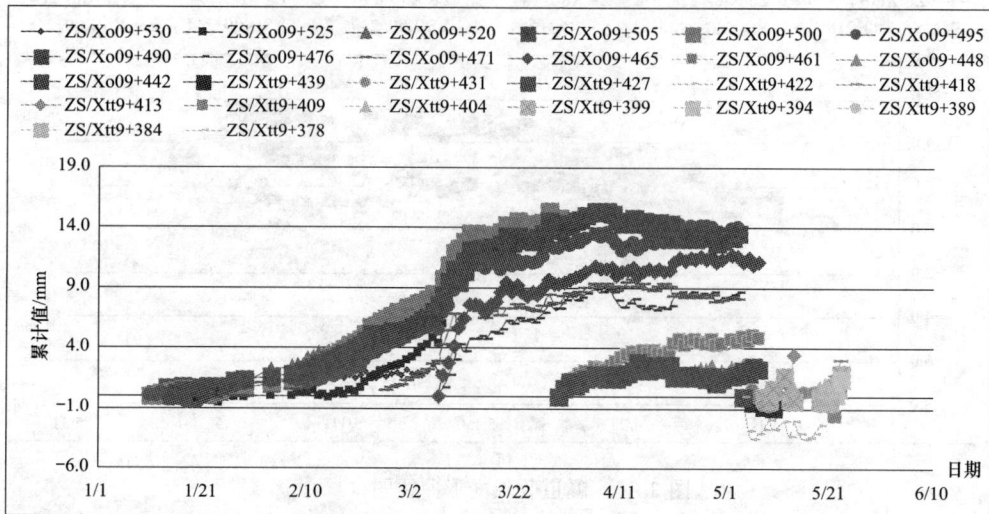

(a)

图 3.15 隧道收敛变形曲线图（一）

（a）深安区间（安托山站前）左线小里程收敛累计变化曲线图

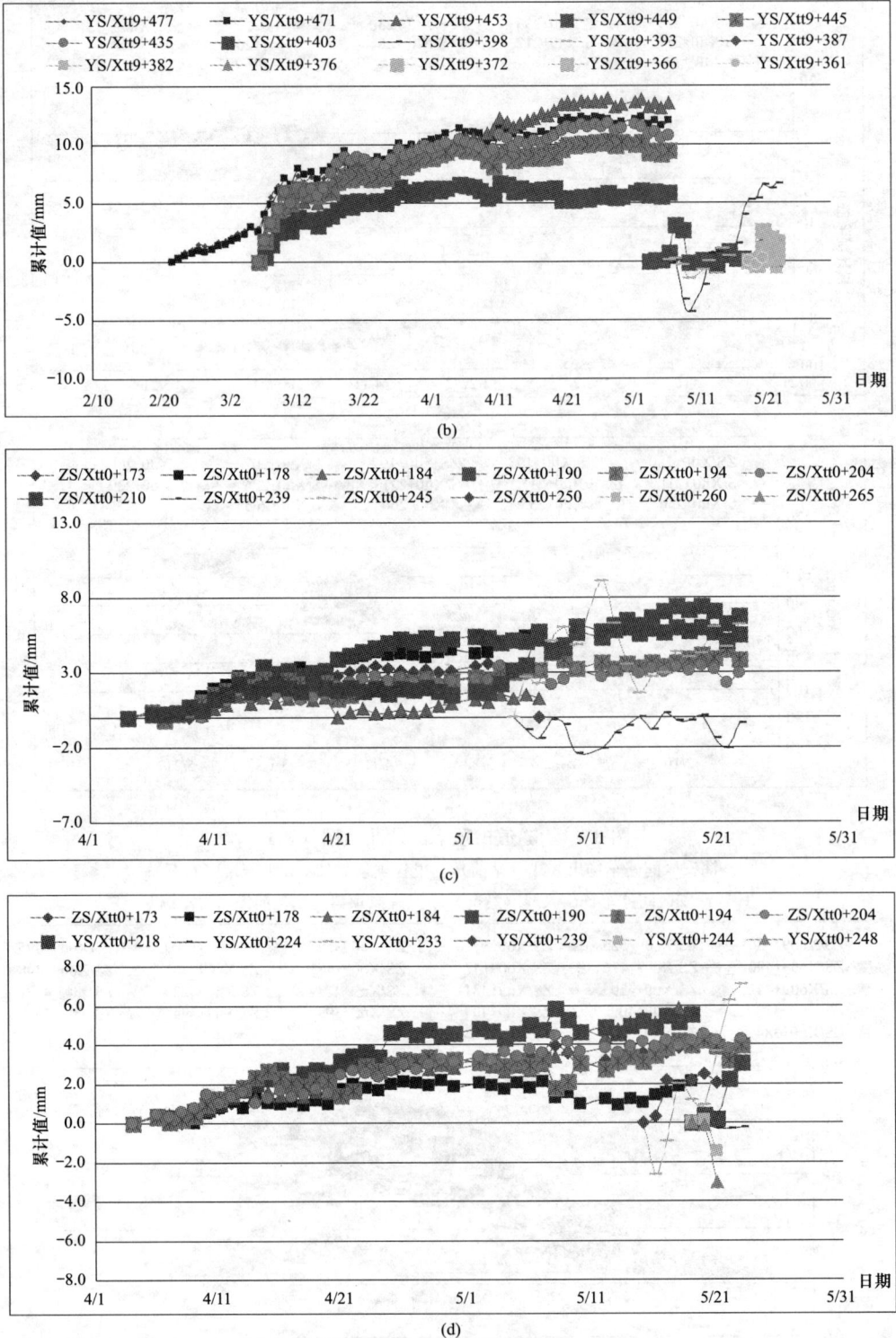

图 3.15　隧道收敛变形曲线图（二）
（b）深安区间（安托山站前）右线小里程收敛累计变化曲线图；
（c）深安区间（安托山站前）停车场出入线（左）小里程收敛累计变化曲线图；
（d）深安区间（安托山站前）停车场出入线（右）小里程收敛累计变化曲线图

向应力均先急剧增大，即围岩压力理论提到的应力集中现象，然后急剧减小，在上台阶通过后，中台阶开挖又使其略微增大，而下台阶和仰拱施工对其几乎没有影响。径向正应力的变化过程与环向正应力几乎一致，但有不同，即在上台阶开挖中，没有出现应力集中现象，而是在初始应力水平下持续一段距离后急剧减小，随后由于支护结构的支护阻力作用，使其并非减小至零，同样，上中台阶的施工对其影响比较大。因此，在开挖过程中，围岩压力的变化规律表现出明显的空间效应。另外，从能够表征围岩塑性区发育的围岩偏应力变化曲线中看到，在上台阶开挖过程中，偏应力峰值已经出现，随后的中、下台阶开挖以及仰拱封闭等工序均对其几乎没有影响。因此，若要控制围岩塑性区的发育，在掌子面通过之前就采取加固措施效果可能会更好。

综上所述，第一，开挖过程使得围岩变形表现出明显的空间效应，最大先行沉降和先行收敛分别占总位移的 53.3% 和 67.28%；上台阶开挖和仰拱封闭对拱顶沉降有显著的影响，而上、中台阶开挖对起拱线收敛有明显的作用。第二，上、中台阶开挖对围岩压力的变化影响很大，而下台阶和仰拱对其几乎没有影响；围岩最大偏应力出现在上台阶开挖过程中，表明此时采取措施控制围岩塑性区效果最佳。

3.4　隧道"零距离"下穿既有建筑物车站工程

既有 4 号线福民站周边的施工以及既有线本身的运营是一个动态过程，与之有关的稳定和环境影响也在动态变化中。因此，在施工过程中，必须对既有线进行三维空间全方位、全过程的监测。一方面，有助于快速回馈施工信息，以便及时发现问题并采用最优的工程对策，为工程决策、设计修改、工程施工和工程质量管理提供第一手的监测资料和依据；另一方面，对既有线的保护具有重要的意义。根据监测结果，发现可能发生危险的先兆，判断既有线以及工程施工的安全性，以便提前采取必要的工程措施，防止工程破坏事故和环境事故的发生，保证工程顺利进行；以监测结果指导现场施工，确定和优化施工方案，进行信息化施工；检验工程勘察数据的可靠性，验证设计理论和设计参数；对本工程施工技术方法进行适用性评价，积累工程经验，为类似工程提供基础数据支持和参考。

3.4.1　监测项目

为保证既有 4 号线车站运营安全和皇福区间开挖、支护结构的稳定，本次监控内容共分两部分：第一部分，对既有 4 号线福民站采取自动化监测和人工监测两种方式进行，主要监测对象、项目、精度及频率见表 3.2，人工检查内容见表 3.3。第二部分，对区间上方地表及区间结构进行监测，监测项目见表 3.4。

表 3.2　既有线车站内现场监测对象、项目、精度及频率

序号	类别	监测对象	监测项目		监测精度	监测频率
1	周边环境	4 号线福民站	远程自动化监测	道床结构竖向变形、差异变形	小于 0.5% F.S	自动化监测系统采集数据频率为 10～30min/次

续表

序号	类别	监测对象	监测项目	监测精度	监测频率
2	周边环境	4号线福民站	人工静态监测	隧道结构竖向变形、差异变形	0.3mm	静态监测项目施工期每天进行1次，施工结束后根据变形情况进行适当调整，特殊情况应增大监测频率
3				道床结构竖向变形、差异变形	0.3mm	
4				隧道结构变形缝开合度监测	0.1mm	
5				隧道几何形位检查	1.0mm	
6				无缝线路钢轨位移	0.3mm	

表3.3　　　　　　　　　　　　既有线车站内人工检查内容

类别	人工检查对象及内容
周边环境	地铁4号线福民站：1. 结构开裂、剥落：包括裂缝宽度、深度、数量、走向、剥落体大小、发生位置、发展趋势等。2. 结构渗水：包括渗透水量、发生位置、发展趋势等。3. 道床结构开裂：包括裂缝宽度、深度、数量、走向、发生位置、发展趋势等。4. 变形缝开合和错台：包括变形缝的扩展和闭合大小、变形缝处结构有无错开、位置、发展趋势等。5. 隧道内管线渗、漏水，检查井内积水等情况

表3.4　　　　　　　　　　　　皇福区间隧道监测项目

观测名称	方法及工具	纵向测点布置	量测频率（距开挖、模筑后的时间）				备注	建议控制指标
			1~7d	7~15d	15~30d	30d		
地层及支护情况观察	现场观察及地质描述	每循环开挖工序后进行						
地表沉陷（包括建、构筑物）	精密水准仪		2次/d	1次/d	1次/2d	1次/3d	拆撑时频率适当加密	
顶部下沉	精密水准仪	每次开挖后立即进行	2次/d	1次/d	1次/2d		拆撑时频率适当加密	最大值3mm
净空收敛	收敛仪	每循环开挖工序后进行通过后每5m保留一个测点	2次/d	1次/d	1次/2d		拆撑时频率适当加密	最大值10mm
地下水位	水位计、水位管	不少于4个	1次/d	1次/d	1次/2d	1次/2~3d		
格栅内力	钢筋计、频率仪	型钢格栅、钢筋格栅各不少于7个断面	2次/d	1次/d	1次/2d	1次/2~3d	拆撑时频率适当加密	
围岩压力	压力盒	不少于2个断面	2次/d	1次/d	1次/2d	1次/2~3d		

注：此表以右线为例，左线参照右线布点。

3.4.2　监测点布置

1. 既有运营地铁车站监测点布置

根据本项目现场施工条件，结合相关规范及设计要求，在地铁4号线福民站受地铁7号线福民站施工影响区域左右线 SSK1+593~SSK1+673 里程范围内进行自动化监测，上下行线共布设22个监测断面，分别是上行线11个（R1~R11），下行线11个（L1~L11）。具体监测断面布置详见图3.16、图3.17所示，监测断面布置说明如下：

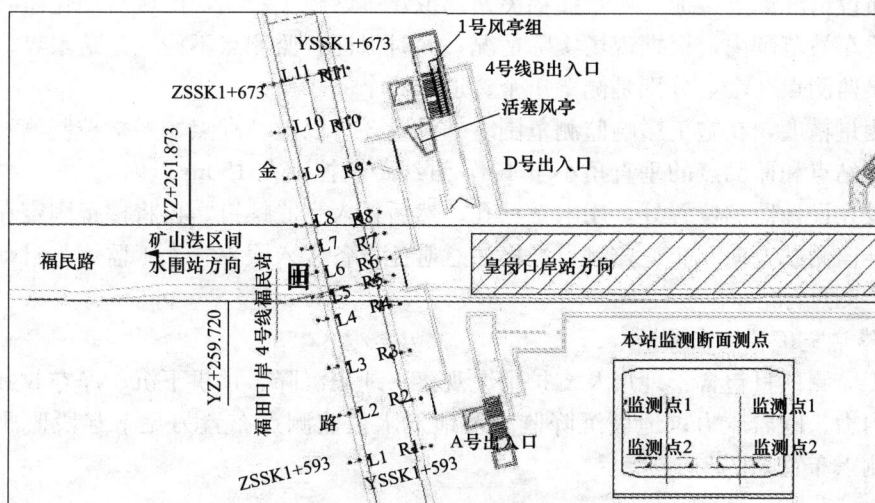

图 3.16 自动化监测平面布置图

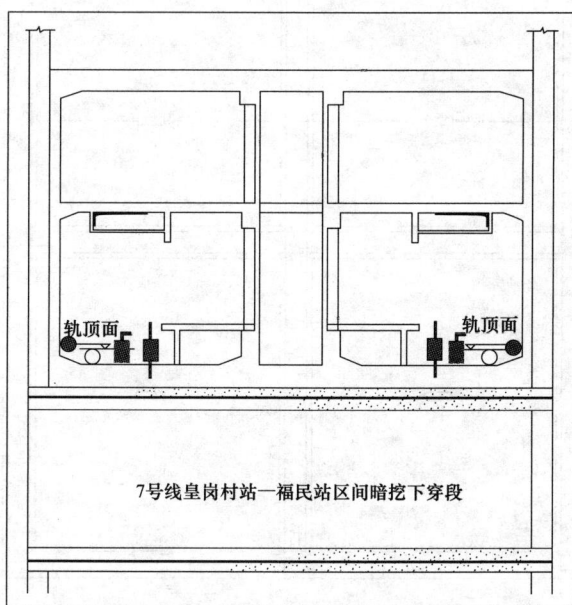

图 3.17 自动化监测布点剖面图

（1）上行线

施工危险段 YSSK1＋623～YSSK1＋643 里程范围内每 5m 布设一个监测断面，共布设 5 个；在施工危险段两端各延伸 30m 并按 10m 布设一个监测断面，共布设 6 个监测断面，则上行线共布设监测断面 11 个。上行线监测断面由小里程至大里程方向编号为 R1～R11。

（2）下行线

施工危险段 ZSSK1＋623～ZSSK1＋643 里程范围内每 5m 布设 1 个监测断面，共布设 5 个；在施工危险段两端各延伸 30m 并按 10m 布设一个监测断面，共布设 6 个监测断面；则下行线共布设监测断面 11 个。下行线监测断面由小里程至大里程方向编号为 L1～L15。

监测点布设情况如下：地铁 4 号线福民站受拟建车站施工影响，区域自动化监测断面均布设在既有线车站范围内，根据现场实际情况，同时保证各监测点不侵入建筑限界，车站内每个断面布设监测点 3 个，分别是侧壁 1 个、道床 2 个。

为保障测量精度，在施工影响监测范围之外设置 3 个以上基准点，严格控制测站与观测点的距离，测站点和监测点的垂直角小于 10°，直线距离控制在 150m 以内。

测点埋设在设计监测位置处，用电钻钻孔，然后打入膨胀螺钉，再将棱镜固定在膨胀螺钉上，并对准监测站方向。布设监测点严格注意避免设备侵入限界。人工监测与自动化监测均采用同一监测点标志。

2. 区间隧道施工监测点布置

隧道施工监测项目包含：地层及支护情况观察、地表沉降、顶拱下沉、净空收敛、地下水位、格栅内力、围岩压力；地表沉降监测及地下水位监测点布置另见下穿段监测专项方案，其余监测点布置如图 3.18 所示。

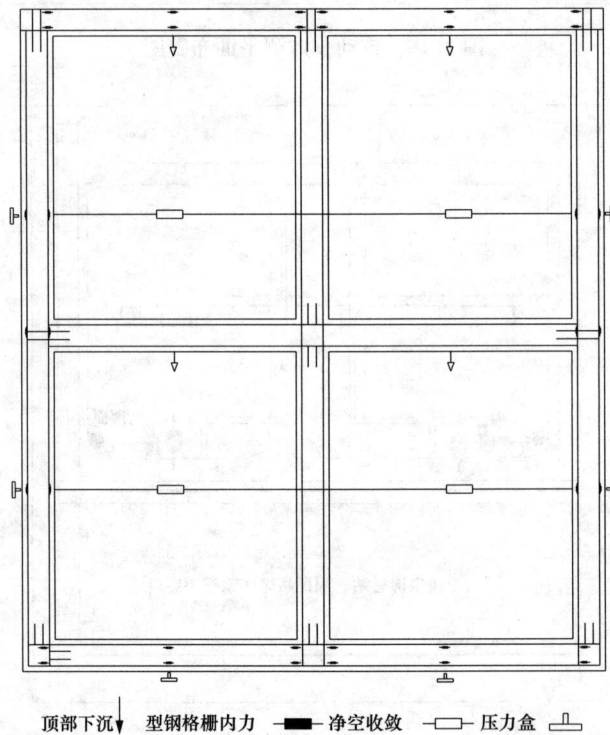

图 3.18　隧道施工监测点剖面图

图例：顶部下沉　型钢格栅内力　净空收敛　压力盒

3.4.3　监测结果分析

根据 2014 年 7 月至 2015 年 9 月自动化监测数据，对福田车站结构变形进行研究分析。由图 3.19 可知，监控测点沿 4 号线富民站延伸方向布置，其中 L4~L8 与 R4~R8 测点位于 7 号线下穿福民车站段，L4~L5 与 R4~R5 位于下穿隧道右线上方，L7~L8 与 R7~R8 位于左线上方，L6R6 位于双线隧道中心线上，其余测点位于下穿段外侧。

1. 7 号线右线施工监测数据分析

根据施工安排，施工采用先右后左的顺序，右线开挖由东向西进行至地连墙处，再从对向开挖，因此根据开挖顺序，首先对测点 L4～L5 与 R4～R5 进行分析。根据监测数据，做测点 L4～L5 与 R4～R5 高程累计变化曲线如图 3.19 所示，从图 3.19（a）中可以看出 R4～R5 测点从 1 月份左右开始出现明显的隆起现象，各测点高程变化趋势相同，且 R4-1、R5-1 测点隆起量近乎相同，明显小于其余各测点。由测点布置可知，R4-1、R5-1 为拱腰处测点，其余 4 测点为道轨处测点，可知距下穿隧道较近测点隆起量较大，可能由于注浆压力控制不合理造成的。随下穿施工进行，隆起量逐渐平稳降低，是由于开挖造成结构下沉与隆起相抵消，沉降发育平稳。

图 3.19（b）为 L4～L5 监测点高程变化情况，其数值显著变化发生在 2 月份左右，滞后 R4～R5 监测点 1 个月左右，这与由东向西的施工顺序是相符的。L4～L5 测点中，拱腰处测点 L4-1、L5-1，随施工进行发生沉降，沉降发育速度较为平稳，3～4 月期间发生沉降发育速度过快现象，沉降最大值达到 13mm。L4～L5 中其余监测点在施工进行至该断面时突然发生较大隆起，且隆起测点均位于道轨处，距离注浆加固区域较近，推测与注浆控制有关。随施工进行，L4-2、L4-3、L5-2、L5-3 测点高程注浆降低，隆起下降，且下降趋势与 L4-1、L5-1 沉降趋势基本相同，故同样可认为由于开挖造成结构下沉与隆起相抵消造成的。

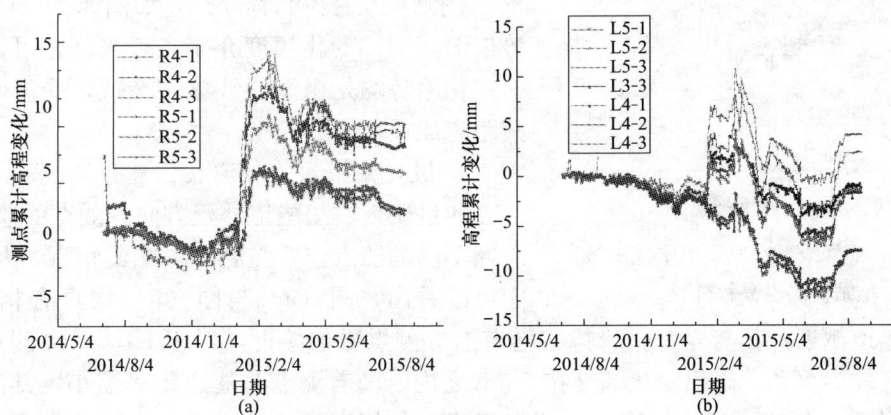

图 3.19 7 号线下穿段右线隧道上方车站监测点高程变化

（a）R4～R5 测点高程累计变化；（b）L4～L5 测点高程累计变化

2. 7 号线左线施工监测数据分析

下穿段左线施工在右线由东向西施工至地连墙处开始，其顺序为从两端向中间开挖，其中一端在进行注浆加固时，另一端需封闭掌子面停止施工。图 3.20 为下穿段左线高程累计变化曲线，对比图 3.20（a）（b）两图，R7～R8 各测点于 1 月份开始产生一定隆起可能由于此时开始进行注浆加固造成，2 月份之后测点开始产生下沉，可能左线开始施工，此时右线隧道由东向西开挖至地连墙，与施工顺序计划相符；L7～L8 测点 2 月份开始产生轻微沉降，可能是受右线隧道开挖影响，由于此时右线开挖至南北向同一地连墙位置。R7～R8 与 L7～L8 监测点中道床处测点均在 4 月左右产生显著隆起，隆起发育迅速，最大隆起量 13mm 以上，可能此时左线开始正式注浆加固施工，随后，进行双向开挖工作，测点高程迅速下降，高程累计变化稳定在 −5～5mm。随后，左线由西向东继续进行注浆加固与开挖，由于距离相对较远，L7～L8 监测点产生轻微隆起，抬升量约为 5mm。

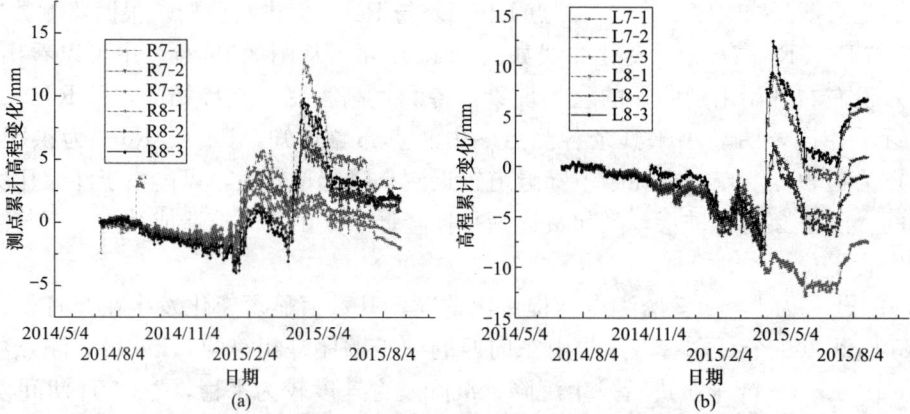

图 3.20　7 号线下穿段左线隧道上方车站监测点高程变化

（a）R7～R8 测点高程累计变化；（b）L7～L8 测点高程累计变化

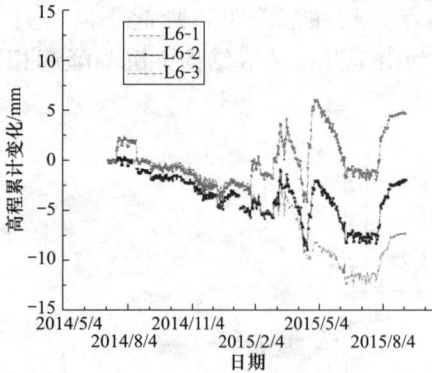

图 3.21　7 号线下穿段隧道中线上方
车站监测点高程变化

对比图 3.20（a）与图 3.20（b）可以发现，5 月份起 L 侧测点高程变化趋势几乎相同，但左线测点变化幅度相对更大，进一步对比双线隧道中线位置 L 侧测点 5 月份高程变化，如图 3.21 所示，其趋势依旧相同，变化幅度介于二者之间，可以认为这一变化趋势均是由于左线施工造成，受影响大小与其距离成反比。

3. 隧道施工影响与测点位置关系

通过研究右线隧道外延方向各测点的监测数据，研究不同的测点位置受施工影响的情况。从图 3.22 中可以看出，图（a）与图（b）均具有相同规律，测点距离隧道越近，其高程变化趋势与隧道上方测点更加接近，对于 L1 与 R1 测点，其高程变化发育较为缓和，高程变化幅度在 5mm 之内，随着测点与隧道距离缩小，其高程变化幅度更加明显，在 L3 与 R3 测点处，测点高程变化幅度可达 15mm 以上，且发育趋势更加明显，具有隧道上方车站测点的发育特点。

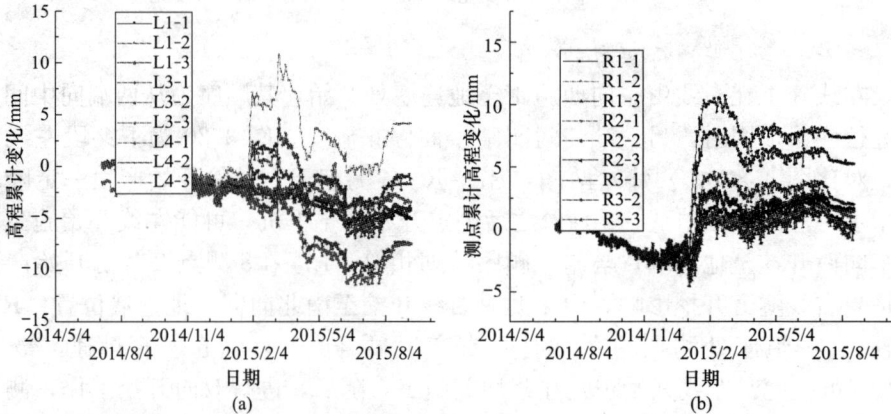

图 3.22　右线隧道外延方向各测点高程变化

（a）车站位于西侧地连墙处测点；（b）车站位于东侧地连墙处测点

此外，拱腰和道床位置测点对隧道施工的敏感性明显不同。由图 3.22（b）可以看出，随测点距隧道距离变化，拱腰处测点隆起始终小于同一位置的道床测点，且距离变化对其影响较小。与此同时，在图 3.22（a）中在 2015 年 1 月份开始，测点高程开始明显变化，其中道床处测点发生明显隆起，而拱腰处测点出现下沉，此时施工正处于注浆开挖阶段，随测点与隧道距离缩短，这一趋势更加明显，针对注浆开挖，拱腰测点表现为沉降，道床测点表现为隆起。因此，可以认为，隧道道床位置对于注浆施工相较于拱腰位置更加敏感，往往产生更大的隆起，与此相对，拱腰位置对于开挖施工可能造成的沉降更加敏感，往往在拱腰位置产生更大的沉降。

4 复杂地质条件下地铁隧道穿越工程数值仿真分析

数值模拟分析采用 ABAQUS 有限元软件。ABAQUS 是国际上最先进的大型非线性有限元计算分析软件之一，具有强健的非线性计算功能，拥有大量材料模型、单元模型和分析过程等。ABAQUS 软件在我国的土木工程、地矿、水利、石油、核工业等领域得到了广泛应用，为各领域的工程设计、安全评价及科学研究做出了很大的贡献。随着计算机硬件和软件的飞速发展，该软件在不断地改进，应用范围也在不断的扩展。

和其他通用程序相比，ABAQUS 软件在岩土工程数值计算中有不可比拟的优势。它有丰富的适用于岩土材料的本构模型，如扩展的 Druker-Prager 模型（线性、非线性以及可以考虑和徐变相结合）、Capped Drucker-Prager、Cam-Clay 模型、Mohr-Coulomb 模型、混凝土材料模型、渗透性材料模型（提供了依赖于孔隙比率、饱和度和流速的各向同性和各向异性材料的渗透模型）、节理模型；除了常规的各种单元类型之外，还有模拟无限边界的无限元，针对钢筋混凝土结构的加强筋单元、针对地下埋管的土壤/管柱连接单元；可进行开挖填筑分析，可自动生成自重应力场，可进行渗流/应力耦合分析，可进行饱和非饱和渗流分析。

流固耦合理论是渗流力学与固体力学交叉而生成的一个力学分支，它是研究地质环境中流体与岩体相互作用的一门科学，其研究与应用已涉及了水力水电工程的渗流与控制、水库诱发地震、有害核废料处理、煤矿瓦斯泄漏及石油开发等领域。近年来，针对岩石低渗透特性的研究已成为国内外岩土工程界关注的热点之一，我国实施与规划中的石油/天然气地下能源储存、低渗透油气田开发、高瓦斯矿井瓦斯抽放、放射性废料地质深埋处置等工程，都涉及了在复杂的地质结构中建造地下工程。

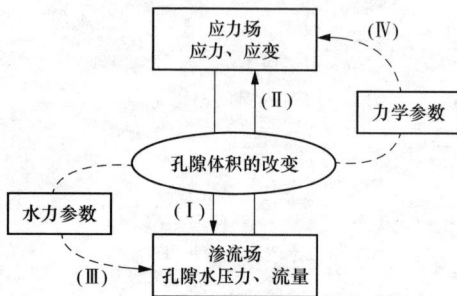

图 4.1 完全流-固耦合系统相互作用的力学机理

岩土体的流-固耦合是水体流动和介质变形相互作用、相互影响的结果，完全流-固耦合模型的相互作用机理，由变形和孔隙水相互作用而产生可称为"直接耦合"，如图 4.1 中的过程Ⅰ和Ⅱ；而"间接耦合"是孔隙度的改变引起渗透系数的变化，孔隙度和渗透系数的变化由有效应力的变化而引起的，孔隙的减小会引起介质截面积和所含水量的减小，使得材料刚度增大，如图 4.1 中的Ⅲ和Ⅳ，间接耦合使得耦合系统呈非线性，导致多孔介质的渗透系数呈各向异性。

4.1 数值计算模型与分析方法

4.1.1 下穿广深高速隧道工程

1. 工程概况

深圳地铁 7 号线安托山—农林区间段隧道工程全长 1748.981m，其中隧道在 DK10＋

626.615～DK11＋310.66区间两次下穿广深高速公路。下穿隧道（图4.2）为双孔圆形隧道，隧道半径为3.3m，左右线净距为5.4m，中心距为12m。隧道采用混凝土弹性衬砌结构，厚度为0.3m。隧道拱顶与广深高速净距为20m，呈33°斜穿广深高速公路，隧道下穿处高速公路宽度为44m。

图4.2 下穿隧道位置示意图

隧道下穿区间在勘探深度范围内主要地层：上部填土层为第四系全新统堆积层，中部为残积层，下部基岩为燕山期花岗岩，从上至下依次为：①人工筑路素填土，层厚为3.35m，红褐色、褐黄色、灰黑色、灰色，坚硬-硬塑，主要成分为黏性土，含少量砂粒及碎块石；②砾质黏性土，层厚为11.94m，由花岗岩风化残积形成，褐红色、黄褐色、灰白色，可塑-坚硬；③全风化花岗岩，层厚为6.24m，岩体呈砂土状，手捏易散，遇水易崩解；④强风化花岗岩，层厚为3.08m，岩体呈砂土状，局部呈砂土状夹块状；⑤微风化花岗岩，分布直至勘探深度，岩体呈大块状，为坚硬岩，岩芯较完整。

2. 数值计算模型

三维模型选取宽度为64m，模型延伸方向与广深高速公路走向相同（图4.3），与隧道走向呈33°相交，为消除边界影响，模型长度选取177m，隧道距模型边界4倍洞径。模型深度取50m，从上至下按工程勘探实际情况近似赋予地层厚度：3m、12m、6m、3m、26m。建立厚1m宽44m的弹性地层模拟高速公路。在高速公路表面y方向上10m、22m、32m、42m、54m处建立1、3、4、5、2五条测线，以此监测地表变形规律。模型共有62540个单元，67133个节点。

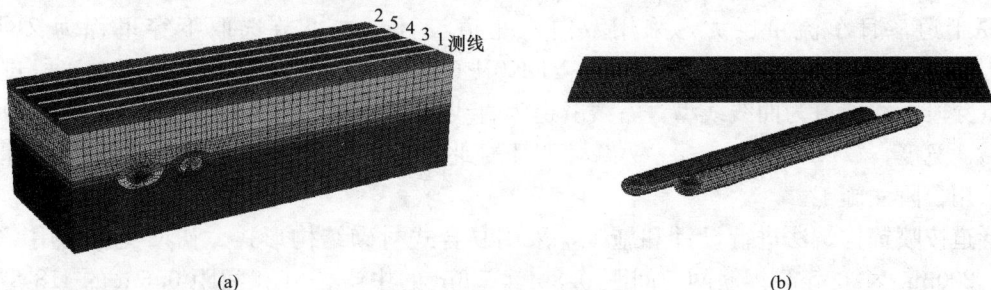

(a)   (b)

图4.3 隧道与高速公路相对位置图
（a）整体模型；（b）隧道与高速公路相对位置

3. 数值计算分析方法

假定高速公路同样采用弹性模型进行模拟，考虑到广深高速繁忙情况，车流量较大，通行荷载密集，故模拟时考虑添加附加荷载，取路面活荷载为20kN。暂不考虑地下水的影响。其数值计算分析方法如下：

① 模型的上边界取地表自由边界，前、后、左、右以及下边界上均施加法向约束。

② 隧道为双孔圆形隧道，处于上软下硬地层条件，采用上下台阶法开挖，台阶法开挖单步进距2m，下台阶滞后上台阶一个开挖步，双线同步开挖共需33步开挖完成。当模拟单隧道先行开挖时，右线隧道滞后左线隧道4个开挖步，即左线隧道开挖至第四环上台阶时，右线隧道开挖第一环上台阶，共需37步开挖完成。

③ 隧道支护简化为混凝土弹性支护，采用实体单元进行模拟，其本构关系为线弹性模型；针对全断面预注浆加固，计算中将注浆加固简化为半径略大于隧道断面的注浆加固区。

4. 计算参数

进行计算时，地层本构模型采用摩尔-库伦模型，根据当地工程实际经验弹性模量 E 取为压缩模量 E_s 的两倍进行计算。混凝土衬砌与公路路面近似认为为线弹性模型。各地层与材料力学参数见表4.1。

表 4.1　　　　　　　　　　　　设 计 地 层 计 算 参 数

材料	弹性模量/MPa	泊松比	天然重度/(kN/m³)	直接快剪		厚度/m	模型类型
				黏聚力/kPa	摩擦角		
素填土	8.98	0.35	18.7	10	12	3	M-C
砾质黏性土	8.62	0.34	17.6	10	12	12	M-C
全风化花岗岩	10.40	0.32	18.3	26	28	6	M-C
强风化花岗岩	14.00	0.30	19.0	30	34	3	M-C
微风化花岗岩	56.00	0.27	27.0	60	60	26	M-C
C50 混凝土衬砌	3.45×10⁴	0.20	—	—	—	—	—
高速公路路面	5.20	0.23	—	—	—	1	—

4.1.2　下穿北环快车道隧道工程

1. 工程概况

深圳地铁 7 号线安托山停车场出入线暗挖隧道场地位于深圳市南山区，北侧为安托山高边坡，南侧为在建某村保障房，施工过程中两次下穿北环大道，北环大道是深圳东西向主要干道，日车流量巨大，采用双向八车道设计。本小节选取下穿里程为 ZKD1＋117.6～ZKD1＋161.5 和 YDK0＋716～YDK0＋665.5 的双线隧道下穿北环大道段进行研究。下穿段左线隧道为曲线线型，右线隧道为直线线型，隧道间距为 1.2D～3.9D（D 为隧道横截面宽度，D＝6.52m），呈"八"字形下穿北环大道，如图 4.4 所示。隧道断面呈马蹄形，采用台阶法施工。

隧道按喷锚构筑法进行设计和施工，采用复合式衬砌结构形式。初期支护采用 C25 混凝土、200mm×200mm 钢筋网、间距 0.8m×0.6m 的中空锚杆和间距 0.6m 的 I18 型钢钢架。二次衬采用 C35 防水钢筋混凝土，其抗渗等级 P10。初期支护与二次衬砌间全环铺设柔性防水隔离。隧道道床底部采用 C30 素混凝土回填。隧道支护结构如图 4.5 所示。

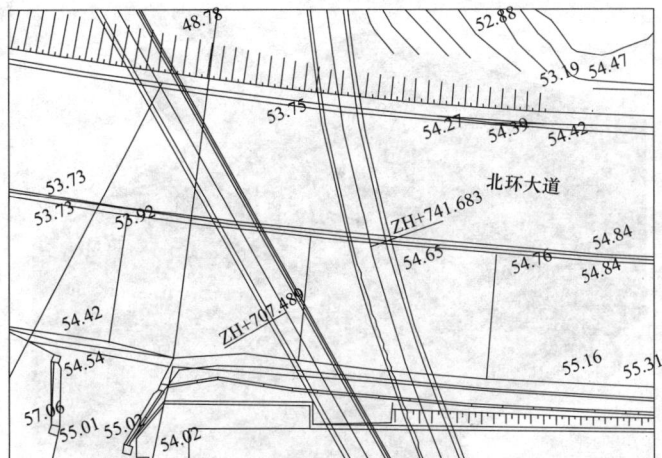

图 4.4　下穿工程平面图

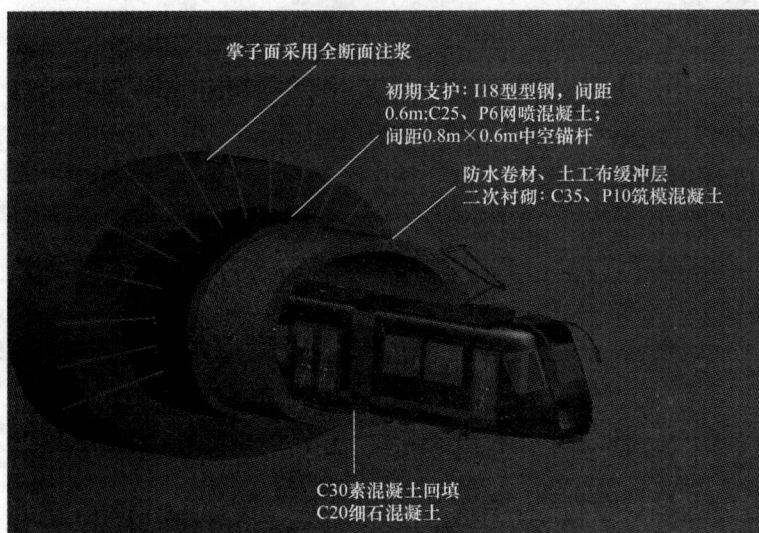

图 4.5　地铁隧道支护结构示意图

该段地层从上到下依次为素填土、砾质黏性土、强风化花岗岩、中风化花岗岩和微风化花岗岩。根据勘察单位提供的岩土物理力学参数可将土状为主的强风化花岗岩的上界定位岩土分界，其上地层划为土层，其下为岩层，属于典型的上软下硬地层围岩Ⅵ级。隧道主要位于微风化花岗岩和中风化花岗岩岩层中。地下水主要为孔隙水和基岩裂隙水，基岩裂隙水主要赋存在强风化和中等风化花岗岩中，孔隙水主要赋存在上部土层中，地质图如图 4.6 所示。

2. 数值计算模型

依据工程地质与下穿施工特点，结合施工图纸，选取主要下穿段作为研究对象，建立三维数值计算模型，模型长度为 102m，宽度为 62m，高度为 40m，为保证计算速度及精度，对地层建模采用了简化处理，如图 4.7 所示。其中，左侧下穿隧道呈直线开挖，隧道轴线与北环大道轴线呈 54°夹角，右侧下穿隧道为半径 250m 的圆弧，双隧道断面皆为宽 6520mm，高 6883mm 的马蹄形。模型左右边界距离隧道距离约为 3.0D，北环大道路面宽度为 42m。采用混合单元剖分网格，单元数为 61382 个，节点数为 20650 个。

图 4.6 下穿段地质图

图 4.7 数值计算模型

(a) 整体有限元模型示意图；(b) 隧道走向示意图

下穿区域地层岩土体采用摩尔-库伦本构模型进行模拟；城市道路采用弹性模型模拟，其中路面厚度取 80cm，施加 20kN 的均布竖向压力；暂不考虑地下水的影响。下穿隧道施工过程中采用生死单元模拟开挖，全断面注浆长度为掌子面前方 2m 范围，隧道初支结构采用弹性单元，厚度为 260mm。在路面上选取 Y1～Y5 共计 5 条测线记录每计算步沉降量变化。

3. 数值计算分析方法

① 计算初始自重平衡后将位移量和位移速度归零。

② 对即将开挖的区域采取全断面注浆超前加固措施。

③ 采用生死单元命令进行隧道开挖；先开挖上台阶，后开挖下台阶，左右线隧道均分 17 步开挖完成，右线隧道 Y 方向上台阶开挖 16m，下台阶 Y 方向开挖 12m 后，开始开挖左线隧道。

④ 每步开挖计算完成后，进行初期支护计算。

4. 计算参数

下穿区域地层自上而下为两种不同力学性质的第四系全新统素填土、砾质黏性土残积层和燕山期花岗岩，本段花岗岩层按风化程度分为强风化花岗岩和微风化花岗岩。其中，砾质黏性土残积层由花岗岩风化残积形成，土质粗糙；强风化花岗岩地层岩体原岩结构尚可辨认，岩体呈半岩半土状，风化裂隙发育；微风化花岗岩地层岩体呈中粗粒结构，块状构造，有少量风化裂隙，岩质坚硬，较完整。下穿段隧道大部分穿行于强风化花岗岩和微风化花岗岩地层。相关力学参数见表4.2。

表4.2　　　　　　　　　　　　　不同结构的力学参数

不同结构物	弹性模量/MPa	泊松比	天然重度/(kN/m³)	直接快剪		厚度/m	模型类型
				黏聚力/kPa	摩擦角		
素填土1	8.98	0.35	18.7	10	12	2	M-C
素填土2	8.62	0.34	17.6	10	12	7	M-C
砾质黏性土	10.40	0.32	18.3	26	28	1.5	M-C
强风化花岗岩	14.00	0.30	19.0	30	34	3.7	M-C
微风化花岗岩	56.00	0.27	27.0	60	60	25.8	M-C
注浆圈上部	53.10	0.30	27.0	50	51	—	M-C
注浆圈下部	70.30	0.30	27.0	66	63	—	M-C
初期支护结构	3.45e4	0.2	—	—	—	0.26	ELA

4.1.3　下穿工业厂房隧道工程

1. 工程概况

深圳地铁7号线工程深云至安托山区间位于深圳市福田区。场地区属丘陵地貌，地形起伏大，局部地段植被覆盖好，途径塘朗山、北环大道、安托山投资发展有限公司等。其中，下穿安托山投资发展公司段位于ADK0+205～0+265之间，共3条隧道下穿该处，且间距较小，最近处左右两隧道距中隧道分别为5.8m、10.8m。3条隧道均呈曲线状，开挖宽度分别为6.4m、12.2m、6.4m；隧道高度分别为6.8m、9.2m、6.8m。隧道下穿两栋三层框架结构建筑、北环大道（已另作研究）。北侧建筑被右、中两条隧道下穿，南侧建筑被三条隧道下穿。平面图如图4.8所示。

两侧跨径较小的隧道采用台阶法，分上下两台阶施工，中间跨径较大的隧道采用CD法三台阶施工。施工顺序依次为右侧隧道、左侧隧道和中间隧道。隧道按喷锚构筑法进行设计和施工，采用复合式衬砌结构形式。初期支护采用C25混凝土、200mm×200mm钢筋网、间距0.8×0.6m的中空锚杆和间距0.6m的I18型钢钢架。二衬采用C35防水钢筋混凝土，其抗渗等级P10。初期支护与二次衬砌间全环铺设柔性防水隔离。隧道道床底部采用C30素混凝土回填。

该段地层从上到下依次为杂填土、砾质黏性土、全风化花岗岩、强风化花岗岩、中风化花岗岩和微风化花岗岩。根据勘察单位提供的岩土物理力学参数可将土状为主的强风化花岗岩的上界定位岩土分界，其上地层划为土层，其下为岩层，属于典型的上软下硬地层围岩Ⅵ级。地下水主要为孔隙水和基岩裂隙水，基岩裂隙水主要赋存在强风化和中等风化花岗岩中，孔隙水主要赋存在上部土层中。该段三维地质图如图4.9所示。

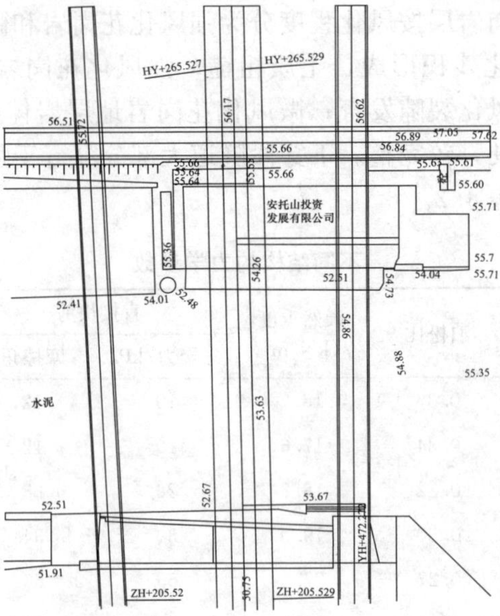

图 4.8　下穿工程平面图

图 4.9　下穿段地质图

2. 数值计算模型（图 4.10）与方法

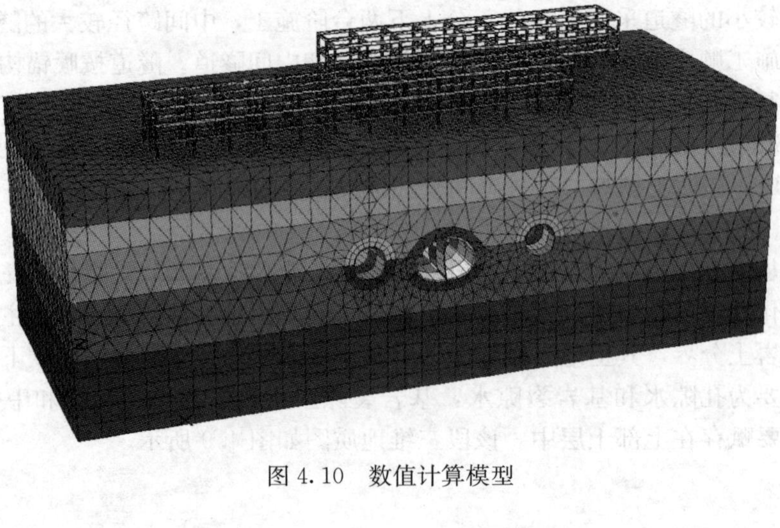

图 4.10　数值计算模型

根据工程设计图及现场地质情况，选取下穿构筑物段作为研究对象，建立长为114m，宽为60m的三维有限元模型。其中，土层深度为50m，构筑物采用独立基础，基础深度为2.5m。南侧建筑（1号）长为84.4m，宽为10.7m，共3层；北侧建筑（2号）长为63.4m，宽为11.1m，共3层。两建筑框架柱间间距为5m×7m，柱截面为0.4m×0.4m，独立基础平面尺寸为1.5m×1.5m，埋深2.5m。建筑屋顶恒载为5.95kN/m³，活荷载为2.75kN/m³；楼板恒荷载为4.05kN/m³，活荷载为3.5kN/m³。为保证计算效率和精度，对地层采取简化建模处理，中间隧道简化为直线型，左右隧道保持曲线。中隧道与左右隧道在铅垂方向保持6°夹角。采用混合单元剖分网格，单元数为77653个，节点数为25959个。

3. 计算参数

模型土体部分采用实体单元，Mohr-Coulomb屈服准则；构筑物采用实体单元，弹性屈服准则。在梁上施加均布力模拟构筑物受力，暂不考虑地下水的影响。采用Flac3D生死单元命令模拟隧道开挖，下穿段采用全断面注浆超前支护手段，注浆区域为隧道开挖轮廓线向外径向2m，掌子面前方4m范围。在独立基础与土层之间建立接触面模拟基础与土层滑动、挤压、摩擦。数值模型采用的力学参数见表4.3。

表4.3　　　　　　　　　　　　　不同结构的力学参数

不同结构物	弹性模量/MPa	泊松比	天然重度/(kN/m³)	直接快剪		厚度/m	模型类型
				黏聚力/kPa	摩擦角		
杂填土1	8.98	0.35	18.7	10	12	2	M-C
砾质黏性土	8.62	0.34	17.6	10	12	7	M-C
强风化花岗岩	10.40	0.32	18.3	26	28	1.5	M-C
中风化花岗岩	14.00	0.30	19.0	30	34	3.7	M-C
微风化花岗岩	56.00	0.27	27.0	60	60	25.8	M-C
注浆圈上部	53.10	0.30	27.0	50	51	—	M-C
注浆圈下部	70.30	0.30	27.0	66	63	—	M-C
初期支护结构	3.45e4	0.2	—	—	—	0.26	ELA

4.1.4　"零距离"下穿既有运营车站工程

1. 工程概况

深圳地铁7号线皇岗村站至福民站区间位于深圳市福田区。7号线皇岗村—福民站区间范围为左线ZDK17＋827.517～ZDK18＋220.061，右线YDK17＋827.517～YDK18＋223.601，隧道呈75°下穿地铁车站，7号线下穿段隧道断面形式为矩形双线隧道，隧道间距为8.9m，下穿段隧道采用分步开挖与全断面超前注浆结合的开挖工艺以控制变形，注浆加固范围隧道外延3m。4号线福民站地下为两层结构，层间以立柱进行支撑，车站结构底板与隧道结构顶部相接。

隧道下穿区间在勘探深度范围内主要地层：上部填土层为第四系全新统堆积层，中部为残积层，下部基岩为燕山期花岗岩，从上至下依次为：①素填土，红褐色、褐灰色，稍湿、饱和，稍密状态，主要由花岗岩质碎石组成，粒径为3～15cm，约含20%黏性土；②淤泥质黏土，深灰、灰黑色，饱和，流塑-软塑状，具有轻微腥臭；③粗砂，灰白色、灰黄色，饱和，稍密-中密状态，主要成分为石英，局部含黏性土；④砾质黏性土，褐红色、褐黄色、灰白色，湿，可塑-硬塑，层厚为 2.1~15.5m；⑤强风化花岗岩，岩芯成坚硬土状、砂状，底部少量碎块状，层厚为 1.1~16.20m，区间内分布广泛；⑥中等风化花岗岩，岩体完整性差，岩体基本质量等级为Ⅳ级，区间内分布较广泛。地下水位埋深为 1.80~4.20m，水位高程为 1.10~3.36m。

2. 数值计算模型

三维模型选取宽度为 200m，模型延伸方向与深圳地铁 7 号线走向相同，与福民地铁站结构呈 75°相交，为消除边界影响，模型长度选取为 280m。模型深度取 60m，从上至下按工程勘探实际情况近似赋予地层厚度：5m、5m、6m、7m、7m、30m，地下水位根据实际情况平均取为地表下 3m。福民站模型（图 4.11）为两层结构，层高为 4.6m 与 5.9m，层间结构厚度为 0.8m、0.4m、0.9m，支撑立柱截面为边长 1.1m 的正方形，侧墙厚度为 0.4m，地下连续墙为 0.8m。隧道结构与车站结构底板"零距离"接触。模型共有 62540 个单元，67133 个节点。

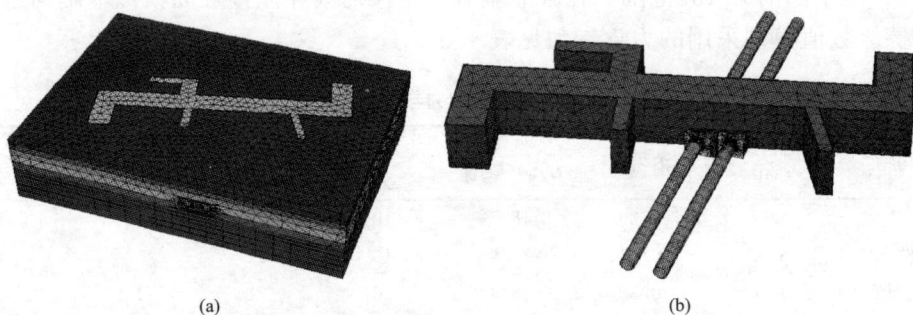

图 4.11　数值模型

(a) 整体模型；(b) 车站结构与下穿隧道位置关系

3. 数值计算分析方法

车站结构、土体、梁、板等均采用实体单元模拟，并赋予不同的材料参数。利用生死单元法分步移除和激活不同的单元，动态模拟工程施工过程。模拟过程考虑地下水的影响。其数值计算分析方法如下：

① 模型的上边界取为地表的自由边界，前、后、左、右以及下边界上均施加法向约束。

② 为准确模拟下穿段施工实际状况，7 号线下穿段之外隧道简化为已建成双线圆形隧道。隧道下穿段矩形隧道开挖采用分步开挖方式，开挖断面分为四个部分，进行全断面注浆加固后，依次开挖并使用型钢格栅作为临时支护，之后拆除临时支护施作二衬结构，待变形稳定后拆除中立柱支撑完成开挖。下穿段总体施工顺序：先右线后左线，右线采用双向开挖，先从 7 号线福民站（由东向西）开挖至对侧地连墙处，在从对侧开挖至联通，待右线开挖贯通后，进行左线隧道正式下穿施工，施工方向从两端向中间。

③ 隧道支护分为两部分，初期型钢临时支护与混凝土二衬支护，此处均简化为弹性支护方式，采用实体单元进行模拟；全断面预注浆加固，计算中将注浆加固简化为矩形隧道断面向外延伸 3m 形成的注浆加固圈；车站结构包括边墙、立柱、顶板、底板、地连墙等，根据设计说明主要为混凝土结构，均采用弹性单元进行模拟，如图 4.12 所示。

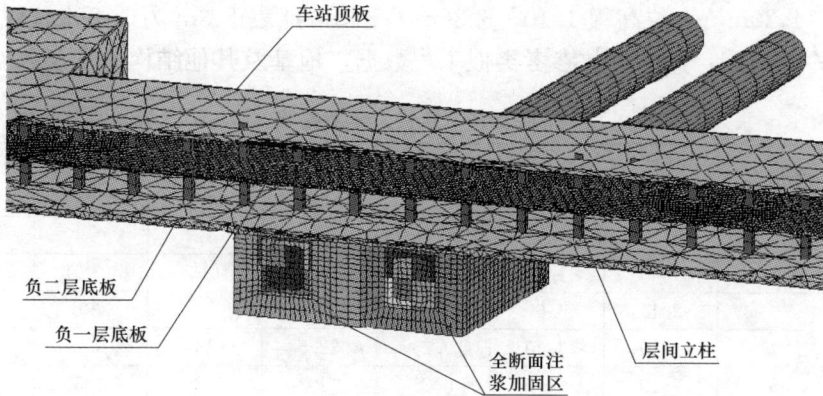

图 4.12 数值模型剖面图

4. 计算参数

进行计算时，地层本构模型采用摩尔-库伦模型，根据当地工程实际经验，弹性模量 E 取值为压缩模量 E_s 的 2 倍进行计算。

福民地铁车站结构各部位所使用材料见表 4.4。

表 4.4　　　　　　　　　　　　福民地铁车站结构材料表

序号	结构部位	所用材料
1	地下连续墙	C35(P10) 混凝土
2	临时立柱桩	C35(P10) 混凝土
3	冠梁、支撑结构	C30 混凝土
4	顶板、负一、二层侧墙	C35(P8) 混凝土
5	底板	C35(P10) 混凝土
6	中间各层板、梁	C35 混凝土
7	立柱	C45 混凝土
8	隧道二衬结构	C45 混凝土

本工程涉及的混凝土力学参数见表 4.4。数值分析过程中，地下连续墙、内墙、混凝土梁板结构、衬砌等混凝土结构分别采用了线弹性本构模型进行计算，具体参数见表 4.5。

表 4.5　　　　　　　　　　　　混凝土材料力学参数表

序号	项目	C30 混凝土	C35 混凝土	C45 混凝土
1	重度 γ_w/(kN/m³)	25.00	25.00	25.00
2	弹性模量 E/GPa	30.00	31.50	33.50
3	泊松比 ν	0.167	0.167	0.167
4	轴心抗压强度标准值 f_{ck}/MPa	20.00	23.50	29.50
5	轴心抗拉强度标准值 f_{tk}/MPa	2.000	2.200	2.500
6	轴心抗压设计值 f_c/MPa	15.00	16.50	21.50
7	轴心抗拉设计值 f_t/MPa	1.450	1.550	1.800

土体采用 Mohr-Coulomb 本构模型，根据地质资料，本次计算将不同地层的土体钙化后分为六层；本工程区场地地下水按赋存条件主要分为松散岩类孔隙水及基岩裂隙水。地下水

位深埋 1.80～4.20m，水位高程 1.10～3.36m，平均取地表下 3m 为地下水位线。注浆加固区采用摩尔-库伦模型，具体参数参考类似工程数据。地基及其他结构力学参数见表 4.6。

表 4.6　地层及其他结构力学参数表

项目	厚度/m	密度/(kg/m³)	压缩模量/MPa	泊松比 ν	黏聚力/c(kPa)	内摩擦角φ(°)	渗透系数/(m/d)	承载力特征值 f_{ak}/kPa
素填土	5	1970	4.5	0.25	10	12	0.3	90
淤泥质黏土	5	1940	1.84	0.35	27.5	6.5	0.001	80
粗砂	6	2010	6.67	0.25	3	40	30	210
砾质黏土	7	1710	3.50	0.25	22.5	19	0.2	220
强风化花岗石	5	1910	13.0	0.25	30	28	1.5	500
中风化花岗石	30	2560	28.0	0.20	200	40	2.0	1500
注浆加固体	—	2000	49.0	0.30	1800	42	—	—
临时型钢支撑	—	—	206×10³	0.3	—	—	—	—

4.2　下穿既有建筑物数值计算结果分析

4.2.1　下穿广深高速公路隧道工程

1. 地层变形规律分析

基于以上数值计算分析方法，针对地铁隧道加固措施和下穿区域岩土力学参数的影响，开展了不同开挖方式的下穿施工对既有高速公路的地表变形规律分析，研究思路总结见表 4.7。

表 4.7　地表变形规律研究方法

研究内容	比较项目	研究内容
实际工况沉降规律	同步开挖	研究不同开挖方式下地表最终沉降、沉降发育、和不均匀沉降规律
	先行开挖	
岩土体参数与加固措施影响	同步开挖	
	先行开挖	

在现场实际工况下，计算不考虑渗流场的影响，地层力学参数根据实际勘察结果进行赋值，以其计算结果与其他模拟工况进行对比，得出不同工况下隧道开挖次序对地层沉降规律的影响情况。

图 4.13 所示为两种开挖方式开挖过程中路面沉降发育三维云图，其中长边为 x 方向即公路延伸方向，短边为 y 方向即斜穿隧道延伸方向，由图中简要分析得出：①路面沉降槽形状基本符合正态分布形式；②隧道施工结束后，两种开挖方式形成地表沉降槽并无显著区别；③开挖影响范围约 20m，测线所在断面前后 10 个施工步可能对其沉降发育影响较大。之后从最终沉降值、沉降发育规律、路面不均匀沉降三个方面进一步分析。

地表沉降是下穿施工中最直观反映施工质量的指标之一，研究不同开挖次序对沉降规律的影响，首先对比其地表最终沉降。根据模拟数据，绘制两种开挖方式下地表最终沉降槽曲线，如图 4.14 所示。

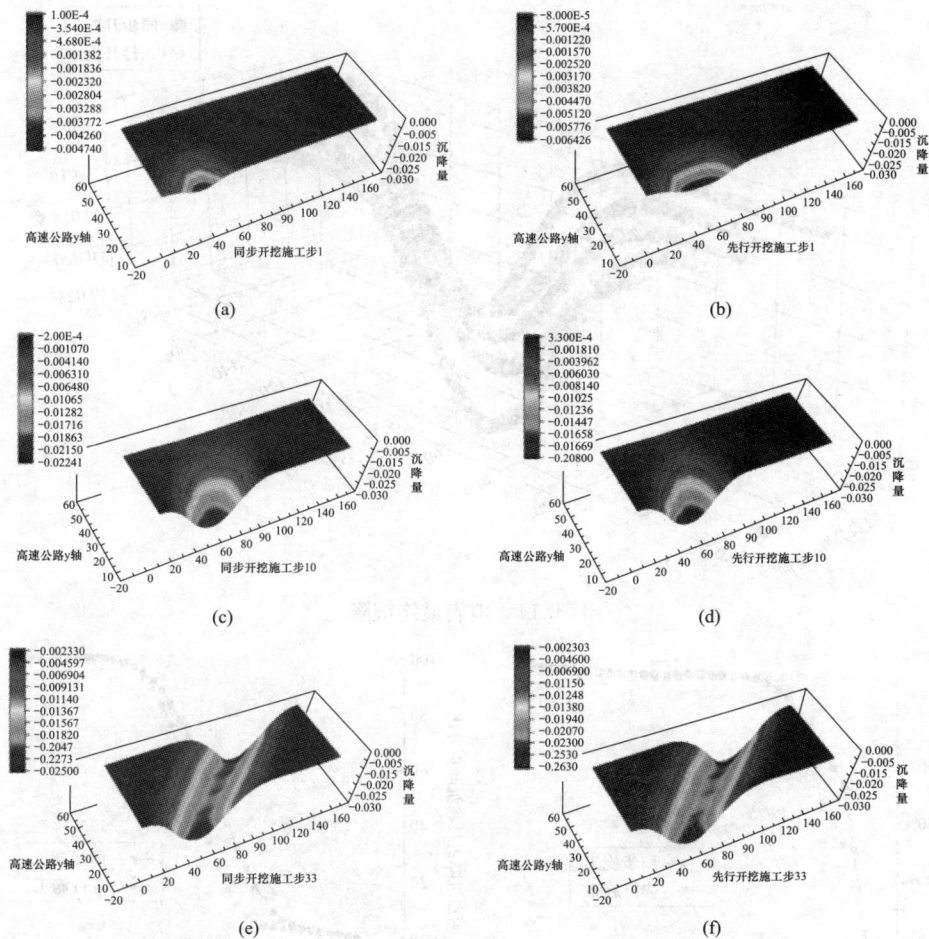

图 4.13 两种开挖次序下路面沉降云图
(a) 同步开挖施工步 1；(b) 先行开挖施工步 1；(c) 同步开挖施工步 10；
(d) 先行开挖施工步 10；(e) 同步开挖施工步 33；(f) 先行开挖施工步 33

如图 4.14 所示，两种开挖次序下，隧道上方地表沉降值相差 0.68%～3.22%，在工程上可以认为没有区别。对于地表沉降槽曲线，道路五条测线在两种开挖次序下的沉降槽形状、宽度、深度几乎相同。可以认为不同开挖次序对双线平行隧道地表最终沉降影响较小。

除最终沉降外，沉降发育规律对实际施工也有较大影响。为研究沉降槽发育情况，取测线 1、2、4 最终沉降槽中心位置测点，如图 4.15 所示，研究其在整个施工过程中的沉降发育情况。考虑到不同开挖方式下地表最终沉降近乎相同，因此在研究沉降发育时，采用测点施工各时期沉降占最终沉降的百分比的形式进行对比，使得到更为直观的效果。

测线 1、2 位于地表道路两边，测线 4 位于道路中央，取 3 条测线位于双线隧道中心上方地表的测点，研究其沉降发育情况。根据前述施工方法，对于同步施工，在第 5 开挖步经过测线 1 断面，在第 16 开挖步经过测线 4 断面，在第 29 施工步经过测线 2 断面；对于先行开挖，在第 5、9 开挖步，两线先后通过测线 1 断面，在 16、20 开挖步先后通过测线 4 断面，29、33 开挖步先后通过测线 2 断面。

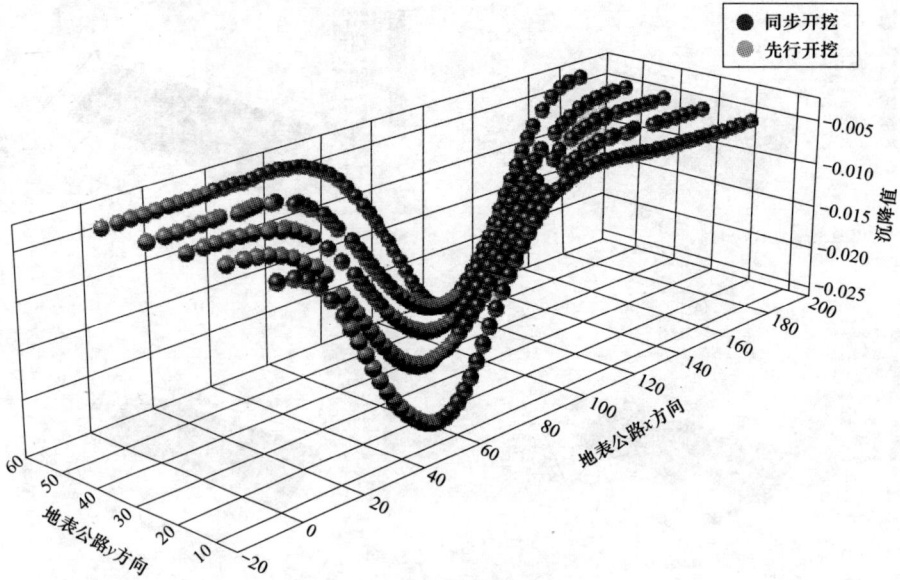

图 4.14　地表最终沉降

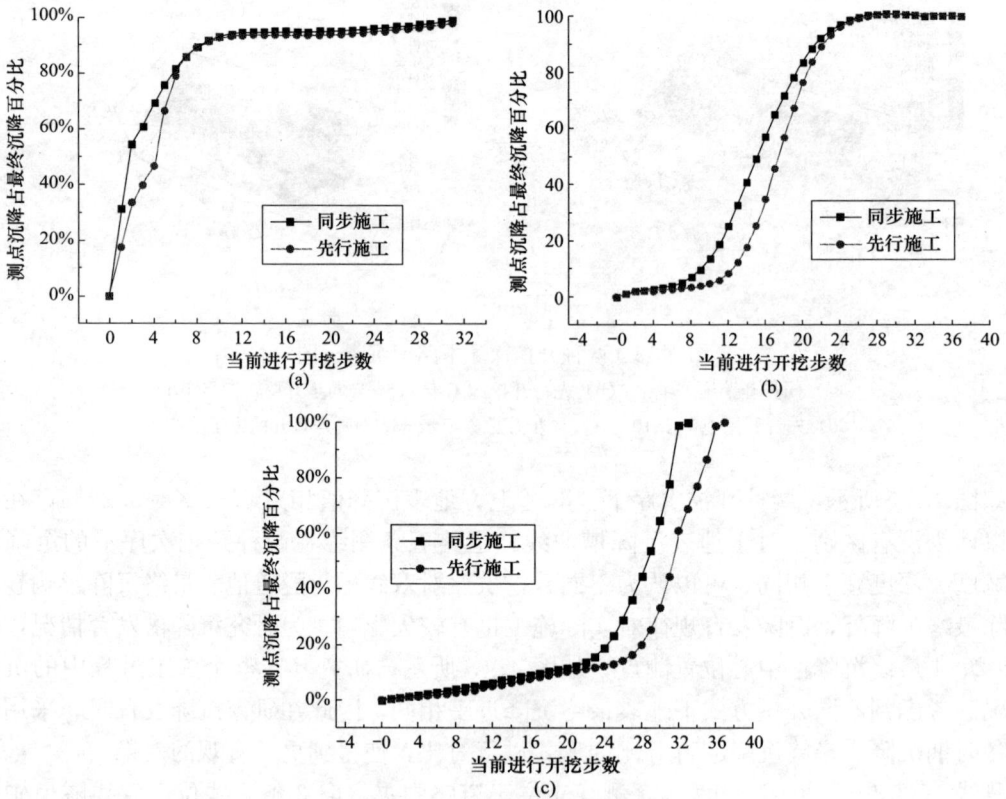

图 4.15　地表测点沉降发育情况

(a) 测线 1 测点沉降发育；(b) 测线 4 测点沉降发育；(c) 测线 2 测点沉降发育

　　基于以上事实，分析图 4.15 曲线，可得出以下规律：①图 4.15（a）、4.15（c）中曲线变化集中于最初与最后数个施工步内，图 4.15（b）中曲线发育集中于 10～20 施工步内，可以认为道路两侧测线距模型边界较近，受隧道洞口施工扰动的影响较大，而道路中央测线则受下穿测线断面施工的影响较大；②图 4.15（a）中测线 1 测点沉降发育集中于前期施工，在 1-6 开挖步中，同步开挖与先行开挖测点处地表变形已达到最终沉降的 81.72％与 79.35％。具体来说，同步施工中第 1，2 开挖步，即洞口处两个施工步，沉降发育最快，分别造成沉降 31.32％、23.06％；先行施工中第 1，2 与 5，6 施工步，分别为先行隧道与后行隧道在洞口处的两个施工步，沉降发育最快，分别造成沉降 17.54％、16.10％ 与 19.52％、13.03％。相较而言，两种开挖方式在前 6 步开挖中造成总沉降值相近，从其沉降最大单施工步来说，先行开挖方式沉降发育相较平缓。图 4.15（c）中沉降发育情况与图 4.15（a）相似。③图 4.16 中为测线 2 处测点沉降发育情况，测线 2 位于道路中央，受下穿隧道下穿测线断面施工影响较大，为了便于分析，以单开挖步造成沉降为纵坐标作图，如图 4.16 所示。从图中可以看出，受开挖方式影响，测线 4 处沉降发育呈现明显区别，且与测线 1 处规律有所不同：先行开挖比同步开挖沉降发育更加集中；两种开挖方式下，同步开挖与先行开挖最大沉降施工步分别出现在 15 与 18 开挖步，造成沉降占最终沉降的 8.29％与 11.08％；取单步沉降 2％以上施工步进行比较，则同步开挖在 10-25 施工步共产生了 87.37％的沉降，先行开挖在 13-25 施工步共造成 87.76％沉降。显然，在此测点位置，先行开挖施工地表沉降发育更加集中。但考虑此处实际沉降值为 20mm，二者单步施工最大沉降值差值也仅为其值的 3％，影响较小。同时先行施工方式中，对沉降发育有明显影响的施工步较少（单步沉降 2％以上施工步数，同步为 16，先行为 13），更加便于支护施工和监测工作。

为保证高速公路正常运营，地表横纵向不均匀沉降规律是研究的重点。根据公路建设的相关规范，其不均匀沉降引起的横纵坡比应小于 1％。两种开挖方式最终沉降发育情况近似相同，其横纵坡坡比数值相近，且均能满足规范要求。为进一步研究不同开挖方式对地表不均匀沉降发育的影响，做地表测线横向沉降曲线图，如图 4.17 所示。

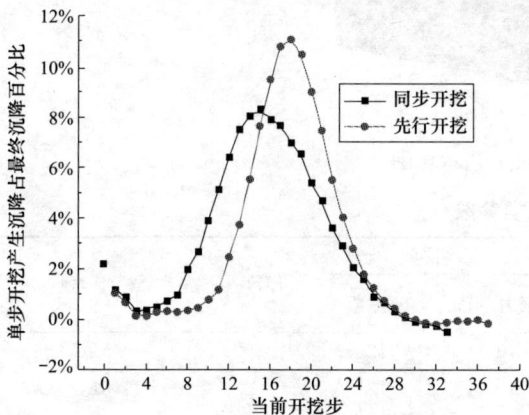

图 4.16　测线 4 单步开挖沉降

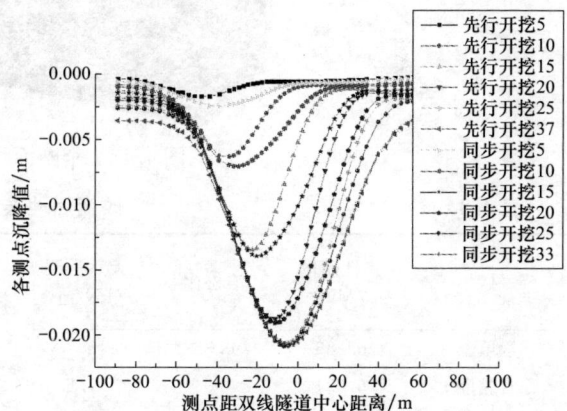

图 4.17　地表横向不均匀沉降发育曲线

图 4.17 为测线 4（公路中央位置）处，地表公路横向（x 方向）沉降槽变化曲线。由图 4.17 中可以明显看出，随着施工进行，两种开挖方式造成的沉降槽曲线差别逐渐变小，至开挖步 15 时（施工即将下穿测线断面），沉降槽谷值已几乎相同。与此同时，由于先行开挖方式右线隧道施工滞后，二者沉降槽宽度有显著区别。由于最大沉降相同，因此沉降槽宽度小的会造成较大的不均匀沉降，横坡坡比也较大。

对于地表公路纵向（y 方向）不均匀沉降，结合曲线图，两种开挖方式的沉降曲线在沉降槽谷值位置左侧近乎相同，而右侧曲线形状差别较大，同步开挖明显发育较快。考虑隧道倾斜走向与双线施工顺序，地表纵向不均匀沉降随测线位置不同应有所区别。位于当前施工步地表沉降槽槽谷左侧位置测点，两种开挖方式造成沉降曲线近似，其不均匀沉降趋势近似；位于当前施工步地表沉降槽槽谷右侧位置测点，同步开挖沉降发育较快，其横向不均匀沉降较大，纵坡坡比也较大。

2. 岩土体力学参数与加固措施对沉降规律的影响

为分别研究软弱地层与隧道全断面注浆加固条件下，隧道开挖顺序对地层沉降规律的影响，改变原有地层力学参数重新进行数值计算。对于软弱底层计算组，考虑到隧道开挖过程中弹性模量 E 对地层变形起主要影响，因此降低原有各地层弹性模量 E 的 30%。对于全断面注浆加固计算组，设置内径为 2m 的注浆加固区，以此模拟全断面注浆工况，故注浆后加固区力学参数介于初始数值与浆液之间，全断面注浆工况模拟为，在每环台阶开挖前，对下一环台阶进行注浆加固，施工工艺如图 4.18 所示。重新计算后的地层与注浆圈参数见表 4.8。

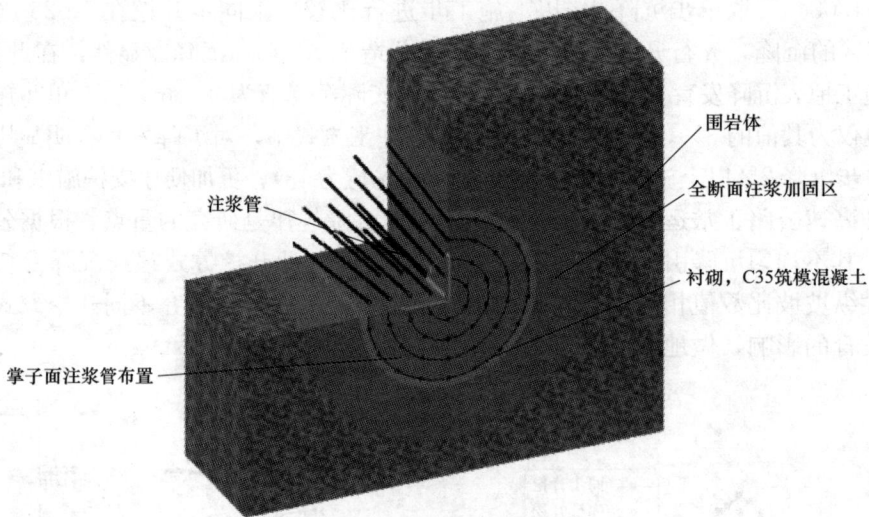

图 4.18　全断面注浆工艺示意图

表 4.8　　　　　　　　　　　　　改变后地层力学参数

材料	弹性模量/MPa	泊松比	天然重度/(kN/m³)	直接快剪		厚度/m	模型类型
				黏聚力/kPa	摩擦角		
素填土	6.286	0.35	18.7	10	12	3	M-C
砾质黏性土	6.034	0.34	17.6	10	12	12	M-C
全风化花岗岩	7.28	0.32	18.3	26	28	6	M-C
强风化花岗岩	9.8	0.30	19.0	30	34	3	M-C
微风化花岗岩	39.2	0.27	27.0	60	60	26	M-C
注浆圈上部	53.10	0.30	27.0	50	51	—	M-C
注浆圈下部	70.30	0.30	27.0	66	63	—	M-C

绘制弱软地层与全断面注浆两种条件下的地表隧道轴向沉降曲线及测线 4 沉降槽曲线，并与普通工况下的曲线图进行对比。

如图 4.19 所示，在三种不同工况下，不同开挖方式的地表最终沉降在数值上均非常近似，施工顺序导致的沉降最大相差 3％，且不同顺序下测线 4 处地表沉降槽几乎相同，可以认为地质参数与全断面注浆没有显著影响开挖方式导致的最终沉降差异。但不同工况下地表最终沉降数值的差距较大，采取适当的加固措施有效降低了地表变形。此外，与其他两种工况不同，全断面注浆条件下，沉降槽槽谷位置明显偏向双线隧道中心右方。

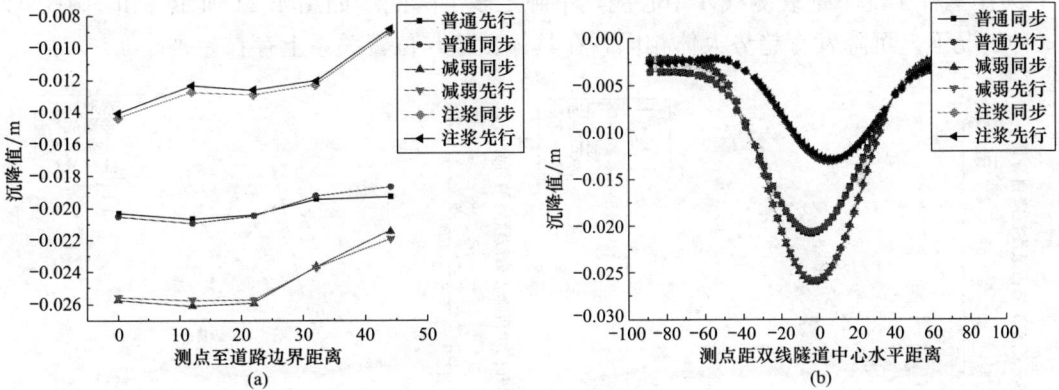

图 4.19　地表最终沉降
（a）地表沉降曲线；（b）路面最终沉降槽

依据上节研究成果，此处主要比较三种工况下测线 1 与测线 4 处测点沉降发育规律的表现形式，即受隧道洞口开挖影响较大断面与受隧道下穿施工影响较大断面。

① 作三种工况下地表测线 1 位于隧道中心处测点沉降发育曲线如图 4.20 所示。在全断面注浆与软弱地层条件下，测线 1 沉降发育同样受隧道模型边界处施工影响较大，发育集中于前期施工。与此同时，软弱地层条件下沉降发育较快，第 10 个开挖步时，其沉降已达最终沉降的 98％，明显快于其他两种工况。为进一步比较前期

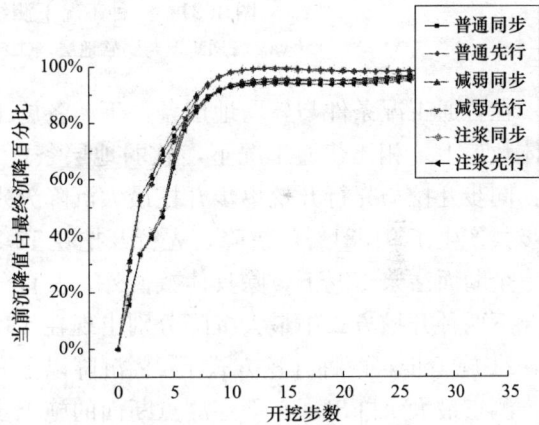

图 4.20　三种工况下地表测线 1 沉降发育

各施工步沉降变化情况，列出前 6 施工步单步沉降百分比数据，见表 4.9。

表 4.9　　　　　　　　　　　　　　三种工况下单步开挖沉降

工况	开挖方式	单施工步沉降占最终沉降百分比（％）					
		开挖 1	开挖 2	开挖 3	开挖 4	开挖 4	开挖 5
普通工况	同步开挖	31.32	23.06	6.53	8.35	6.56	5.90
	先行开挖	17.45	16.10	6.30	6.95	19.52	13.03
软弱地层	同步开挖	30.91	23.23	7.31	9.07	7.73	6.77
	先行开挖	17.16	16.79	6.82	7.98	19.97	13.26
全断面注浆	同步开挖	27.93	24.63	5.87	8.19	6.74	6.19
	先行开挖	15.54	18.11	5.70	7.46	17.50	13.28

由表4.9可知，三种工况下，同步开挖模型边界开挖施工步分别造成沉降54.38%、54.14%、52.56%，先行开挖中，先行隧道与后行隧道边界施工分别造成沉降33.55%与32.55%、33.95%与33.23%、33.65%与30.78%。可以看出，三种工况下测线1处地表沉降发育规律相近，沉降发育主要集中于隧道模型边界处开挖步，且单步开挖沉降所占百分比近似。但实际施工中仍需考虑不同工况下地表最终沉降的差距。

②作三种工况下地表测线4中心测点单施工步沉降曲线如图4.21所示。由图中可以看出三种工况下，沉降发育趋势大体相同，在具体数值与位置关系上存在差别。

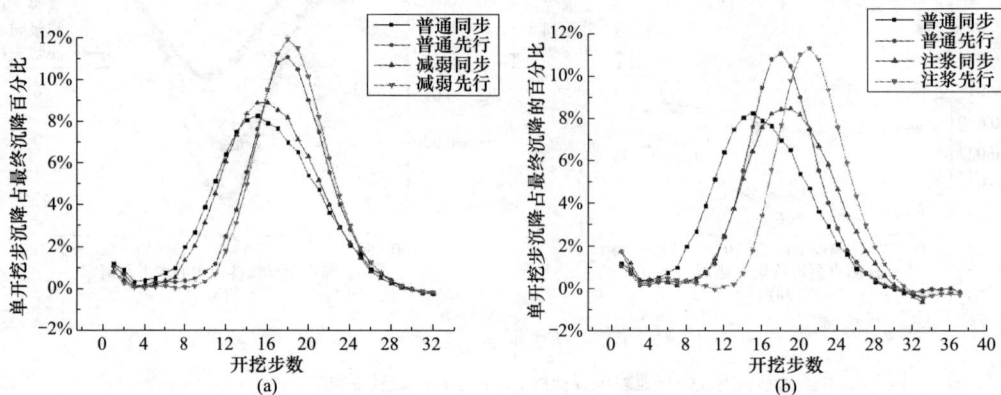

图4.21 三种工况下测线4测点单步开挖沉降
(a) 普通工况与弱软地层；(b) 普通工况与全断面注浆加固

在普通工况条件与软弱地层条件下，各施工步沉降发育分布近乎相同，差别主要体现在具体数值上。相比普通工况下，软弱地层条件下沉降发育更加集中，单施工步造成沉降更大：同步开挖与先行开挖单步开挖最大沉降分别为8.90%与11.93%；同步开挖在10-25施工步共产生了91.81%的沉降，先行开挖在13-25施工步共造成91.61%沉降。

全断面注浆工况下，除具体数值外，发育分布也有所差别。如图4.21（b）所示，普通工况下两种开挖方式中最大沉降分别出现在15，18施工步，而注浆条件下最大沉降出现在18，21施工步，两种开挖方式下2%沉降以上开挖步分别为12-26、15-26，沉降发育整体后延，测点最大沉降出现在下穿测点断面的施工步之后。

图4.22为注浆加固与软弱地层条件下地表不均称沉降发育曲线，将其与上节普通工况进行对比。可以明显看出，在同一开挖步中，三种工况沉降槽深度与宽度均不等，具体来说软弱地层>普通工况>全断面注浆。此外，总体来说地表横向不均匀沉降（模型y方向）程度先行开挖依旧大于同步开挖方式，这一趋势在软弱地层条件下更为明显，而在全断面注浆加固后有所缓解。地表纵向（模型x方向）不均匀沉降主要受沉降大小影响，因此软弱地层条件下地表纵向不均匀沉降对既有公路正常运营影响最大。

3. 衬砌结构主应力分析

衬砌结构在隧道施工中起着支护、防水等作用，其结构稳定与否对施工和运营的安全进行起着至关重要的作用。下面从主应力方面对隧道衬砌结构受力进行分析（图4.23）。从最大主应力方面来看，双线隧道衬砌结构右侧主要承受拉应力，拉应力集中出现在右上拱腰部位，最大值数量级可达8×10^6，但应力集中现象并不严重，应力分布相对较为均匀；衬砌结构左侧同样主要以拉应力受力为主，拉应力分布较为均匀，数值较小，数量级约为 1×10^6。值得注意的是，其中左侧衬砌结构中部结构承受压应力，此处压应力数值上较小，数量级为 4×10^5。总体来说衬砌结构整体受拉，局部受压，应力分布相对均匀。

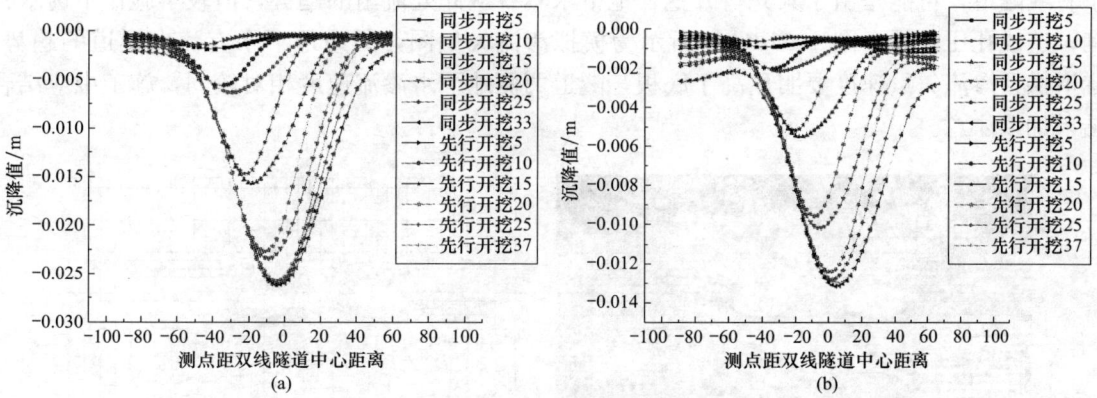

图 4.22　两种工况下地表横向不均匀沉降曲线
（a）软弱地层条件；（b）全断面注浆工况

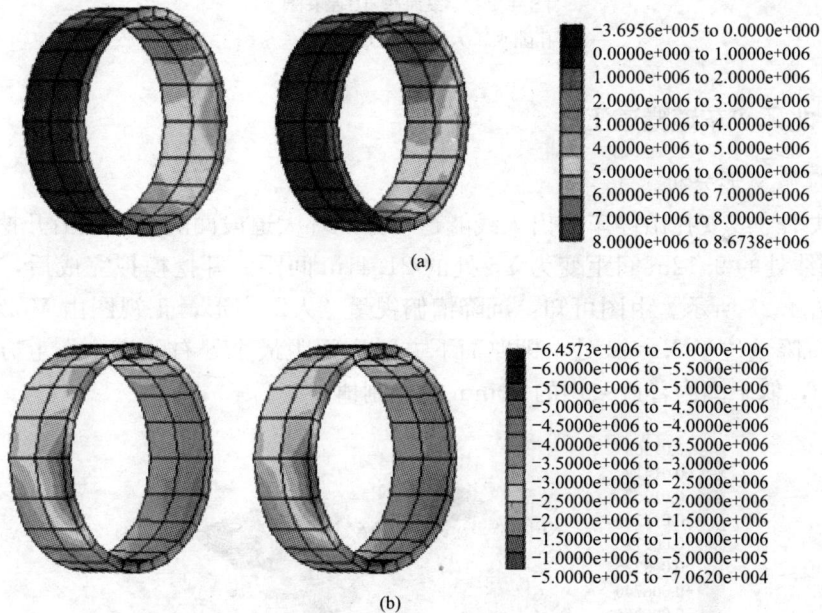

图 4.23　正常开挖工况下衬砌结构主应力云图
（a）最大主应力；（b）最小主应力

从小主应力方面看，双线隧道衬砌结构均为受压状态，应力集中出现在衬砌结构底部，且拱脚与拱顶部位承受压应力较小，压应力最大值与最小值相差接近 10 倍，其余部位受力相对均匀。

4. 地下水作用分析

模拟中设地下水位线位于地表下 7m 处，距隧道较远处孔隙水压力基本呈梯度分布，符合实际情况。隧道开挖导致其附近围岩孔隙水压力释放，因此隧道周边孔隙水压力较小，周围水体渗流方向应流向隧道内部，这与模拟结果相同，因而必须做好防水工作，铺设防水层，施作隔水衬砌等。由图4.24（a）中可以看出，双线隧道上部孔隙水压力相对下部较大，在施工中应引起注意，加强防水措施，提高支护强度。此外，左线隧道孔隙水压力略大于右线隧道，可能是由于其先行开挖，地下水具有从此处流出的趋势，但较早施作不透水衬砌，造成孔压积累。图4.24（b）所示为模拟渗流矢量图，周边地下水有流向隧道的趋势，隧道拱顶渗流矢量速度要明显高于底板，隧道两侧地下水渗流速度相对较弱，施工中应结合结果加以注意。

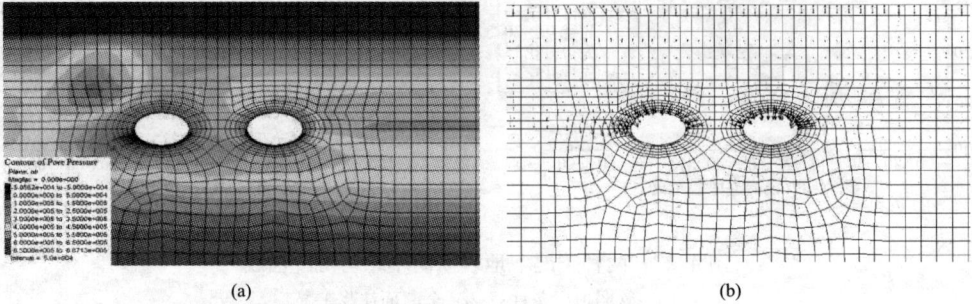

(a)　　　　　　　　　　　(b)

图4.24　渗流模拟结果图

（a）孔隙水压力云图；（b）渗流矢量图

4.2.2　下穿北环快车道隧道工程

1. 路面沉降变形分析

深圳地铁7号线安托山停车场出入线隧道下穿北环大道段两隧道间距沿开挖方向逐渐变大，由$Y1$测线处的9.12m间距变为$Y5$处的21.41m间距。开挖模拟完成后，隧道上方路面沉降槽如图4.25所示。由图可知：沉降槽俯视呈"人"字形，正视图由V形逐渐过度为W形，最大沉降量位于$X=10$处，即路面下方隧道间距最小处右隧道中心上方，最大沉降量为15.4mm，低于国内普遍采用的30mm的控制值。

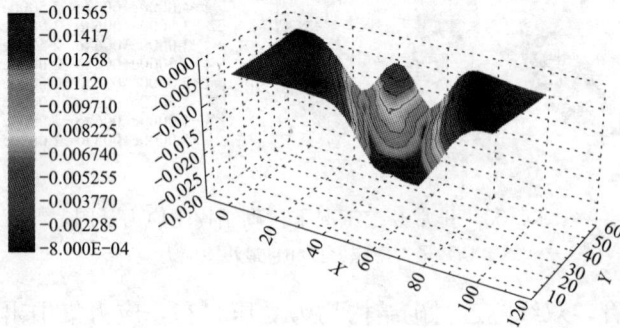

图4.25　沉降槽形状示意图

本文重点分析了路面$Y1$、$Y3$、$Y5$测线模拟完成后的沉降量曲线，如图4.26所示。由图可知：①3条测线都呈"W"状，但$Y1$测线沉降凹槽没有明显的双波峰，可以看作"V"

形单凹槽沉降，因右线隧道支护结构的存在，左线隧道沉降量小于右线隧道，三条曲线最大沉降点都偏向右侧隧道。②Y1 测线的最大沉降量为 15.36mm；Y3 测线的最大沉降量为 12.37mm；Y5 测线的最大沉降量为 11.51mm。Y1 测线沉降量最大，沉降大于 11mm 区域面积最大，宽度达 26m。③随着隧道间距变大，Y3 测线和 Y5 测线最大沉降量减小，但"双凹槽"特征也更加明显，特别是 Y5 测线，两凹槽深度都超过 11mm，凹槽的两个波谷距离 29m，且两凹槽之间存在 7.6mm 的波峰。Y1~Y5 测线沉降曲线斜率均满足《城市道路工程设计规范（2016 年版）》CJJ 37—2012 的纵坡要求。

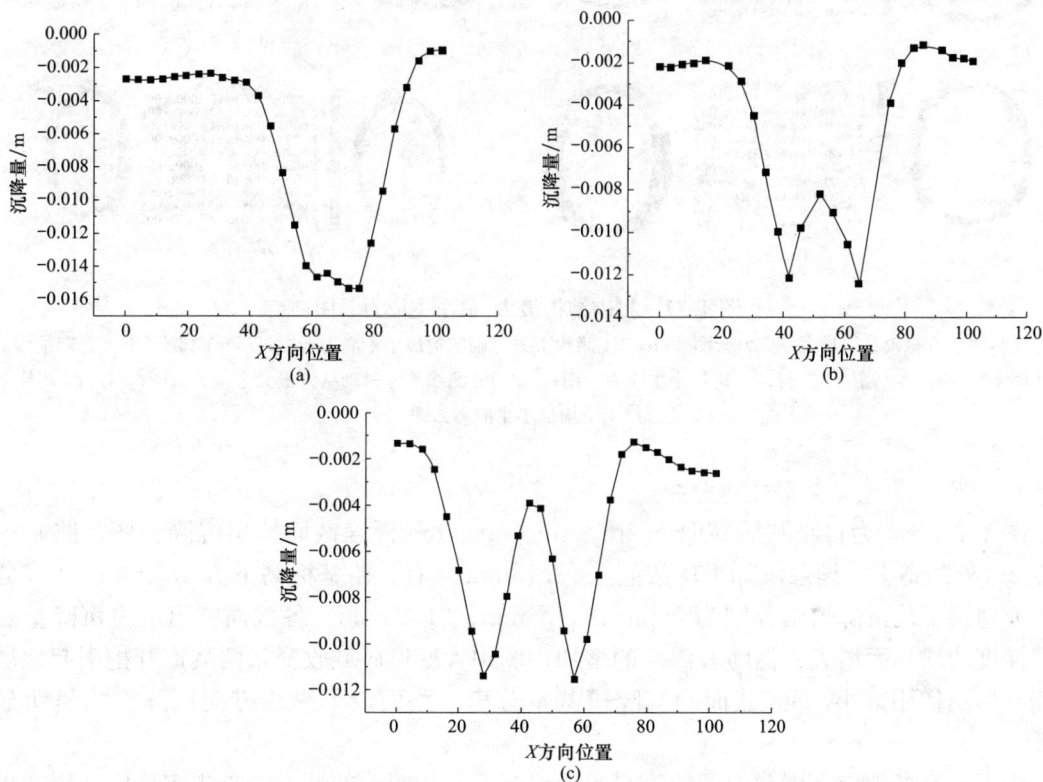

图 4.26　位置-沉降量关系图
（a）Y1 测线沉降槽形状；（b）Y3 测线沉降槽形状；（c）Y5 测线沉降槽形状

2. 衬砌受力分析

图 4.27 给出了 Y1、Y3、Y5 测线下方初期支护结构最大主应力云图，Y1 测线下方两隧道衬砌最大压应力均位于隧道拱顶位置，最大压应力值为 5.85MPa，最大拉应力位于两侧拱脚附近，最大拉应力值为 73.2kPa。Y2 测线下方两隧道衬砌最大压应力均位于隧道拱顶位置，最大压应力值为 4.86MPa，最大拉应力位于两侧拱脚附近，最大拉应力值为 154.5kPa。Y1 测线下方两隧道衬砌最大压应力均位于隧道拱顶位置，最大压应力值为 2.25MPa，最大拉应力位于两侧拱脚附近，最大拉应力值为 135kPa。

可见，随隧道间距的增加，隧道衬砌结构最大压应力呈减小趋势，同时最大拉应力有一定的增大，但具体增大数值还受其他因素影响。

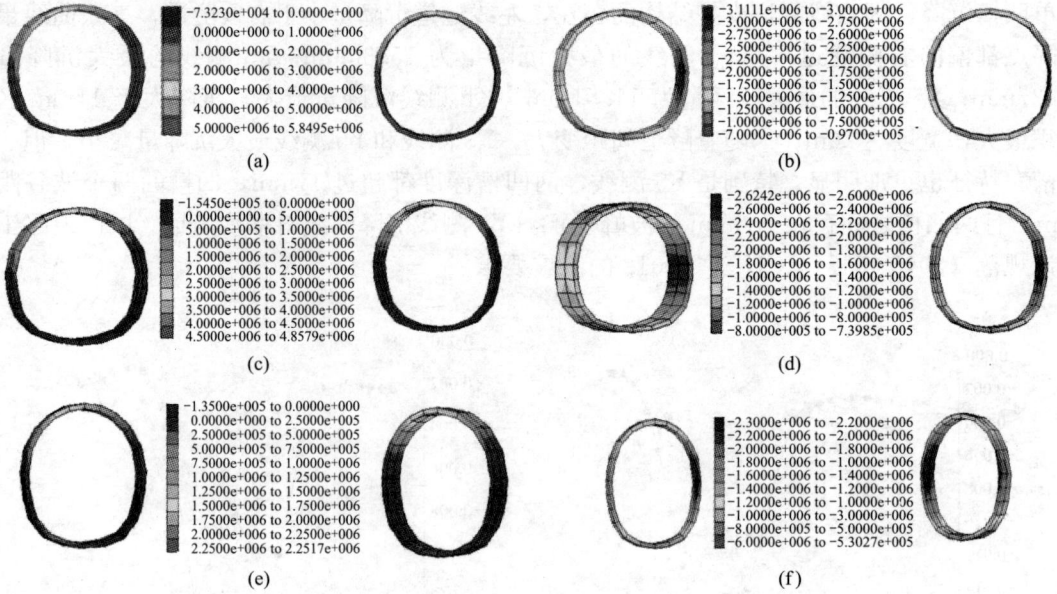

图 4.27　衬砌结构最大/最小主应力云图

（a）Y1 测线下方衬砌结构最大主应力云图；（b）Y1 测线下方衬砌结构最小主应力云图；（c）Y3 测线下方衬砌结构最大主应力云图；（d）Y3 测线下方衬砌结构最小主应力云图；（e）Y5 测线下方衬砌结构最大主应力云图；（f）Y5 测线下方衬砌结构最小主应力云图

3. 隧道上覆地层变形规律分析

图 4.28 分别为自路基标高向下 2m、4m、6m、8m 深度截面地层沉降云图。路基标高下方 2m 处隧道上方地层沉降平均数值在 13.75mm 左右，路基标高下方 4m、6m、8m 处隧道上方地层平均沉降值则分别为 15mm、17.5mm、21.25mm。各截面隧道上方沉降量随着地层深度的增加而增大；但随着深度的增加，图中大变形区域收窄，两隧道开挖引起地层沉降相互影响作用减小，8m 截面两沉降槽基本分离，路面以下纵线方向沉降槽均呈明显的 W 形。

为了研究各地层深度截面两隧道引起地层沉降互相影响的情况，首先需确定地层变形影响范围。由图 4.28 可知：各深度下两隧道上方及近周沉降较明显的区域的沉降值多在 2.5mm 以上；即当两隧道之间地层沉降值在 2.5e-3m 以下时，沉降量相对隧道拱顶沉降较小，左右两隧道引起变形影响范围完全分离。在路基标高以下 2m 深度处，隧道间距＞2.87D 时，两隧道引起地层变形影响范围分离；在路基标高以下 4m 深度处，隧道间距＞2.72D 时，两隧道引起地层变形影响范围分离；在路基标高以下 6m 深度处，隧道间距＞2.53D 时，两隧道引起地层变形影响范围分离；在路基标高以下 8m 深度处，隧道间距＞2.05D 时，两隧道引起地层变形影响范围分离。可见，在深度为 2m、4m、6m、8m 的深度处，每侧隧道开挖引起的上覆地层变形影响范围分别为 3.87D、3.72D、3.53D、3.05D。上述 4 个深度都位于素填土 1 和素填土 2 地层中，两种土层力学参数非常接近，所以上述结果与地层深度关系较大。随着地层深度的增加，隧道开挖引起的地层变形影响范围逐渐减小，即左右隧道开挖引起地层沉降相互影响作用逐渐减小，且影响范围减小速度随地层深度增加而增加。

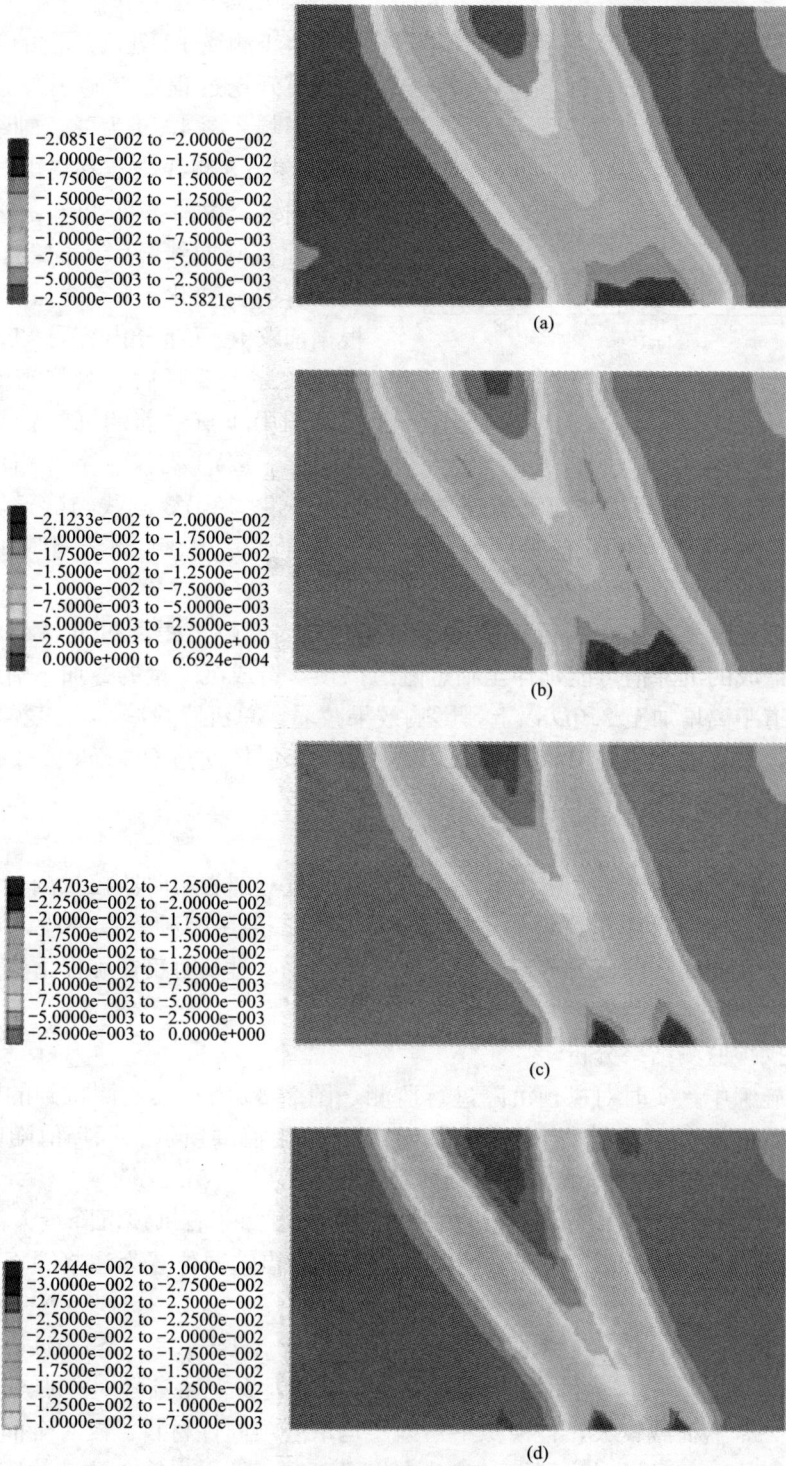

图 4.28　下穿区域地层沉降云图

(a) 路基标高下方 2m 截面地层沉降云图；(b) 路基标高下方 4m 截面地层沉降云图；
(c) 路基标高下方 6m 截面地层沉降云图；(d) 路基标高下方 8m 截面地层沉降云图

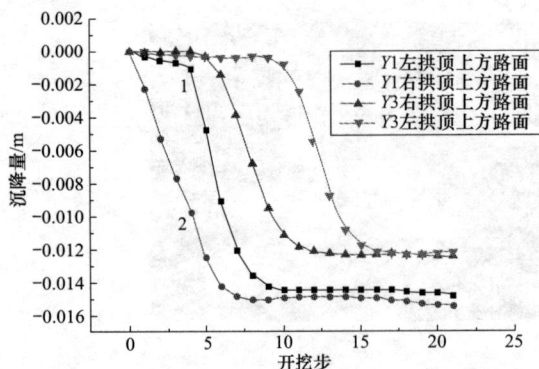

图 4.29 Y1、Y3 与隧道轴线投影交点随隧道
开挖历史沉降量曲线

4. 沉降槽叠加作用分析

由于测线 Y1 处两隧道的距离过近，左右隧道开挖过程中对临近隧道必定造成一定的影响。图 4.29 为隧道轴线的路面投影与 Y1 和 Y3 测线交点在各开挖步的历史沉降量曲线。由图 4.29 可知：①Y1 左拱顶上方路面沉降曲线显示，曲线在图中 1 点处斜率有明显变化，1 点之后沉降速度变快；根据前文建模部分内容可知，左侧隧道在开挖顺序上要延后右侧隧道 4 步，也就是说，图中 1 点之前的沉降皆为右侧隧道开挖引起。②Y1 右拱顶上方路面沉降曲线上

2 点处，在左侧隧道开挖时，路面沉降速度也有明显变化。③Y3 测线与隧道轴线在路面投影的两交点的沉降曲线，并没有明显表现出以上规律，其中 Y1 测线对应隧道间距约为 1.5D。Y3 测线对应隧道间距约为 2.0D。

综上所述，在该类地层中进行双线隧道开挖时，当两隧道距离过近（小于 2.0D）时，一侧隧道开挖造成的沉降槽可能延伸至临近隧道拱顶，造成沉降量的叠加，引起总沉降量的增加。当两隧道距离增加至 2.0D 以上，影响效果减弱，总沉降量减小。该类地层隧道设计间距不宜过小，设计间距最好保持在 2.0D 以上。与李倩倩通过双 Peck 公式拟合得到的双线隧道地表沉降结果相似。

5. 实测数据对比论证

监控量测是现代隧道施工工程中的必要工作，通过对围岩实时监控量测，可以掌握围岩动态，对围岩稳定性及时作出评价。本段下穿施工中，采用多种监控手段，对围岩内部位移、钢拱架应变及初期支护压力等参数进行实时监控，通过及时反馈确保下穿北环大道段的安全施工。

（1）隧道拱顶监测结果分析

本段下穿施工中，实时对拱顶沉降进行监测，图 4.30 为现场监测得到的隧道拱顶历史沉降曲线。由图可知：在下穿段 4 个月的施工期内，隧道拱顶各点沉降值随时间增长而增大，右拱顶沉降最大值为 49.3mm，左拱顶沉降最大值为 50.5mm。

图 4.31 给出的数值模拟拱顶沉降历史曲线。由图可知：右拱顶沉降最大值为 36.5mm，左拱顶沉降最大值为 36.2mm。由于数值模拟数值记录点选取位置为注浆圈正中和注浆圈边缘，造成同一隧道曲线分布规律呈两种不同形状。

对比图 4.31（a），（b）两组曲线可知：图中 ZS/xtt1＋138、ZS/xtt1＋143 以及 YS/xtt0＋671、YS/xtt0＋695 实测曲线沉降量较大，这是因为上述桩号对应点分别位于左右两车道中心位置，车辆荷载较大，且模拟中对地层均取各项同性材料，没有全面考虑软弱结构面和地下水的影响，但通过对比可知，就分布规律而言，结果大体一致，数值也较接近，有较好的参考价值。

（2）下穿区域地层变形监测结果分析

安托山停车场出入线下穿北环大道施工过程中，在北环大道两侧路肩及花坛共布设 9 个

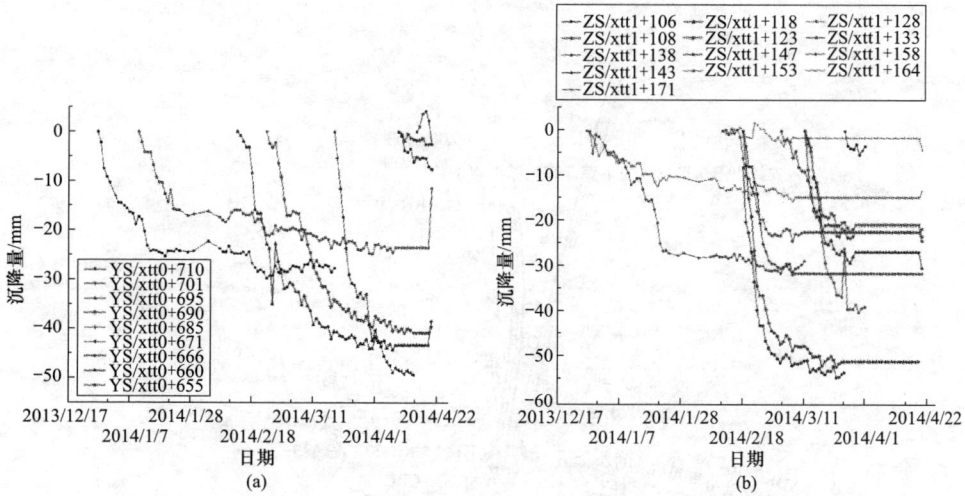

图 4.30 现场监测得到的隧道拱顶历史沉降曲线

(a) 右线隧道拱顶沉降历史监测曲线；(b) 左线隧道拱顶沉降历史监测曲线

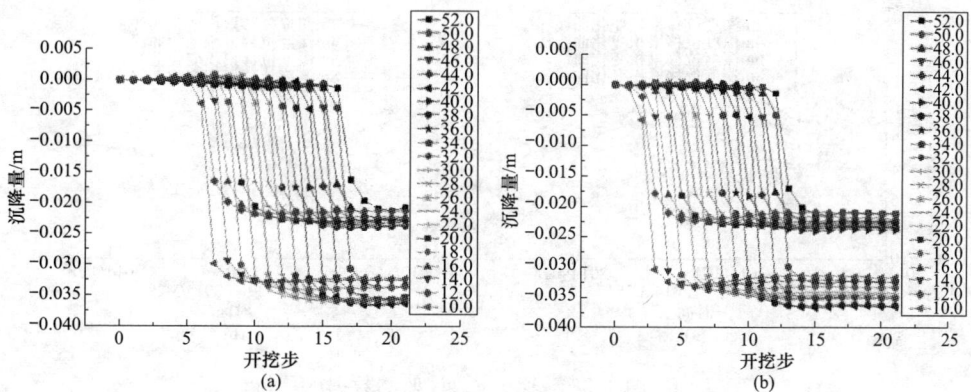

图 4.31 隧道拱顶数值模拟历史沉降曲线

(a) 右线隧道拱顶沉降历史模拟曲线；(b) 左线隧道拱顶沉降历史模拟曲线

多点位移计监测点，多点位移计安装点位如图 4.32 所示。实时监控两隧道上方与左右隧道之间的地层沉降。截止至多点位移计记录日期，安托山停车场出入线左线穿北环里程为 ADK1+167~110，左线开挖掌子面里程号 ADK1+038，已穿过北环大道；右线穿北环里程为 ADK0+719~655，右线开挖掌子面里程号 ADK0+606，已穿过北环大道。

图 4.33 给出了多点位移计监测数据，由图可知：地层累积位移量随着深度的增加而增加，截至 8m 深度处多点位移计记录的地层位移量分别为 8.550mm 和 4.308mm，为各深度处最大位移，且 D 点累积位移量在深度 8m 处要明显大于 A 点在该深度位移量，由于埋深的增大，隧道开挖造成的土层沉降影响范围变小，同截面沉降槽分离造成，与前文结论相同。因多点位移计监测土层位移时参照点位于地面处，前节中拱顶上方土层相对地面位移分别为 1.75mm、3mm、5.5mm、9.25mm，对比实际监测结果，数值相近，模拟结果参考价值较高。

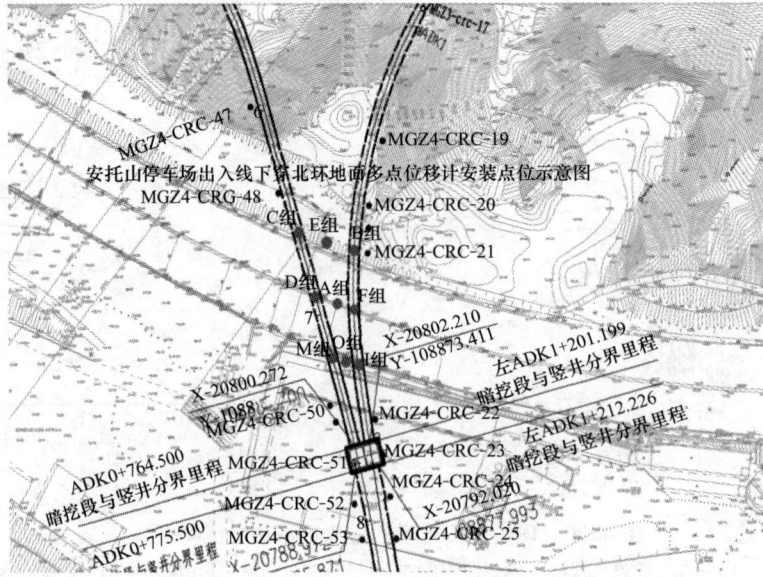

图 4.32　地面多点位移计安装点位示意图

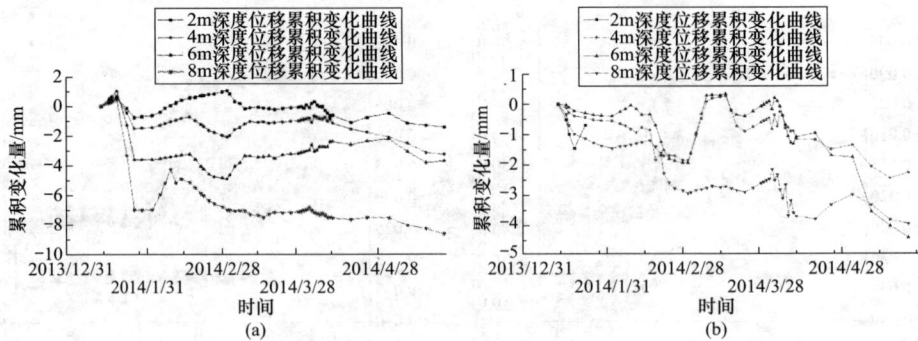

图 4.33　多点位移计监测数据
（a）左线隧道多点位移计监测数据；（b）右线隧道多点位移计监测数据

　　施工过程中的实时监控量测，验证了数值模拟得到的地层沉降规律，在实际施工过程中，通过两者结合，更加有效地对下穿施工进行整体预测和现场反馈，及时优化施工工艺，保证了该段施工的安全顺利进展。

　　6. 支护对策研究

　　（1）开挖对沉降影响的分析

　　该段下穿施工中，隧道设计在上软下硬地层的"下硬"段。图 4.34 给出了 Y3 测线上各记录点在开挖过程中的历史沉降值曲线，Y3 测线位于道路中线，可以反映道路沉降的平均水平。Y3 测线 Y 坐标为 40，分别位于右侧隧道第 11 开挖步，左侧隧道第 15 开挖步即将开挖的掌子面正上方。图 4.34 所示的沉降历史曲线显示，右侧隧道轴线在路面投影与 Y1 测线交点处，沉降量变化最大的分别为 6～10 步；左侧隧道轴线在路面投影与 Y1 测线交点处，沉降量变化最大的分别为 10～14 步，测线正下方土体未加任何支护时，前期土体开挖造成的沉降所占总体沉降比例较高。路面点受前期开挖步沉降槽沿隧道轴线方向扩展影响较多。也就是说合理的超前支护可以将该点下方土体开挖造成的该点沉降控制在较小的值。

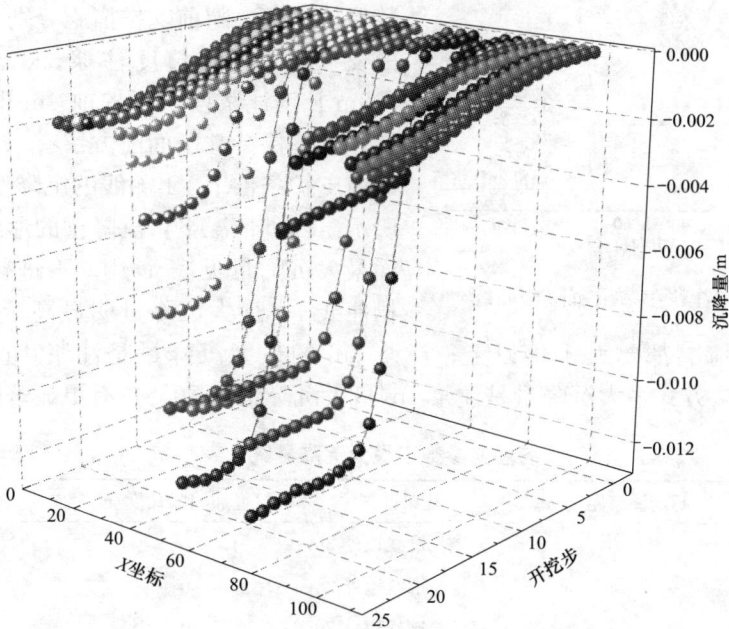

图 4.34　Y3 测线各点沉降分步历史曲线

（2）全断面注浆加固参数比选

全断面注浆超前支护对围岩级别较低地区下穿施工地表沉降控制具有很好的效果。本小节模拟的开挖过程采取全断面注浆的超前支护措施，施工过程中，首先进行上半断面的超前全断面注浆，共 24 个注浆孔；其次施作下半断面的注浆作业，共 24 个注浆孔。全断面注浆浆孔孔位布置如图 4.35 所示。钻孔注浆顺序采用由外向内，由下向上间隔跳孔的原则，每次隔孔 1～2 个。注浆孔分为 4 圈，环向间距为 1m，第 1 圈距隧道开挖轮廓线 45cm，内侧三圈之间间距均为 60cm。

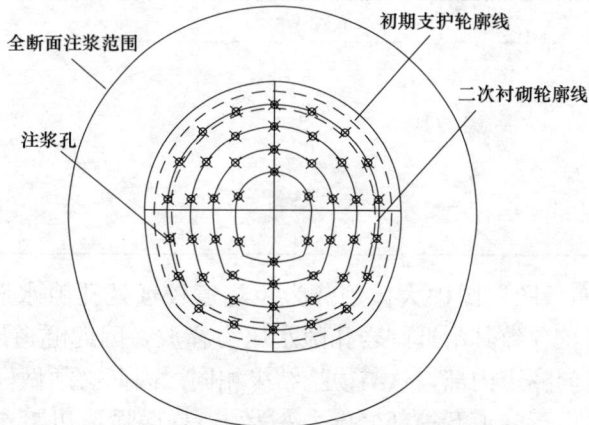

图 4.35　全断面注浆浆孔孔位布置图

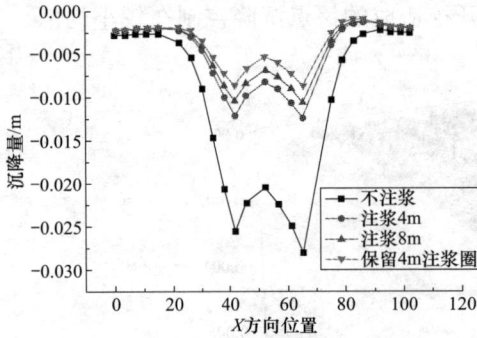

图 4.36 不同注浆参数下沉降槽曲线

为了研究各种全断面注浆参数对减小地表沉降的贡献，进行了多组数值模拟，注浆圈力学参数保持不变，超前支护措施分别为：①不进行超前支护；②4m 长度注浆；③8m 长度注浆；④8m 长度注浆段，开挖前 4m 即进行下一次注浆，始终保持掌子面前方留有 4m 加固带。四种超前支护条件下 Y1 测线的沉降槽曲线如图 4.36 所示。四种情况下，沉降槽的形式基本相同，路面最大沉降量见表 4.10。不进行预注浆的沉降槽曲线 1，最大沉降量明显高于其他三种情况，比其他任意一种情况都要大 1 倍以上；注浆 8m 的最大沉降量是注浆 4m 最大沉降量的 85%；第四种注浆方式最大沉降量是注浆 4m 最大沉降量的 70%，有更显著的效果。

表 4.10 各注浆参数下最大沉降量统计表

序号	超前注浆距离/m	注浆范围	留置加固区长度/m	最大沉降量/m
1	0	开挖轮廓线以外 2m	0	−0.0280
2	4	开挖轮廓线以外 2m	0	−0.0124
3	8	开挖轮廓线以外 2m	0	−0.0106
4	8	开挖轮廓线以外 2m	4	−0.0086

综上所述，全断面注浆对控制地表沉降有较好的效果，三种注浆方法，（1）（2）较经济，但（2）对围岩质量有较高的要求；（3）工艺较为复杂，成本高，但对减小地表沉降量效果显著，在路面沉降量不满足控制标准的软弱围岩段可以采用。

7. 考虑渗流作用的流固耦合数值计算结果分析

（1）不进行注浆加固条件下的下穿北环大道流固耦合模拟结果分析

采用流固耦合模块对整个三维模型进行渗流分析，模拟中设地下水位线位于地表以下 19m 处，采用壳体单元模拟隧道初期支护，各地层渗透系数及孔隙率见表 4.11。

表 4.11 渗透系数及空隙率取值

材料	渗透系数/(m/d)	孔隙率
素填土	0.1	0.5
砾质黏性土	0.5	0.5
全风化花岗岩	1.0	0.2
强风化花岗岩	3.5	0.15
微风化花岗岩	0.6	0.1

图 4.37 为孔压分布云图，图中大体趋势为距隧道较远处孔隙水压力基本呈梯度分布，符合实际情况。隧道开挖导致其附近围岩孔隙水压力释放，因此隧道周边孔隙水压力降低，周围水体渗流方向应流向隧道内部，这与模拟结果相同，因而必须做好防水工作，铺设防水层，施作隔水衬砌等。由于隧道开挖部分压力变为 0，且增强了初期支护的防水性能，掌子面处应为预防重点。

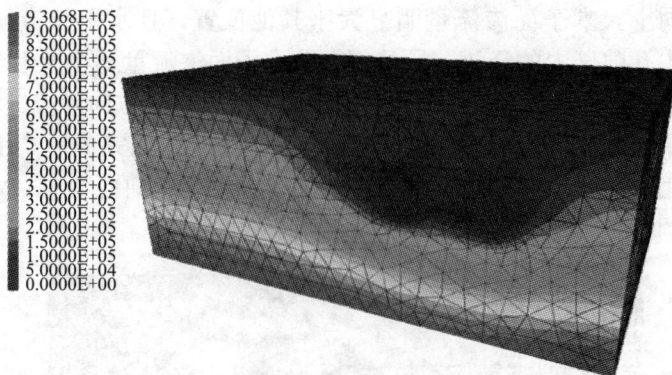

图 4.37 孔压分布云图

图 4.38 为直接开挖条件下地层铅垂方向沉降分布云图，在进行长时间的渗流作用下，地层铅垂方向的沉降规律与纯力学计算条件下基本相符，但在数值上相差较为明显，在不进行注浆加固的条件下，拱顶沉降达到 15cm，拱底隆起量约为 4cm。拱顶沉降量过大，为明显的不安全状态，地表沉降也超过 3cm 的安全范围，沉降数值约 5cm。

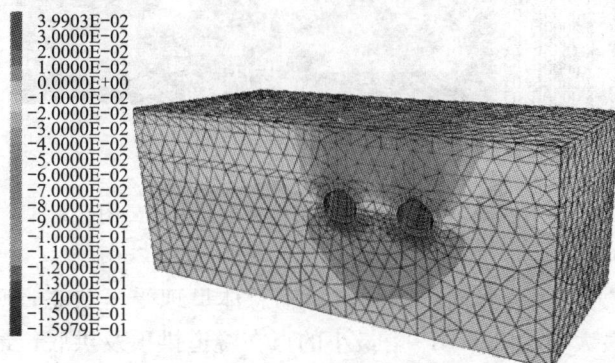

图 4.38 地层铅垂方向沉降分布云图

图 4.39 所示为模拟渗流矢量图。由于开挖造成岩土体孔隙压力的释放，隧道周围孔压急剧降低，周边地下水有明显的流向隧道的趋势。在面向掌子面方向，由于中隔墙的孔隙压力前期损失较多，且左右两侧孔隙压力较大，隧道上部外侧渗流量明显大于其他方向。

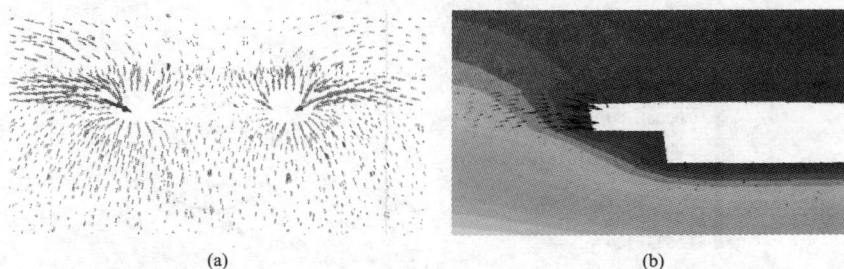

(a)　　　　　　　　　　　　　(b)

图 4.39 模拟渗流矢量云图

(a) 纵剖面图；(b) 横剖面图

在隧道开挖方向上，掌子面渗流量明显大于其他位置，且水平渗流量远大于垂直渗流量。由于前开挖步中孔隙压力的释放，导致下台阶掌子面渗流量远小于上台阶。

由于孔隙压力梯度变化，在掌子面周围整个空间范围，水平方向渗流量均大于垂直方向。

模型中部道路中线截面应力云图如图 4.40 所示。隧道开挖完成后，上方土体在卸荷和初期支护的共同作用下，竖向有一定的减小。隧道上方土体横向应力有一定的减小，但竖向应力增加，增加值约为 100kPa。

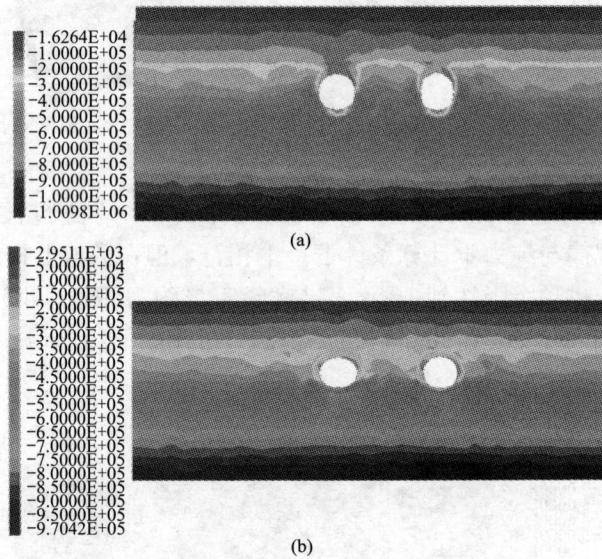

图 4.40　模型中部道路中线截面应力云图
（a）垂直方向；（b）水平方向

图 4.41 为衬砌应力云图，竖向云图中，衬砌总体呈现受压状态，竖向应力最大的点出现在隧道左右两帮，最大值为 3.6MPa。最小的点在隧道拱顶及拱底，最小值为 18kPa。

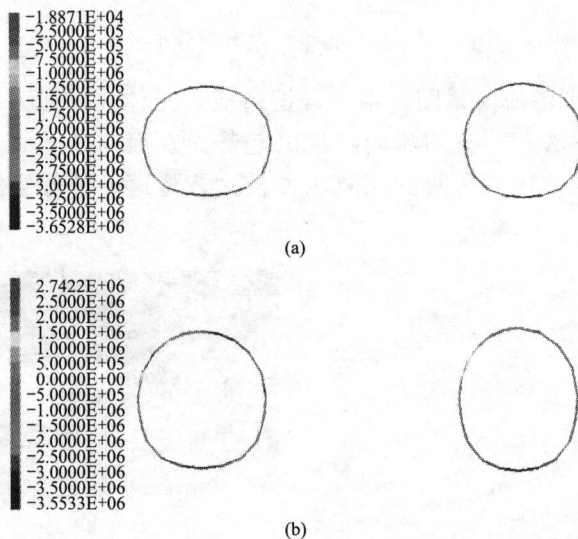

图 4.41　衬砌应力云图
（a）垂直方向；（b）水平方向

水平方向应力。由于模拟中掌子面有一定倾斜，隧道左上方出现拉力，其他位置呈受压状态。最大拉应力为2.7MPa，最大压应力为3.6MPa。

（2）注浆加固条件下的下穿北环大道流固耦合模拟结果分析

由于直接开挖模拟中，计算所得地层沉降较大，结合现场实际施工工艺及地质情况，在隧道周围预留2m的预注浆加固区，采用全断面注浆工艺和提高注浆加固圈强度和降低渗透系数的方法进行模拟，加固后参数见表4.12。

表4.12 加固结构取值表

不同结构物	弹性模量/MPa	泊松比	天然重度/(kN/m³)	直接快剪		渗透系数/(m/d)	模型类型
				黏聚力 kPa	摩擦角		
注浆圈上部	53.10	0.30	27.0	50	51	1e-3	M-C
注浆圈下部	70.30	0.30	27.0	66	63	1e-3	M-C
初期支护结构	3.45e4	0.2	—	—	—	0.26	ELA

图4.42为距隧道较远处孔隙水压力，其基本呈梯度分布，符合实际情况。隧道开挖，导致其附近围岩孔隙水压力释放，因此隧道周边孔隙水压力降低，因为采取了全断面加固措施，孔压降低的范围较直接开挖小，但依然应该注意铺设防水层，施作隔水衬砌等。

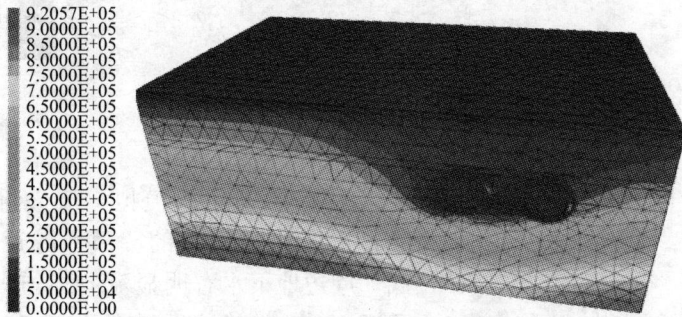

图4.42　距隧道较远处孔隙水压力分布云图

图4.43为全断面注浆加固条件下地层铅垂方向沉降分布云图，在进行长时间的渗流作用下，地层铅垂方向的沉降规律与纯力学计算和直接开挖的渗流条件下基本相符，但在数值上相差较为明显，在进行注浆加固的条件下，拱顶沉降达到8cm，拱底隆起量约为3cm。由于本次模拟参数较为保守，计算值大于监测值，但仍可以很好地反映地层总体趋势。

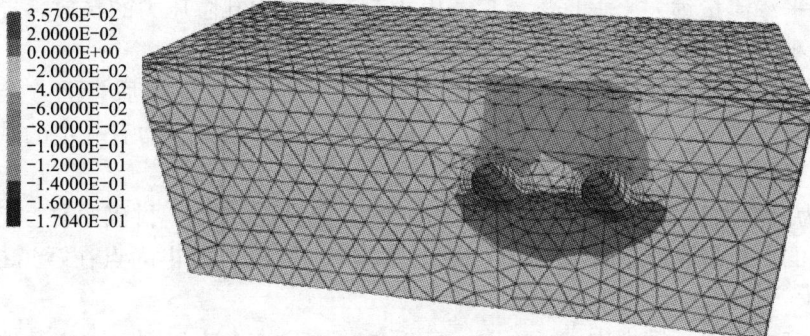

图4.43　地层铅垂方向沉降分布云图

图 4.44 为北环大道路面沉降云图，由于渗流作用影响，地表沉降云图较纯力学计算有一定的变化，主要区别在于隧道相距较远处沉降槽互相影响作用依然较明显，隧道开挖造成的沉降槽宽度增加。地表最大位置依然位于隧道间距最小处，沉降值为 4cm，图 4.45 为道路轴线在两种工况下的沉降曲线图。道路中线沉降量在 3cm，较直接开挖情况沉降量降低约 30％，本工程中采用全断面注浆在渗流条件下依然效果明显。由于本次模拟参数较为保守，计算值大于监测值。

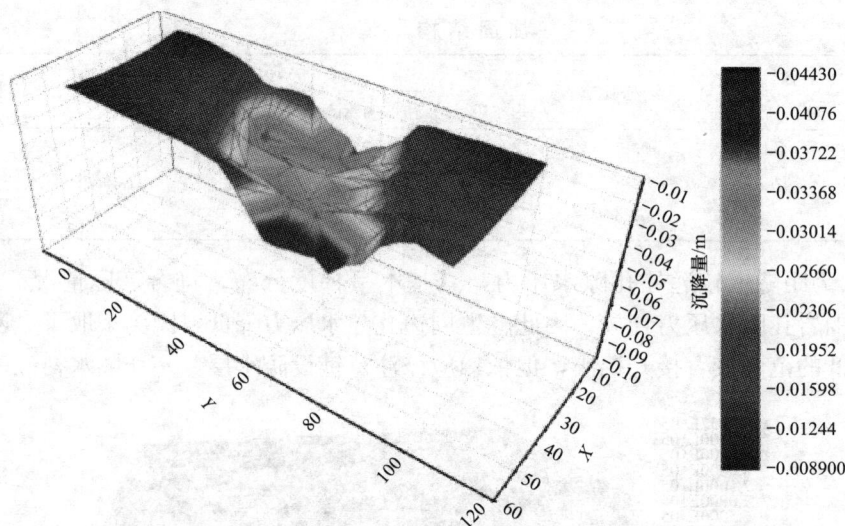

图 4.44 地表沉降云图

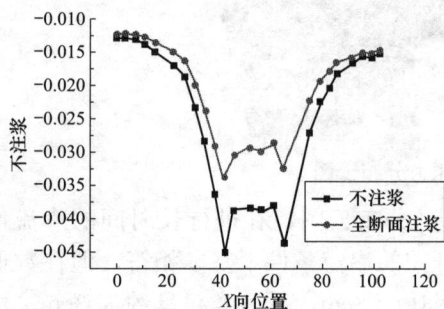

图 4.45 道路轴线地表沉降曲线图

图 4.46 所示为模拟渗流矢量图，由于开挖造成岩土体孔隙压力的释放，隧道周围孔压急剧降低，周边地下水有明显流向隧道的趋势。在面向掌子面方向，由于中隔墙的孔隙压力前期损失较多，且左右两侧孔隙压力较大，全断面注浆条件下隧道上部外侧渗流量依然明显大于其他方向。由于全断面注浆的堵水作用，渗流量仅为直接开挖情况下的 30％。

在隧道开挖方向上，掌子面渗流量明显大于其他位置，且水平渗流量远大于垂直渗流量。由于前开挖步中孔隙压力的释放，导致下台阶掌子面渗流量远小于上台阶。分布规律与直接开挖的分布规律相同。

模型中部道路中线截面应力云图如图 4.47 所示。隧道开挖完成后，上方土体在卸荷和初期支护的共同作用下，竖向有一定的减小。隧道上方土体横向应力有一定的减小，但竖向应力增加，增加值约为 100kPa。

图 4.48 为全断面注浆条件下的衬砌应力云图。竖向云图中，衬砌总体呈现受压状态，竖向应力最大的点出现在隧道左右两帮，最大值为 3.4MPa。最小的点在隧道拱顶及拱底，最小值为 20kPa。

水平方向应力，由于模拟中掌子面有一定倾斜，隧道左上方出现拉力，其他位置呈受压状态。最大拉应力为 2.9MPa，最大压应力为 4.1MPa。

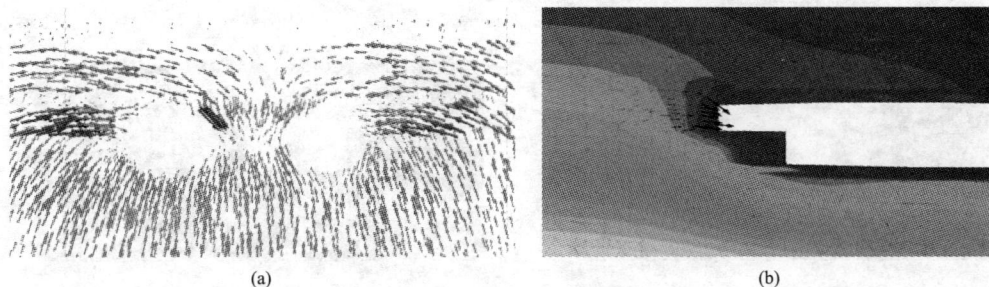

图 4.46　模拟渗流矢量图
（a）纵剖面图；（b）横剖面图

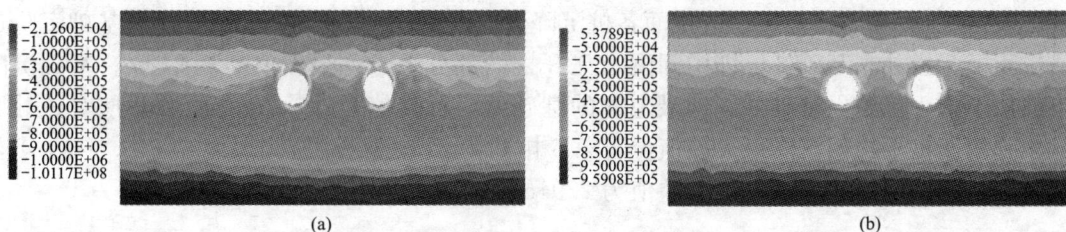

图 4.47　模型中部道路中线截面应力云图
（a）垂直方向；（b）水平方向

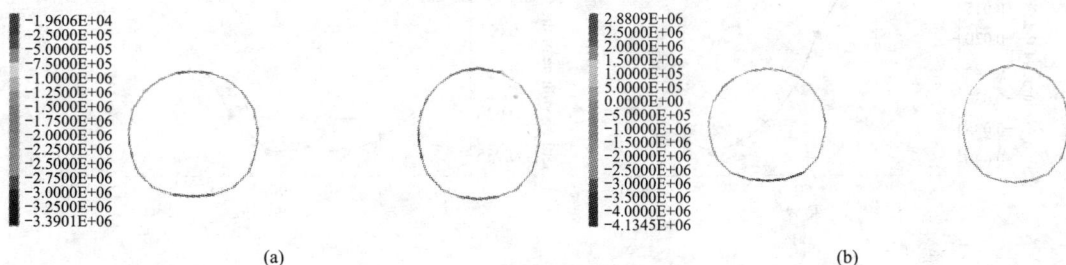

图 4.48　全断面注浆条件下的衬砌应力云图
（a）垂直方向；（b）水平方向

4.2.3　下穿工业厂房隧道工程

模拟过程采用 28 步开挖，开挖完成后 1、2 号建筑中线截面竖向沉降云图如图 4.49 所示。1 号建筑下方有三条隧道下穿，地表沉降最大值为 3.81cm，三条隧道拱顶沉降值较为接近，约为 6.00cm。该截面拱顶沉降量最大的点位于先开挖的右隧道，沉降值为 6.52cm。2 号建筑位于右侧两隧道上方，地表沉降最大值为 3.46cm，左侧隧道拱顶沉降量小于右侧两隧道沉降量，该截面拱顶沉降量最大的点依然位于先开挖的右隧道，沉降值为 6.73cm，而左侧隧道拱顶沉降量较小，仅为 4.1cm。对比图 4.49 中两个沉降云图，影响拱顶沉降与地表沉降的因素主要为开挖次序、建筑物的位置和跨度等因素，图 4.49（b）中左侧隧道上方无建筑荷载，地表沉降值和拱顶沉降值都处于允许范围。中间隧道跨径最大，但拱顶沉降量和上方地表沉降量都与两侧隧道接近，证明了 CD 法在三条隧道下穿构筑物施工中的优越性。

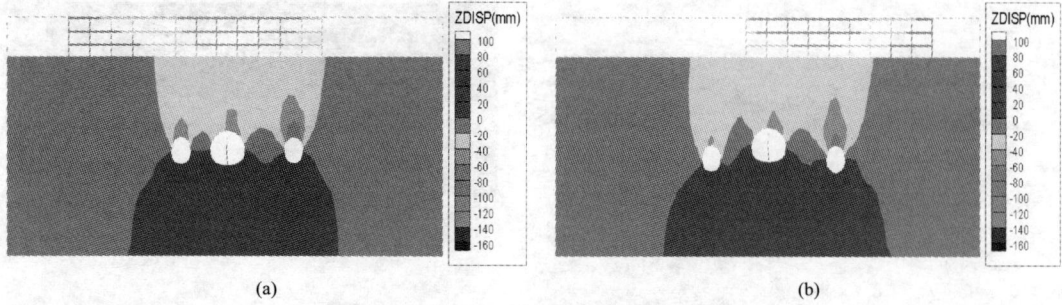

图 4.49　建筑中线截面竖向沉降云图
(a) 1 号建筑中线截面沉降云图；(b) 2 号建筑中线截面沉降云图

　　地表构筑物 1、2 号建筑中线截面各桩沉降值曲线如图 4.50 所示。1 号建筑基础沉降最大值位于第 9 排独立基础处，即中间隧道先开挖的部分上方，最大值为 3.81cm。基础沉降最小值位于第 1 排独立基础处，即最左侧的基础处，沉降值为 0.04cm，隧道开挖对该处影响较小。相邻桩不均匀沉降最大差值位于第 5 排和第 6 排桩处，沉降值之差为 0.9cm。1 号建筑各独立基础间不均匀沉降最大差值为 2.91cm。

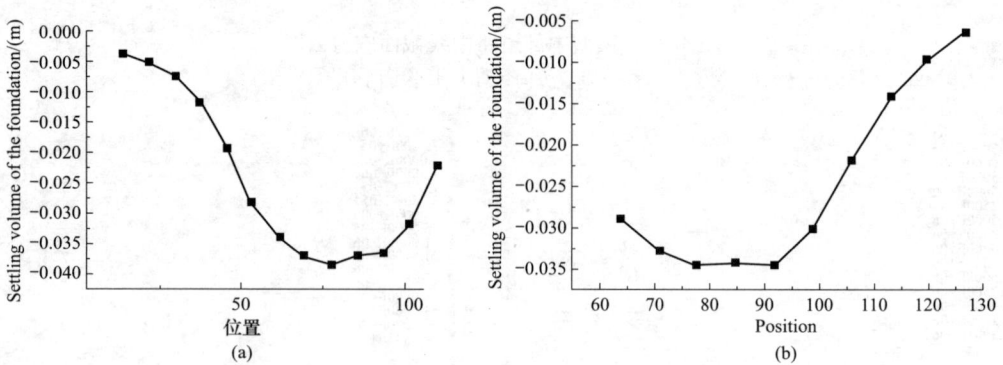

图 4.50　构筑物各桩沉降量曲线
(a) 1 号建筑中线处各桩沉降值曲线；(b) 2 号建筑中线处各桩沉降值曲线

　　2 号建筑基础沉降最大值位于第 5 排独立基础处，即右侧隧道上方，最大值为 3.46cm。基础沉降最小值位于第 10 排独立基础处，即最右侧的基础处，沉降值为 0.06cm，隧道开挖对该处影响较小。相邻桩不均匀沉降最大值位于第 6 排和第 7 排桩处，沉降值之差为 0.8cm。2 号建筑各独立基础间不均匀沉降最大差值为 2.86cm。

　　图 4.51 给出了地铁隧道上方构筑物整个框架结构的竖向沉降云图，框架结构底部与地表沉降值基本一致，但顶层受基础不均匀沉降影响更大，建筑顶层沉降量可达 60mm。过大的基础不均匀沉降量造成了建筑的破坏。

　　选择基础沉降最大的两点绘制隧道分步开挖基础沉降曲线，如图 4.52 所示，其中，1 号点为 1 号建筑中线截面第 9 排基础中点，位于中间隧道上方。所属截面分别在第 5、9、13、17 步被右侧隧道、左侧隧道、中间隧道左半部分和右半部分下穿。2 号点为 2 号建筑中线截面第 5 排基础中点，位于右侧隧道上方。所属截面分别在第 11、16、20、24 步被右侧隧道、左侧隧道、中间隧道左半部分和右半部分下穿过。由于模型边界的影响，两条曲线第一步开挖后都有较大沉降，1 号点在第 5—6、9—16 步均有较大沉降，2 号点在前 10 步保持缓慢沉降，11—14 步大幅度沉降，后期基本稳定，沉降量较小。以上结果表明，1 号点基础沉降同时受三条隧道开挖影响，2 号点基础沉降值受其余两条隧道开挖影响较小。

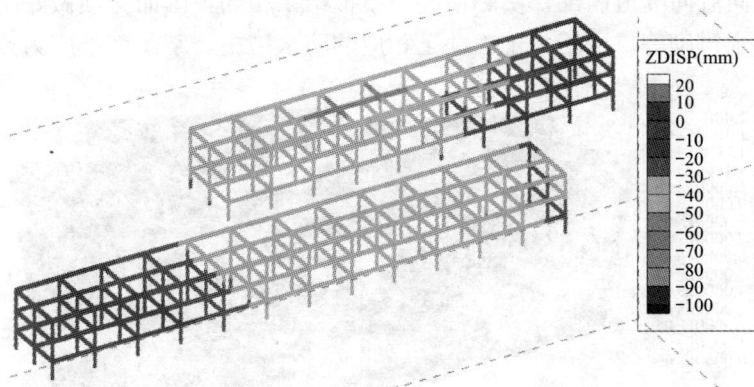

图 4.51　地铁隧道上方构筑物框架结构竖向沉降云图

进一步的，图 4.53 给出了 1 号建筑中线在第 5、9、13、17 步开挖影响下的各独立基础底面沉降曲线图。由图中沉降槽形状可知，隧道开挖对所开挖隧道截面对称轴左右两侧三根桩影响作用较为明显。开挖结束后，三条隧道在地表形成的沉降槽叠加，造成基础沉降值超出控制范围。

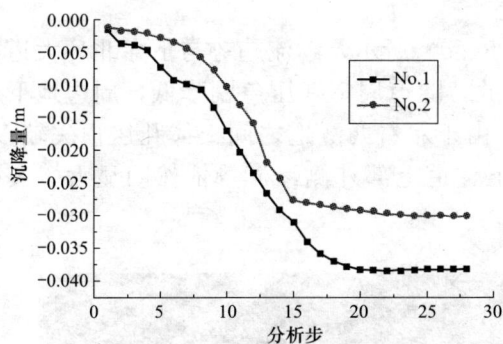

图 4.52　分步沉降曲线

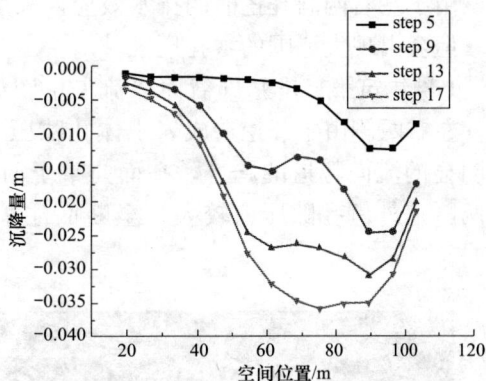

图 4.53　1 号建筑中线各基础沉降曲线图

采用流固耦合模块对整个三维模型进行渗流分析，模拟中设地下水位线位于地表以下 21m 处，采用壳体单元模拟隧道初期支护，各地层渗透系数及孔隙率见表 4.13。此次模拟中采用全断面注浆。

表 4.13　　　　　　　　　　　　渗透系数及空隙率取值

材料	渗透系数/(m/d)	孔隙率
素填土	0.1	0.5
砾质黏性土	0.5	0.5
全风化花岗岩	1.0	0.2
强风化花岗岩	3.5	0.15
微风化花岗岩	0.6	0.1

图 4.54 为孔压分布云图，图中大体趋势为距隧道较远处孔隙水压力基本呈梯度分布，符合实际情况。隧道开挖导致其附近围岩孔隙水压力释放，因此隧道周边孔隙水压力降低，周围水体渗流方向流向隧道内部，实际情况与模拟结果相同，因而必须做好防水工作，铺设防水层，施作隔水衬砌等。由于掌子面缺乏相应的防水措施，掌子面处应为预防重点。

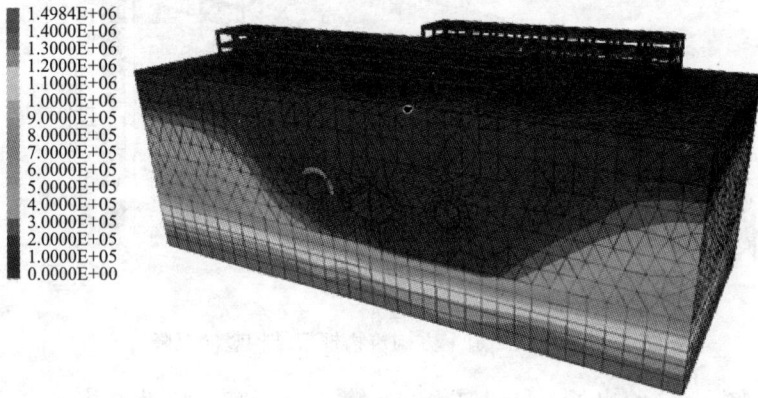

图 4.54　孔压分布云图

渗流矢量图如图 4.55 所示，图 4.55（a）、（b）、（c）分别为隧道轴线切面渗流矢量图，其中右洞和左洞渗流规律接近，掌子面处渗流量较大。

由于左右两洞开挖时的排水效应，采用中间 CD 法开挖隧道时，并不会引起过大的渗流量。但会出现大范围的零孔压区域。

1 号建筑第二排基础截面渗流矢量图如图 4.5（d）所示，渗流趋势与下穿北环大道相似，左右两侧由于开挖造成岩土体孔隙压力的释放，隧道周围孔压急剧降低，周边地下水有明显的流向隧道的趋势，在面向掌子面方向，由于左右两隧道之间土体孔压损失较多，故两隧道外侧孔隙压力较大，全断面注浆条件下隧道上部外侧渗流量依然明显大于其他方向。

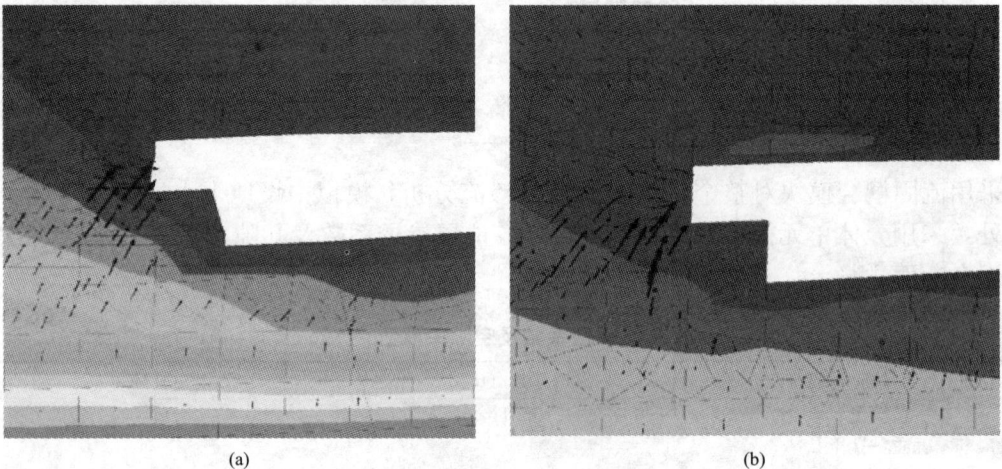

(a)　　　　　　　　　　　　(b)

图 4.55　渗流计算模拟结果（一）

（a）右洞渗流矢量图；（b）左洞渗流矢量图

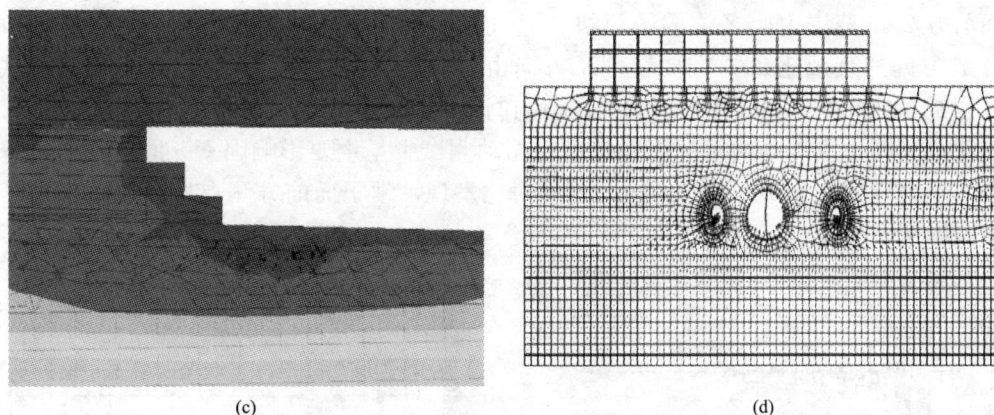

(c)　　　　　　　　　　　　　　　　(d)

图 4.55　渗流计算模拟结果（二）

（c）中洞渗流矢量图；（d）建筑断面渗流矢量图

4.2.4　下穿隧道地表振动特征分析

为了得下穿广深高速浅埋隧道爆破振速控制措施下地表振动效应的传播规律和振动特性，对下穿隧道的爆破振速控制进行数值模拟计算。通过模拟计算得到了地表不同水平距离处的三个方向的地表振动速度，其中 X 为水平切向的振动速度，Y 为垂直向上的振动速度，Z 为水平径向的振动速度。表 4.14 列出了不同水平距离处三个方向的地表振动速度峰值。

表 4.14　　　　　　　　　　不同水平距离处三方向地表振动速度

距掌子面水平距离/m	振动速度/(cm/s)			距掌子面水平距离/m	振动速度/(cm/s)		
	X	Y	Z		X	Y	Z
−10	0.28	2.18	3.10	30	0.16	1.07	1.03
−8	0.21	4.05	1.88	35	0.13	0.96	0.73
−5	0.27	5.16	2.67	40	0.12	0.62	0.56
0	0.37	6.47	5.35	50	0.11	0.60	0.50
5	0.22	6.66	3.58	60	0.11	0.35	0.37
8	0.21	6.47	2.94	70	0.07	0.24	0.30
10	0.20	4.06	2.49	80	0.07	0.19	0.22
15	0.19	2.74	1.80	90	0.04	0.24	0.18
20	0.20	2.39	1.49	100	0.04	0.24	0.16
25	0.14	1.58	1.11				

注：1. X 向为水平切向振动速度；
　　2. Y 向为垂直向上振动速度；
　　3. Z 向为水平径向振动速度。

图 4.56 至图 4.58 分别列出了掌子面后方 5m 处 X 方向、掌子面处 Y 方向和掌子面前方 5m 处 Z 方向的典型振动速度波形图。

图 4.59 给出了三个方向振动速度衰减趋势图。由图可知：①三个方向振动速度的最大值出现在掌子面位置处，以掌子面为中心向两侧随着爆源距的增大呈现衰减趋势，在掌子面前方 20m 范围内衰减较快，Y、Z 方向衰减幅度较掌子面相比分别在 60％ 和 70％ 左右，超过 20m 后衰减较为缓慢。Y、Z 方向的衰减趋势相比较可以发现，Y 方向的振动衰减趋势在

掌子面前方 20m 范围内比 Z 方向的要快。通过对比 Y、Z 振动速度趋势也可以看出，掌子面后方 Y 方向的衰减比 Z 方向要快。X 方向由于振动幅值较小，加之在振动试验测试时未做相关测试，在此对 X 方向的振动特征不做讨论。②同一测点处的 Y 向振动速度大于 Z 向振动速度，即同一测点处的垂向振动速度在振动测试中是主要影响因素。同时，通过掌子面前、后方同距离处测点 Y、Z 向的振动速度对比发现，掌子面前方测点振动速度比掌子面后方测点振动速度要大。

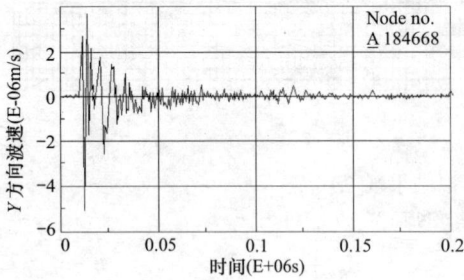

图 4.56　掌子面后方 5m 处 Y 方向的振动速度波形

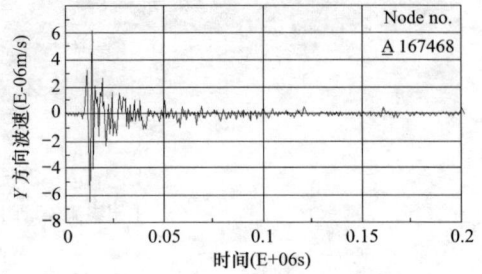

图 4.57　掌子面处 Y 方向的振动速度波形

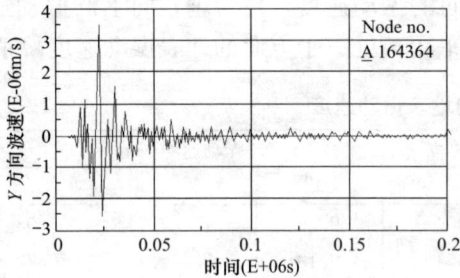

图 4.58　掌子面前方 5m 处 Y 方向的振动速度波形

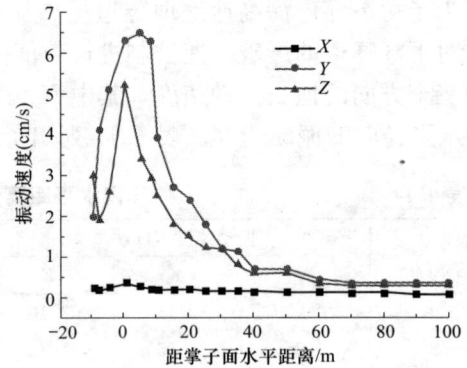

图 4.59　不同测点处的三个方向振动速度衰减趋势图

　　另外，埋深对隧道的影响分析已有不少学者做过相关方面的研究，但是埋深对隧道爆破地表振动效应的研究结果相对较少，尤其是埋深对大断面浅埋隧道地表振动效应的研究结果就更为稀少了。为了得到埋深对小净距大断面浅埋隧道爆破地表振动效应的影响，对隧道埋深 25m、20m、15m 和 10m 四种工况下的爆破进行了数值模拟计算以分析不同埋深下地表应力波的传播规律和振动特性。

　　表 4.15 统计了四种工况下的 Y、Z 方向的爆破地表振动速度。

表 4.15　　　　　　　　　不同工况下的爆破地表振动速度　　　　　　　　（单位：cm/s）

距掌子面水平距离/m	10m 埋深		15m 埋深		20m 埋深		25m 埋深	
	Y	Z	Y	Z	Y	Z	Y	Z
−10	3.37	3.14	3.55	3.62	2.69	3.64	2.18	3.1
−8	4.75	3.07	5.72	3.7	4.87	2.86	4.05	1.88
−5	7.3	5.76	6.41	3.7	6.29	3.02	5.16	2.67
0	43.3	28.5	11.51	10.71	8.34	6.9	6.47	5.35
5	13.26	9.49	11.04	5.05	8.42	4.39	6.66	3.58

距掌子面水平距离/m	10m 埋深		15m 埋深		20m 埋深		25m 埋深	
	Y	Z	Y	Z	Y	Z	Y	Z
8	9.86	6.71	9.51	3.46	7.14	3.48	6.47	2.94
10	7.03	6.17	8.01	3.14	6.33	2.68	4.06	2.49
15	5	3.13	4.64	2.66	4.15	2.08	2.74	1.8
20	3.46	2.474	3.17	1.88	2.51	1.89	2.39	1.49
25	2.85	2.02	1.8	1.54	1.69	1.34	1.58	1.11
30	2.5	1.75	1.9	1.26	1.34	0.97	1.07	1.03
35	1.85	1.48	1.52	1.01	1.19	0.98	0.96	0.73
40	1.39	1.4	0.87	0.92	1.05	0.77	0.62	0.56
50	0.82	0.63	0.87	0.59	0.88	0.62	0.6	0.5
60	0.73	0.51	0.71	0.51	0.57	0.53	0.35	0.37
70	0.55	0.41	0.49	0.38	0.36	0.45	0.24	0.3
80	0.36	0.22	0.31	0.23	0.27	0.25	0.19	0.22
90	0.22	0.13	0.34	0.17	0.16	0.18	0.24	0.18
100	0.43	0.21	0.42	0.19	0.37	0.2	0.24	0.16

对表 4.15 中振动数据分别做四次模拟情况下的 Y、Z 向的统计分析,得出图 4.60 和图 4.61 两个方向的爆破地表振动特性衰减趋势图。随着埋深的减小,同一点处的振动速度呈现增大的趋势,离爆源不同距离处测点振动速度的增幅并不是完全相同的,在掌子面后方 5m~掌子面前方 20m 范围内的增幅较大,超出此范围,埋深对地表振动速度增幅的影响较小。

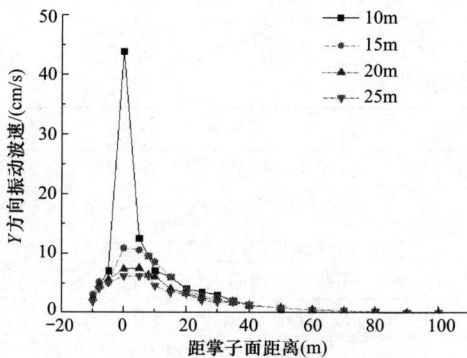

图 4.60　Y 方向地表振动速度衰减趋势图　　图 4.61　Z 方向地表振动速度衰减趋势图

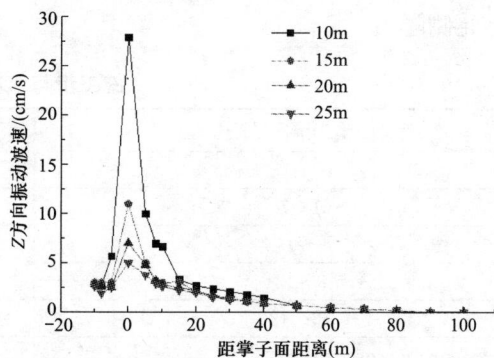

由图 4.60 及表 4.15 中 Y 向地表振动速度衰减趋势图可以看出,在隧道掌子面处 25m、20m、15m 和 10m 埋深时的地表振动速度分别为 6.47cm/s、8.34cm/s、11.51cm/s 和 43.3cm/s。埋深每减少 5m,掌子面处的振动速度相对增加了 29%、78% 和 569%,环比增加 29%、37% 和 276%。

由图 4.61 及表 4.15 中 Z 向地表振动速度衰减趋势图可以看出,在隧道掌子面处 25m、20m、15m 和 10m 埋深时的地表振动速度分别为 5.35cm/s、6.9cm/s、10.71cm/s 和

28.5cm/s，埋深每减少5m，掌子面处的振动速度相对增加了29％、100％和533％，环比增加29％、55％和166％。以上分析可以看出，埋深每减少5m，掌子面处的振动速度增幅Y向要大于Z向。

同时，由图4.60和图4.61可以看出，埋深从15m变化到10m时，掌子面处地表振动速度出现骤增，两个方向的环比增大幅值分别达到了276％和166％，这说明埋深小于开挖宽度（16m）时，埋深减小对地表振动速度幅值的增加起重要作用。

需要指出的是，当埋深在10m时，掌子面处两个方向的振动速度分别达到了43.3cm/s和28.5cm/s，这显然超过了《爆破安全规程》GB 6722—2014中对交通隧道最大振动速度10～20cm/s的要求，这说明在埋深为10m的情况下，爆破方案和爆破参数需重新选择，在此仅作为不同埋深情况下的数值比对效果分析之用。

4.2.5 "零距离"下穿既有运营车站工程

1. 结构变形分析

7号线皇岗村站至福民站区间隧道施工过程中零距离下穿4号线福民站，隧道顶部与车站主体结构底板相接。隧道施工采用盾构与爆破施工相结合的方式，施工过程中必定伴随着周围土体状态与渗流状态的改变，造成应力的重新分布，同时对周边建筑物（既有4号线福民站）产生较大的影响。

因此，为了保证施工安全以及既有车站的安全运营，在施工过程中针对开挖方式采取了专项措施，通过CD法、短进尺、双向开挖等方式以减小施工对既有结构的扰动。同时由于场站范围内地质条件较差，普遍分布有淤泥质土层等不良地质条件，故设计方案中对隧道下穿既有车站段地层进行了加固。

新建隧道零距离下穿既有福民站，在隧道施工过程中会引起车站结构的变形，结合前述施工方法，数值模拟中各施工步代表工况见表4.16，其中右线隧道为靠近南侧隧道，左线为靠近北侧隧道。

表 4.16　　　　　　　　　　　　施工步与工况对应情况

施工步序号	含义
—	隧道未开挖前，应力场平衡
1～7	右线隧道自东向西进行1、2序施工
8～11	右线隧道自西向东进行3序施工
8～12	左线自东向西进行1序施工
13～18	左线自东向西进行2、3序施工
19	分环拆除临时支撑钢架
20	施做二衬

（1）既有福民站站厅层板结构位移场分析

为了清楚说明车站站厅层板结构的变形过程以及结构变形受不同施工步影响的变化情况，给出了各个施工工况下主体结构的位移场（从施工开始到当前施工步完成的位移场分布云图）。图4.62～图4.64给出了下穿施工中各开挖步车站结构的竖向位移云图，其中4号线福民站从上至下共分为两层，依次为站厅层与站台层，图中所示的顶板为站厅层顶板，负一层底板为站厅层底板，负二层底板为站台层底板。

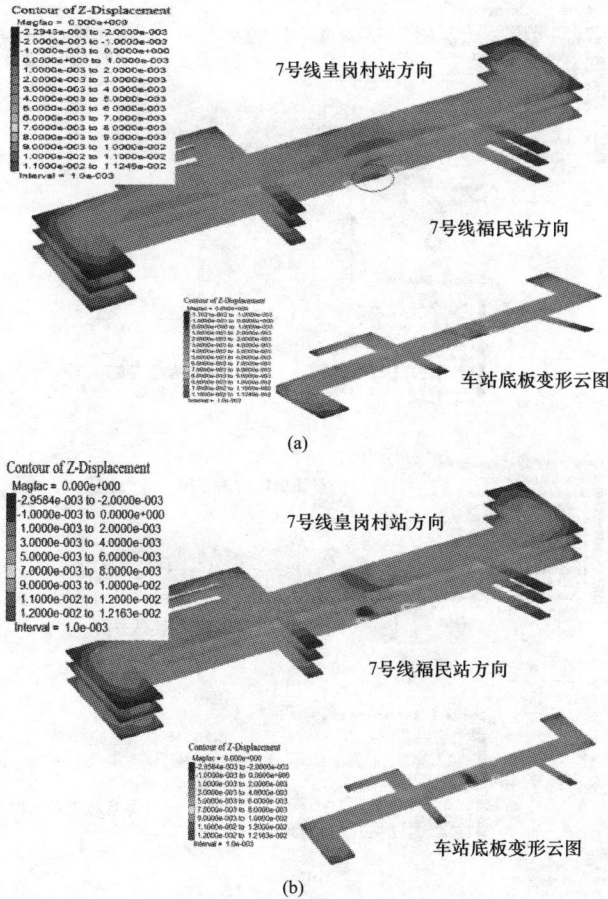

图 4.62　右线隧道由东向西 1、2 序施工结构变形云图
(a) 施工步 1，右线隧道 1、2 序下穿施工开始；(b) 施工步 7，右线隧道 1、2 序下穿施工完成

由图可知：

① 右线隧道首先进行开挖，由东向西进行 1、2 序开挖（由 7 号线福民站向皇岗村站方向），隧道进行第一步开挖，隧道施工通过既有站位于 7 号线福民站侧地连墙，各层底板竖向位移主要位于−2mm～4mm 之间。受地连墙开挖影响，双线隧道中部位置上方车站底板产生沉降，沉降值约为 0.53mm，同时其两侧底板产生一定隆起，隆起处位于监测点 R4 与 R7 位置，隆起值接近 10mm，发育速度较快，这一结果与监测数据分析所得结论基本一致。上层车站结构产生沉降相对较小，约为 0.13～0.35mm，车站出入口处产生沉降较大，约为 2.29mm，属合理范围内；隧道施工处上方车站结构局部存在较大隆起，可能由于隧道开挖卸荷回弹以及注浆压力等原因造成。

② 第 7 施工步完成后，右线 1、2 序施工完成，此时右线隧道施工至 7 号线皇岗村站一侧地连墙附近，车站结构竖向变形进一步发育，竖向位移主要分布在−2.9mm～5mm 之间。其中受下穿施工影响最大的车站底板结构，隧道上方沉降区域进一步扩大，且主要沉降区域由双线隧道中心上方向右线隧道上方发育，沉降最大值为−2.95mm。除隧道位置外，各出入口位置沉降变形减小，约为 0.6～0.8mm，底板结构其他部位产生轻微隆起，不超过 5mm。

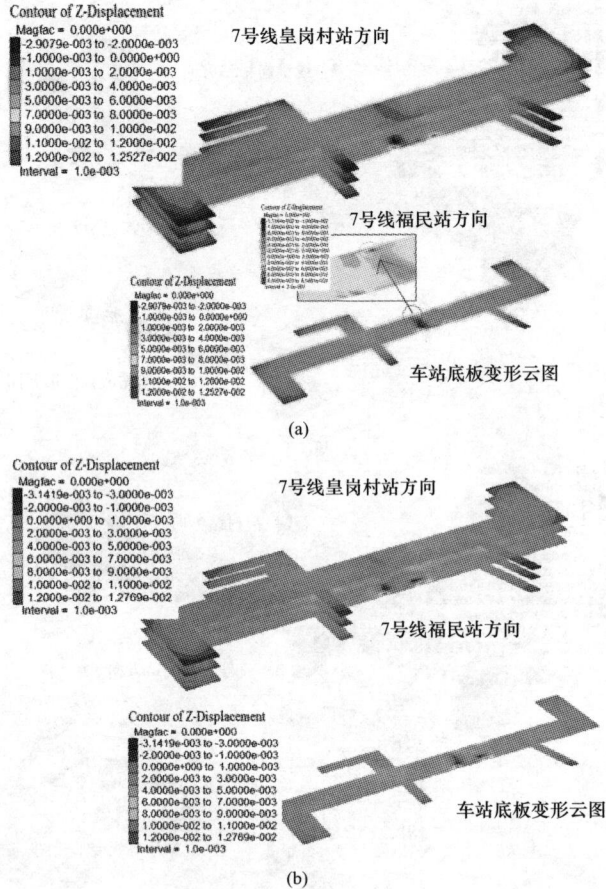

图 4.63　右线隧道由西向东贯通施工结构变形云图

（a）施工步 8，右线隧道 3 序施工、左线隧道 1 序施工开始；（b）施工步 11，右线隧道 3 序施工完成，整体贯通

由图可知：

① 模拟进行至第 8 施工步，右线隧道开始由西向东进行 3 序施工，左线隧道由东向西进行 1 序施工。该施工步较前述施工步相比，结构整体变形趋势并无太大变化，整体竖向变形略有上浮。此外，右线隧道上方与地连墙交接处底板位置，由于此处地连墙开挖施工，局部产生较大沉降，沉降最大值为 11.34mm，靠近监测点 L5 处，根据检测情况，施工进行一段时间后，L5 测点沉降快速发育至 5～10mm，模拟结果与施工监测反馈情况相近。

② 第 11 施工步完成后，右线隧道位于 7 号线皇岗村站地连墙施工完成，整体贯通，车站结构各层底板竖向位移主要位于 −3.14mm～5.94mm 之间，随左线隧道开挖，其上方底板开始出现沉降，沉降最大值为 3.14mm，右线隧道上方沉降发育减缓，最大值为 2.45mm；最大隆起为 12.76mm，隆起较大处与之前大致相同，位于开挖隧道上方两侧。车站底板西侧开始出现显著隆起，最大值为 8.76mm，位于左线隧道上方地连墙与车站底板相交处。其余两层底板基本呈隆起状态，数值约为 1mm 左右，各出入口处存在轻微沉降，最大值为 2.36mm。

(a)

(b)

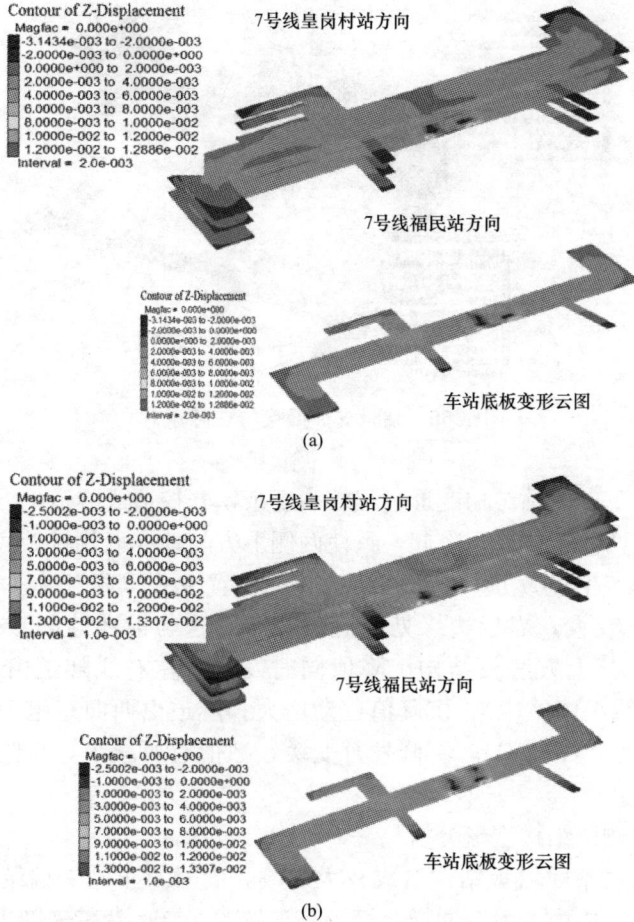

图 4.64 左线隧道由西向东 2、3 序施工结构变形云图

（a）施工步 13，左线隧道开始进行 2，3 序施工；（b）施工步 18，左线隧道 2，3 序施工完成

由图可知：

① 数值计算第 13 施工步，右下隧道施工完成，左线隧道由西向东开始进行 2、3 序施工。整体变形趋势与上一工序结束时较为相似，车站各层结构变形主要位于 -3.14mm～5.94mm，沉降最大值为 3.14mm，位于左线隧道上一工序施工位置上方底板结构，右线上方底板结构沉降继续减小，最大值为 2.33mm。

② 第 18 施工步完成后，双线下穿隧道贯通，车站结构各层竖向位移主要位于 -2.50mm～5.93mm 之间，沉降最大值为隧道上方底板结构处，左右线上方沉降最值分别为 2.50mm 与 1.80mm，较之前数值均有所减小。隆起最大值为 13.3mm，位于隧道上方两侧底板与地连墙交接处。车站出入口位置存在轻微隆起。

图 4.65 给出了临时支护拆除与二衬施工位移分析图。由图可知：拆除隧道临时支撑并施做二衬，由于开挖过程中围岩应力已充分释放，整体变形趋势与隧道贯通后基本保持一致，临时支撑拆除影响下，沉降数值略有变化，整体变形分布为 -2.68mm～5.93mm，已基本发育稳定。

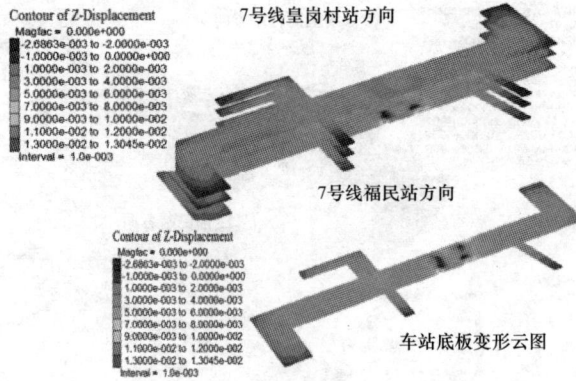

图 4.65　临时支护拆除与二衬施工

在下穿施工影响下，车站结构变形过程较为复杂，开挖造成隧道上方底板竖向沉降，土体卸荷回弹致使隧道两侧土体产生隆起，致使两侧上方与地连墙相接处底板结构产生较大隆起，同时各出入口处产生轻微沉降，车站结构其他位置主要以隆起为主，隆起量较小，靠近楼板内侧处隆起值较大，靠近边缘处隆起值较小，这与前述监测数据分析所得结论相一致。随隧道开挖，其上方底板结构沉降值同时发育，左右线隧道由东向西施工时（右线1、2序施工，左线1序施工），沉降值逐渐增大；隧道由西向东施工及施工完成后（右线3序施工，左线2、3序施工），沉降发育变缓，数值有所减小，与监测数据所得趋势相一致。

（2）福民站车站侧壁结构变形分析

下穿隧道施工除对站厅层板结构造成较大影响，同时对车站侧墙结构也会产生一定影响，侧墙结构的变形、内力过大，同样会给既有车站的安全运营带来隐患。因此，为了清楚说明下穿施工中车站侧壁的变形情况，给出各施工阶段侧壁结构位移场变化情况，并结合前述监测数据分析结果加以比较说明，具体如图 4.66、图 4.67 所示。

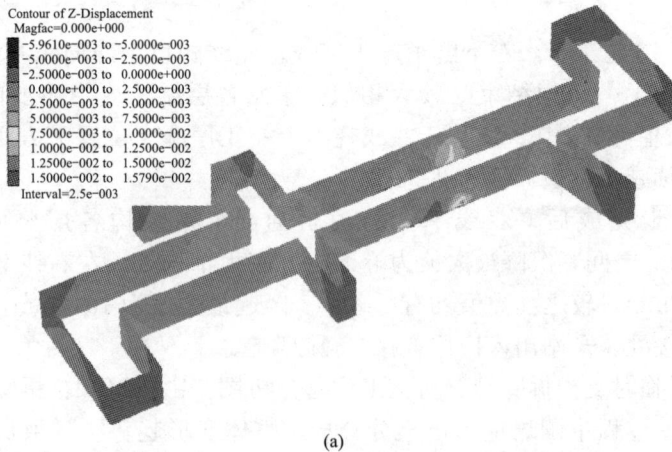

(a)

图 4.66　右线隧道施工引起既有车站侧壁结构变形图（一）

（a）施工步1，右线隧道开始自东向西进行1、2序开挖

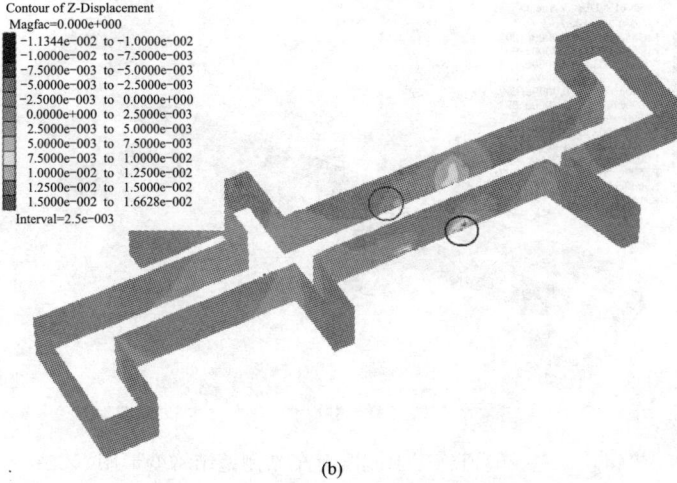

(b)

图 4.66 右线隧道施工引起既有车站侧壁结构变形图（二）

（b）施工步 8，右线隧道 3 序施工、左线隧道 1 序施工开始

由图可知：

① 整体竖向变形范围为 −5.9610mm～15.79mm，侧墙位移云图与层板云图大致分布位置相对应，隆起最大位置为双线隧道上方底板与侧壁交接处，隆起最大值为 15.79mm，对比底板同一位置处，隆起值大于底板处。沉降最大值 −5.96mm，位于两处隆起位置中间，即双线隧道中线上方处，沉降大于底板同一位置处。此外，各出入口处侧壁有轻微沉降，数值在 2.07～2.41mm 之间。

② 与底板变形情况相对应，右线隧道上方层板与西侧侧壁交接处出现较大沉降，数值为 11.34mm，与车站底板该位置处变形值相等。隆起突出处仍为双线隧道上方侧壁处，隆起最大值为 16.62mm，位于左线隧道上方东侧侧壁处，数值较之前开挖步有所增加。双线隧道中线上方侧壁沉降值大幅度降低，沉降最大值为 0.84mm，各出入口处沉降值基本保持不变。

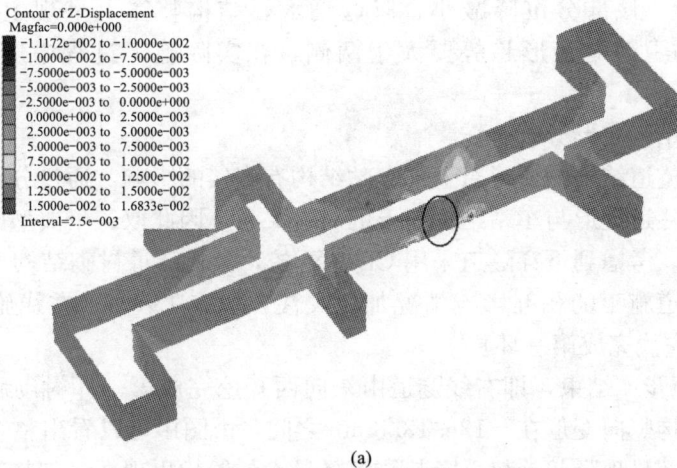

(a)

图 4.67 左线隧道施工引起既有车站侧壁结构变形图（一）

（a）左线隧道开始进行 2，3 序施工

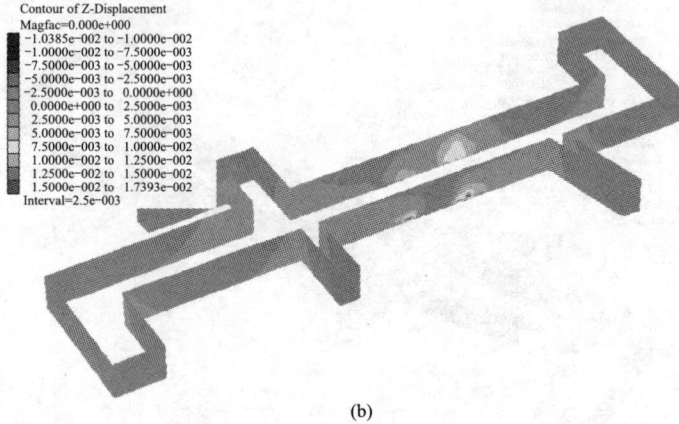

Contour of Z-Displacement
Magfac=0.000e+000

(b)

图 4.67 左线隧道施工引起既有车站侧壁结构变形图（二）
（b）左线隧道 2、3 序施工完成

由图可知：

① 随着右线施工结束，右线隧道上方层板与西侧侧壁交接处仍存在较大沉降，沉降值为 11.17mm，沉降发育呈减小趋势。隆起突出处仍为双线隧道上方侧壁处，隆起最大处为左线隧道上方东侧侧壁处，其值为 16.83mm，与之前基本持平，隆起发育趋于缓和。双线隧道中心上方东侧侧壁处，结构变形由轻微沉降发育至轻微隆起，隆起值为 0.27mm。

② 双线隧道贯通，右线隧道上方层板与西侧侧壁交接处沉降值进一步降低，沉降最值为 10.38mm，侧壁结构整体隆起发育，双线隧道上方侧壁处隆起最值发育为 17.39mm，双线隧道中心上方侧壁处，隆起值为 0.89mm。

车站侧壁结构与楼板结构存在位置上的对应关系，楼板产生较大隆起或沉降处，在侧壁结构上也同样有所反应，如隧道上方底板产生显著隆起，车站侧壁同一位置同样隆起明显，且比底板处隆起量更大。侧壁结构主要变形集中在侧壁中部位置，即隧道上方，随开挖进行。该部分沉降减小、隆起增大，结构整体上呈现上部沉降下部隆起的趋势，同时结构中部的变形趋势要大于两侧，在实际施工过程中应加以注意，并采取必要的措施。

（3）隧道支护结构变形分析

下穿施工中，隧道结构的变形对上部车站结构有直接的影响，通过分析隧道结构的变形特征，有助于了解隧道变形与车站结构变形的对应关系，因此取若干典型施工步，对隧道的变形规律进行分析。考虑到下穿隧道采用 CD 法开挖，分析隧道衬砌结构建立过程中的变形情况，并对双线隧道施工的相互影响情况加以关注，取施工步 4（右线施工完成第一环衬砌），施工步 10（左线完成第一环）。

图 4.68 为施工步 4 结束，即右线隧道由东向西开挖完成第一环衬砌后，衬砌结构竖向变形云图。衬砌结构竖向变形在 −13～13.8mm 之间，由图中可以看出整个衬砌结构的上部呈现沉降趋势而下部呈现隆起趋势，隆起与沉降最大位置均出现在中部临时支撑与衬砌结构的接触位置。接触部位之外衬砌结构的变形值在 −5～5mm 之间。

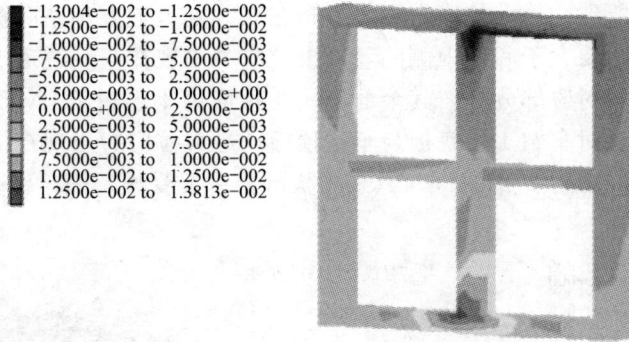

图 4.68　右线隧道 1 序施工衬砌变形云图

图 4.69 为施工步 12 结束时，即左线隧道由东向西施工完成第一环衬砌后，双线隧道衬砌结构变形云图。可以看出，右线隧道衬砌结构变形分布趋势与之前大致相同，沉降与隆起数值有所增长但区别不大。左线隧道衬砌竖向变形以与右线相对称的形式分布，变形主要集中于中部临时支撑结构，上部呈现沉降趋势，下部呈现隆起趋势。对比两个不同施工步衬砌结构沉降云图可以看出，双线隧道衬砌变形分布呈现对称的特性，且沉降显著部位分别位于左线衬砌右上侧与右线衬砌左上侧，二者均有向中间部位沉降趋势。

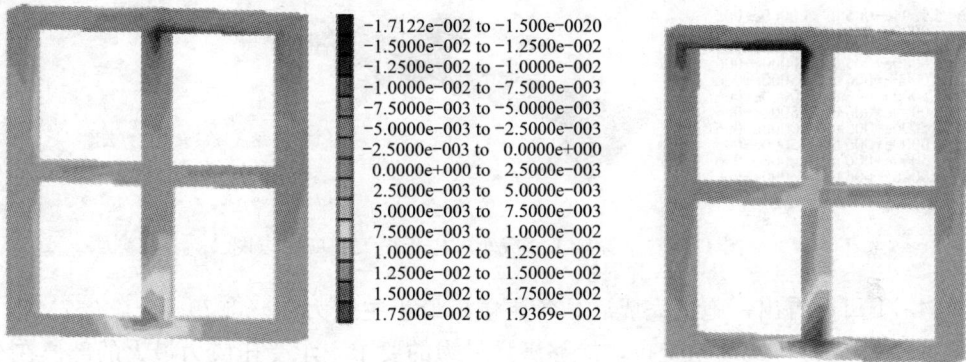

图 4.69　左线隧道 1 序施工衬砌变形云图

2. 结构受力分析

福民站位于城市繁华地带，对于地铁系统的正常运营有重要的影响，下穿施工力学行为较为复杂，影响因素众多，虽然采用了 CD 法、注浆加固等多种施工工艺，零距离下穿施工仍可能对既有车站结构带来较大影响，考虑到车站楼板厚度较小，需要对施工扰动影响下的车站结构进行受力分析，以校核车站主体结构的安全性，特别对主体结构的最大、最小主应力分布规律进行了数值分析。

（1）车站层板结构最大主应力-最小主应力分析

图 4.70 分别给出了既有福民站下穿隧道施工完成各层楼板结构的第一主应力、第三应力分布云图，单位为 Pa。

从图 4.70 中可以看出，隧道开挖完成后，各层楼板最大主应力在 -0.59～4.64MPa 范围内，已经超过 C35 混凝土抗拉强度 2.2MPa，但超出幅度尚可接受，且受力超出的区域较小，主要为应力集中所致。最大拉应力主要分布在双线隧道上方车站底板处，其中底板与侧壁交接部分所受拉应力要大于底板内侧的，最大拉应力出现在双线隧道下穿段的四个边角上方。车站底板除下穿段对应部分外，其余部分所受拉应力不超过 2.0MPa，距离下穿段较远处结构主要受压为主。对车站 1 层底板与车站顶板，最大拉应力出现在楼板东南侧与侧壁交接的边缘处，最大拉应力为 2.61MPa，其余楼板部分主要受压，满足受力要求。

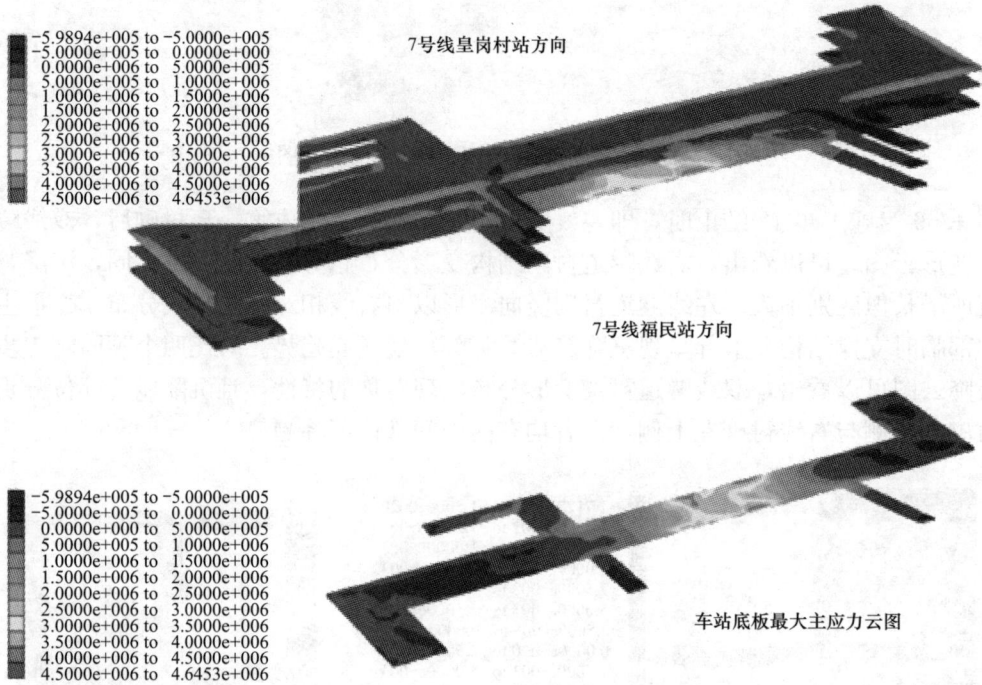

图 4.70　下穿施工完成车站楼板最大主应力云图

从图 4.71 可以看出，施工完成后，各层楼板最小主应力在 $-6.29\sim-0.057$MPa 之间，整体结构承受压应力，无结构受拉，能够满足受力的要求，承受压应力最大的部位在车站顶板的中部。从整体来看，楼板结构边缘处承受较小压应力，中心部分承受压应力较大。上部楼板承受压应力最大，向下逐渐降低，对于结构底板，隧道上方承受较大压应力，隧道两侧底板承受压应力迅速减小，该部分承受整个结构压应力最小值为 0.22MPa。楼板结构最小主应力整体应力水平较低。

（2）车站侧壁结构最大、最小主应力分析

图分别给出了既有福民站下穿隧道施工完成车站结构侧壁的第一、第三主应力分布云图，单位为 Pa。

从图 4.72 可以看出，隧道开挖完成后，车站侧壁承受最大主应力在 $-0.52\sim4.82$MPa 的范围内，超过 C35 混凝土抗拉强度 2.2MPa，但受力超出的区域较小，主要由应力集中所导致。拉应力最大位置分布在双线隧道上方侧壁处，与车站二层底板最大主应力——拉应力集中部位相对应，隧道上方的四个角点处应力集中最明显。除去侧壁与二层底板相接部位，隧道上方侧壁所承受拉应力均小于 2.0MPa。隧道上方以外的侧壁部分则以承受压应力为主，在侧边靠近上边缘部分承受拉应力，应力值小于 1.0MPa。

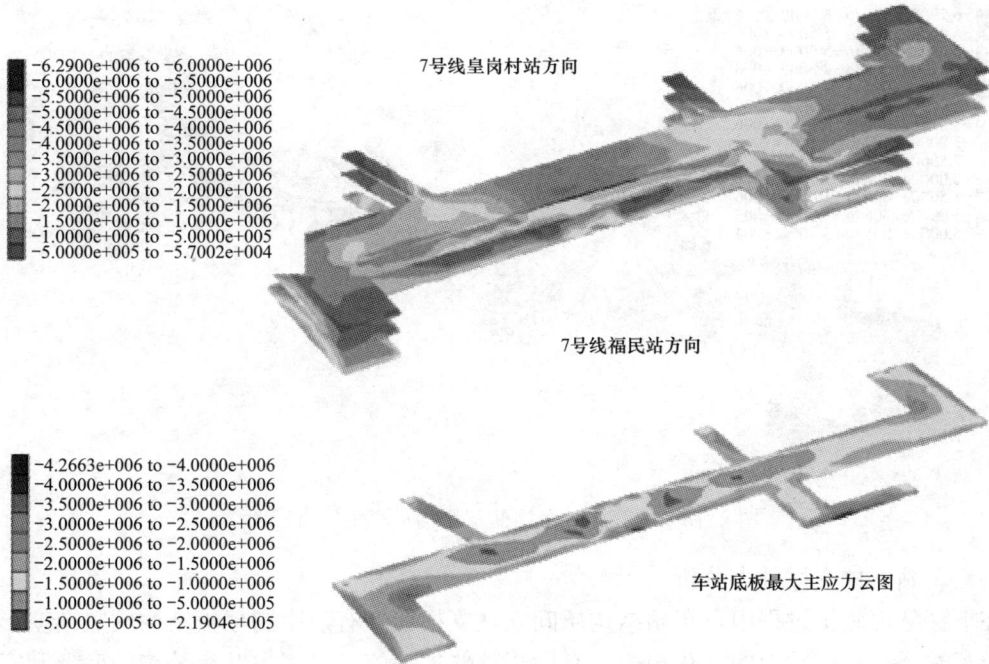

图 4.71 下穿施工完成车站楼板最小主应力云图

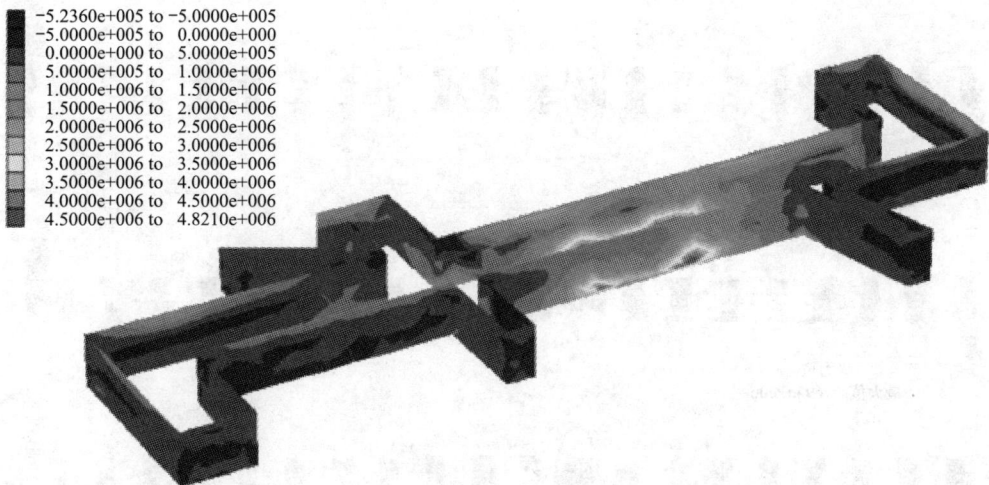

图 4.72 下穿施工车站侧壁结构最大主应力云图

隧道施工完成后，车站侧壁结构最小主应力分布在−6.29～−0.057MPa之间（图 4.73），整体结构以承受压应力为主，承受最大压应力部位在侧壁结构中部顶端，最大值为6.29MPa，与楼板结构相对应，楼板中部顶端以及中部底端靠近隧道处为两处压应力集中部位。侧壁中部以外部分压应力均在2.5MPa以下，且压应力从侧壁顶部至底部递增分布，与中部侧壁分布规律相反。

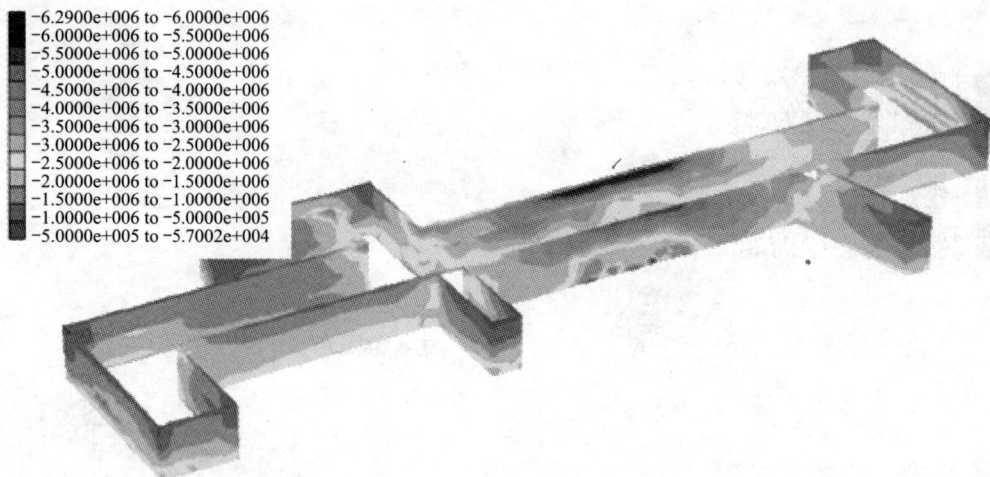

-6.2900e+006 to -6.0000e+006
-6.0000e+006 to -5.5000e+006
-5.5000e+006 to -5.0000e+006
-5.0000e+006 to -4.5000e+006
-4.5000e+006 to -4.0000e+006
-4.0000e+006 to -3.5000e+006
-3.5000e+006 to -3.0000e+006
-3.0000e+006 to -2.5000e+006
-2.5000e+006 to -2.0000e+006
-2.0000e+006 to -1.5000e+006
-1.5000e+006 to -1.0000e+006
-1.0000e+006 to -5.0000e+005
-5.0000e+005 to -5.7002e+004

图 4.73　下穿施工车站侧壁结构最小主应力云图

（3）车站立柱支撑轴力分析

在下穿隧道施工过程中，车站结构层间立柱支撑能够有效限制楼板结构的竖向变形，通过分析车站立柱支撑轴力的变化规律，有助于整体把握施工过程中既有结构的变形和安全状态。因此，针对各典型施工步（右线开挖、左线开挖、左右线贯通）的支撑轴力进行了分析，图 4.74 为各施工步中支撑轴力分布图，单位为 N。

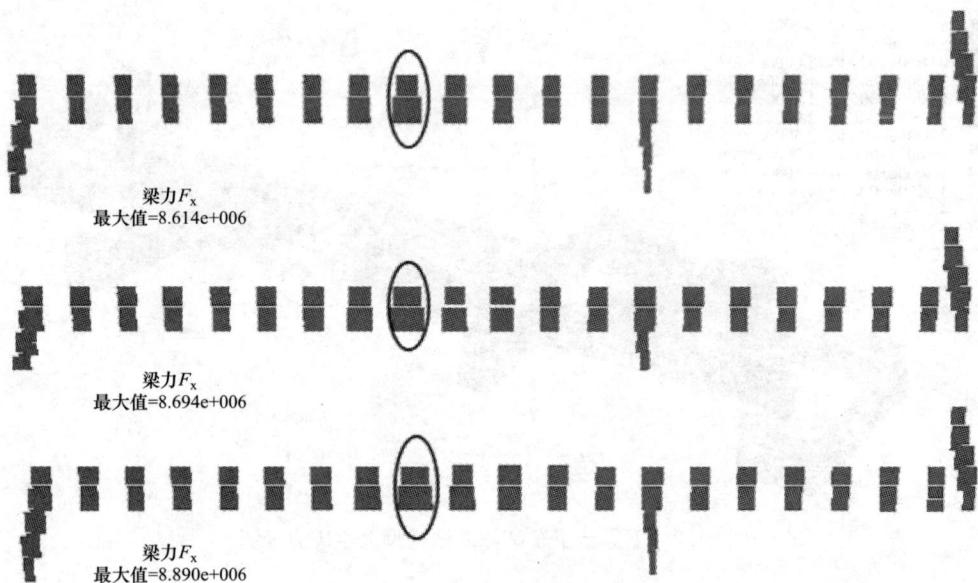

梁力F_x
最大值=8.614e+006

梁力F_x
最大值=8.694e+006

梁力F_x
最大值=8.890e+006

图 4.74　下穿施工车站层间立柱轴力分布图

从图中可以看出，车站层间支撑立柱全部承受压力，随隧道施工的进行，楼板间立柱轴力分布形式并无显著变化，仅轴力数值稳步上升，施工完成后层间立柱最大轴力为 8.89×10^6 N，位于楼板正中位置偏南部位，在施工进行的各个阶段，该处支撑始终承担较大的压应力。层板中部位置立柱轴力一般要大于各个出入口处设立的支撑立柱，入口部位附近立柱、负一层立柱轴力大于负二层立柱，而位于楼层中心部位立柱的轴力分布规律则与此相反。

（4）渗流分析

模拟中设地下水位线位于地表下 3m 处，距隧道较远处孔隙水压力基本呈梯度分布，符合实际情况。为清晰分析周边土体与隧道之间的渗流关系，选取代表性截面，进行孔隙水压与渗流分析。此处选取车站中线处截面，如图 4.75 所示，以便于对车站底板、顶板以及立柱与隧道结构的位移、应力关系进行分析。

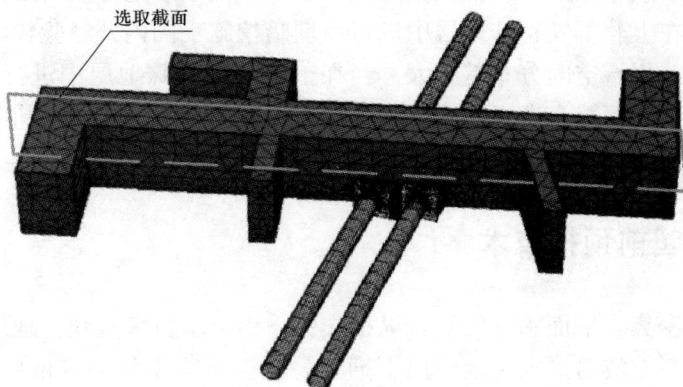

图 4.75　选取车站中线处截面示意图

隧道开挖导致其附近围岩孔隙水压力的释放，因此隧道周边孔隙水压力为零，周围水体渗流方向应流向隧道内部，这与模拟结果相同，因而必须做好防水工作，铺设防水层，施作隔水衬砌等。由图 4.76 可以看出，隧道底部孔隙水压力较大，即表示此处地下水渗流水压较大，在施工中应引起格外注意，加强防水措施，提高支护强度。图 4.77 所示为模拟渗流矢量图，周边地下水有流向隧道的趋势，隧道底板渗流矢量速度要高于拱顶，隧道两侧地下水渗流速度相对较弱，施工中应结合结果加以注意。

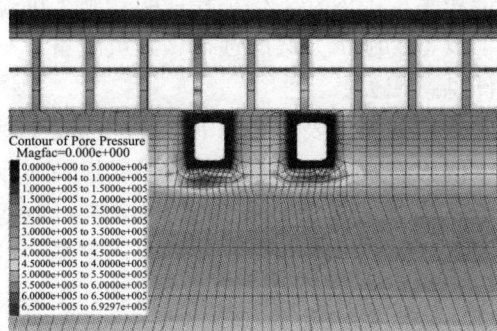

图 4.76　孔隙水压力云图

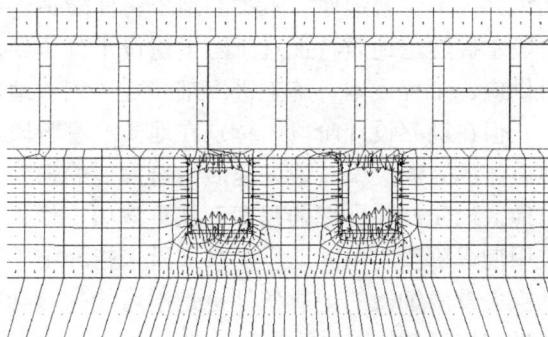

图 4.77　模拟渗流矢量图

5　复杂地质条件下地铁隧道穿越工程施工技术

随着城市基础设施建设的不断深化，浅埋暗挖法在我国的地铁及市政工程中应用日趋广泛。浅埋暗挖法的研究工作虽已取得很多成果，但多数浅埋暗挖施工均是在土层相对单一的地层中进行，对于在上软下硬特殊地层中进行浅埋暗挖施工国内外经验较少。上软下硬地层具有一个显著特点，岩石空间分布差异大；当在上软下硬特殊地层中进行浅埋暗挖施工时，出于安全、成本及进度等综合考虑，因地制宜地提出施工方案，结合不同的地质情况采取适宜的开挖方法往往能取得良好的工程效益。

5.1　地质灾害超前预报技术

深圳城市人口密集，地面水系发育，纵横交错，地下水位埋藏浅，地质环境复杂。但地铁修建基本以浅埋暗挖隧道形式在地表以下通过，既要下穿密集的城市住宅群，又要过江、过河。因此，对于以浅埋暗挖法施工和盾构机掘进工法施工而言，在这样复杂的地质环境和工程环境下修建地铁，难度之大是不言而喻的。因此，在浅埋暗挖法施工及盾构机掘进施工法施工方面，应当紧密结合工程地质条件，充分重视施工中的超前地质预报技术工作，以此为依据，指导好地铁修建过程隧道施工快速掘进、安全顺利的进行等。

5.1.1　隧道施工超前地质预报工作的重要性

1. 隧道工程与地质工程的关系

隧道的设计、施工、工期、造价无不受地质条件的制约，现在越来越多的隧道建设者均认识到，不了解地质、不关心地质将使隧道建设事倍功半。国内外工程实践证明，施工准备阶段掌握隧道地质特征对于隧道建设十分重要。施工设备、施工方案的选择、人员配备、材料供应、工程成本、施工进度都与隧道工程地质条件息息相关。

但在勘察设计阶段，特别在地质勘察阶段，人们认识到由地表预报地下地质的精度受到地质体成因的类型、地区地质构造发展的强烈程度、地表岩石风化和覆盖层的厚度以及对预报地区地质规律掌握的程度和从事该项工作人员经验的丰富程度等诸多因素的影响。因此，应用勘察阶段为主的地质勘察成果来指导施工，精度是不够的。若企图花费巨资用密集型的钻探去查清细微的地质条件也是不可能的，会起到得不偿失的作用。但是由于地质环境的复杂性和施工对地质对象的敏感性，往往会出现这样的地质问题，那些未引起注意的小断层、软弱夹层等常常引起围岩失稳、坍塌、突水、涌水甚至引起地面坍塌，给施工带来预想不到的困难和灾害。所以，人们从工程实践中逐渐认识到结合施工过程同步开展综合地质测试、进行超前地质预报工作的重要性，并且随着隧道建设的发展，已发展成从单一的地质条件预报到地质体成灾程度的预报，以及不同地质特征的施工处理措施预报等越来越全面地预测预报技术。

20 世纪 80 年代以来，世界各国都将这类问题列为重点研究对象，如日本、奥地利、法

国、德国、瑞士等均对此项工作做过深入研究，但推广不够，没有形成系统资料。我国在
20 世纪 80 年代也对此项课题进行了研究，特别是铁道部门开展得比较深入，总结了一套施
工地质超前预报的技术方法，并在军都山隧道和西康铁路秦岭特长隧道进行了系统应用。在
硬岩、深埋山岭隧道中取得了较好的成效，获得了显著的社会效益和经济效益，但在浅埋、
软岩地区的地铁建设中没有进行过推广使用或应用较少。

2. 深圳地铁建设的地质环境和工程环境

纵观深圳地铁的建设规划，快速轨道交通网的建设均分布在城市密集人口地带。地层以
震旦系、上泥盆系、石炭系、上三叠系、侏罗系、白垩系、第三系、第四系陆相冲洪积和海
相淤泥层为主，总体以上部软岩为主，下部夹有软硬相间的岩层。地铁建设工法除车站以明
挖顺作法为主外，区间基本采用浅埋暗挖法和盾构机掘进为主。地质环境和工程建设环境均
较复杂，如果掌子面前方地质条件预报不慎，隧道掘进将十分困难，经常会出现突水、涌
水、围岩失稳、坍塌等不良地质现象，如果施工过程稍有不慎或采取的措施不当，将会引发
不良地质问题，甚至产生地质灾害，轻者会造成隧道掘进偏移、停工停产，重者会出现地面
坍塌和机毁人亡的事故，类似此类案例已不乏其例。可以说，隧道掘进施工过程的每一个环
节（开挖、支护、衬砌）都与地质条件紧密相关。因此，隧道掘进过程，如何在原有的地质
勘察资料基础上，进一步探明掌子面前方的地质特征，作出较为准确的地质预报，及时指导
隧道掘进施工安全、快速地顺利进行，是一项十分重要且很有意义的工作。

5.1.2 地质雷达探测预报方法

地质雷达是目前工程地球物理方法中分辨率最高的探测方法之一，雷达探测在工程质量
检测、场地勘察中被广泛采用。近年来，国内一些物探技术人员将其用于隧道超前预报工作
中，而在国外还没有见到使用雷达进行隧道超前预报的相关报道。探地雷达是通过定向发射
和接收高频电磁波来实现探测目的。其工作原理是电磁波在不同岩土介质中传播时，由于介
质的电磁波阻抗不同，遇到波阻抗界面发生反射，根据接收到的反射波走时信息可推断和确
定界面的位置。介质的波阻抗大小主要取决于介电常数（与介电常数的平方根成反比）。空
气是自然界中介电常数最小、电磁波速最大的物质，介电常数为 1，电磁波速为 0.3m/ns。
各类干燥的岩石与土的介电常数介于 3～9 之间，电磁波速 0.1～0.2m/ns。水是自然界常
见的物质中介电常数最大、电磁波速最低的介质，介电常数为 81，电磁波速约为 0.03m/ns。
水和空气与岩土介质的介电常数差异很大，电磁波在它们的接触界面会产生较强的反射，所
以岩体中的饱水带、破碎带、溶洞很容易被地质雷达探测发现。

地质雷达探测能较好地识别开挖面前方的围岩变化、构造带特别是饱水破碎带和空洞，
在隧道深埋、富水地段和溶洞发育地段，探地雷达是一种较好的预报手段。但是，其目前的
探测距离较短，一般在 20～30m 以内。对于长隧道的预报只能进行短距离的分段预报，同
时雷达探测易受隧道侧壁、金属构件、机电设备、车辆、机具、电线等产生的反射干扰，处
理分析时要特别注意剔除干扰和波相识别。

具体实施方法详见 5 "地质灾害预报方法"的相关内容。

5.1.3 超前钻探预报方法

1. 技术特点

超前地质钻探是利用钻机在隧道开挖工作面进行钻探获取地质信息的一种超前地质预报

方法。

① 该预报技术方法的适用条件。理论上该方法适合于各种地质条件的隧道，是目前公认最直接、最简单的一种预报方法。

② 预报内容的特殊性。超前钻探法在开挖阶段进行超前钻探、查明掘进方向的地质条件，不但能直接探明开挖掌子面前方断层破碎带、软岩、岩溶陷落柱等不良地质体的性质、位置和规模，而且还能准确预测岩溶（裂隙）水含水参数。

③ 超前钻孔的施作是隧道施工工序的重要组成部分。隧道工程作为特殊的地下工程，有其特定的施工工序。由于工作面有限，各施工工序及施工环节应提前进行周密计划和优化。

④ 超前钻孔的布置受到工作面和投资造价等因素的限制。钻孔的数量、每循环钻孔长度等应根据不同的地质条件和预报目标的重要程度而不同，做到合理布置，以达到特定的预报目标为原则。不可能做到整个隧道全里程连续施工，也不可能在整个掌子面遍布钻孔。

2. 基本原则

超前钻探预报方法的基本原则如下：

① 软、硬岩相同地段，在硬岩地段应布置超前风钻孔。

② 根据掌子面地质素描资料预测前方岩层可能由好转差时，应布置超前风钻孔。

③ 当掘进的掌子面是软弱围岩时，可以不必布置超前风钻孔测试。

3. 钻探预报工艺

钻探预报工艺包括以下内容：

（1）超前钻探施工工序

超前钻探施工主要工序包括钻孔布置、钻机准备、施钻、钻探记录及描述、分析判断及成果报告。

（2）钻孔布置

将超前钻探纳入施工工序，每30m一个循环，纯钻孔时间为5～9h，辅助时间为1～2h，干扰施工时间为6～11h。

（3）钻机准备

根据钻探深度、取芯与不取芯、掌子面工作条件等进行钻机选择。常见的钻探设备型号有：XY-2B液压钻机、ZYG150液压钻机、XY-2PCG地质钻机。选择合适的钻机后，应根据现场条件搭设脚手架或钻机台架，并设置防护围栏，防止人员坠落和机翻伤人事故的发生。

（4）施钻

施钻包括开孔、施钻、取样和测验等环节。

（5）钻探记录及描述

钻探记录及描述是采用超前钻探进行前方预报的直接依据，应详细做好以下工作：

① 工程名称、掌子面里程、孔号及孔位。

② 钻孔日期、记录人、施钻人。

③ 每根钻杆的开钻、终钻时间，钻进长度和时间。

④ 钻孔返回液颜色、浓度、有无异味。

⑤ 钻孔返碴颗粒大小、性状、颜色、岩性。

⑥ 钻机油泵压力、孔口水压、流速、水量。

⑦ 卡钻、跳钻、坍孔等异常情况。

⑧ 其他。

（6）分析判断及成果报告

根据钻进时间和长度，计算钻进速度，推断围岩软硬情况；根据返回液的颜色、浓度，碴颗粒大小、成分、颜色、岩性等判断围岩的岩性、强度情况；根据卡钻、跳钻、坍孔情况判断围岩破碎、溶洞情况；根据钻机油泵压力、孔口水压、流速、水量等推测水头压力、涌水量大小；根据钻孔取芯可直观了解围岩节理、裂隙等发育状况；根据钻孔注水、充气、漏水试验，可以了解连通性。

在以上分析判断基础上，进行综合分析做出钻探成果报告，主要包括以下内容：

① 钻探成果报验单。

② 钻探成果报告。

③ 孔位布置图。

④ 地质柱状图。

⑤ 钻孔原始记录表。

⑥ 影像图片资料。

5.2 隧道信息化监测技术

传统的隧道工程建设方法是地质勘察为设计提供资料，设计仅为施工提供设计结果，不参与施工过程，造成工程地质勘察、设计与施工脱节，其结果是工程事故、工程质量问题及工程造价的提高。现代的理论和方法认为，隧道工程建设中，应该在施工前、施工后及过程中不断注意地质条件与施工状况信息的收集，及时反馈到设计并指导施工，达到工程建设优化的目的，由此引入了信息化设计与施工理论和方法。若把传统隧道设计施工方法比为静态方法，则信息化设计与施工方法为动态方法。

隧道信息化监测就是在施工中布置监控测试系统，从现场围岩的开挖及支护过程中获得围岩稳定性及支护设施的工作状态信息。通过分析研究这些信息。间接地描述围岩的稳定性和支护的作用，并反馈于施工决策和支持系统；修正和确定新的开挖方案的支护参数，实质上是通过施工前和施工过程中的大量信息来指导施工，以期获得最优地下结构物的一种方法。

隧道工程信息化监测方法概括起来包括三个步骤：信息采集、信息处理、信息反馈。

信息采集可分为施工前地质勘测信息的采集、施工过程中的围岩和支护系统的力学行为的信息采集以及施工过程中地质信息的采集。信息处理是采用反演分析法将施工监测到的岩土体的一些基础信息，通过计算来求解岩土体的参数。信息反馈包括两个方面：一方面通过观测或量测围岩的应力状态可以认识岩上体结构；另一方面可将由反演分析得到的岩土力学参数，应用于稳定分析。其目的是把施工监测中采集到的新信息和资料以及由此通过反演分析获得的结果反馈到设计中去，对施工设计提出改进性意见或修改方案，达到工程的最优化。

由于隧道工程地质条件的复杂性，以及受经济、技术、时间等条件的限制，使得人们对其定量信息的获取是非常有限的；同时沿隧道轴线方向任一断面的地质、力学、几何信息量是不计其数的，这就使隧道工程围岩支护系统的稳定性成为一个非常复杂的问题。在工程实际中，对每个围岩级别段中选择代表性好的典型断面、在每个典型的量测断面中选定几个代表性的测点采集围岩变形及受力变化等信息，通过这些信息来指导施工。隧道工程的特殊性决定了其在设计施工中，勘察、设计和施工等诸环节允许有交叉、反复，在此基础上形成了采取与隧道施工过程中的地质条件、力学动态等不断变化相适应的"动态施工"。

5.2.1　信息化监测目的

隧道工程中的信息化监测方法是一种连续的、管理的、整合的设计、施工控制、监控及反馈过程，恰当地把设计修正纳入施工中和施工后，从而实现安全、经济的目标。信息化施工在隧道"动态施工"中主要是为了实现以下目的：

① 认识各种因素对地表和土体变形等的影响，以便有针对性地改进施工工艺和修改施工参数，减少地表和土体的变形。

② 预测下一步的地表和土体变形，根据变形发展趋势，决定是否需要采取保护措施，并为确定经济合理的保护措施提供依据。

③ 检查施工引起的地面沉降和隧道沉降是否控制在允许的范围内。

④ 建立预警机制，保证工程安全，避免结构和环境安全事故造成工程造价的增加。

⑤ 为研究岩土性质、地下水条件、施工方法与地表沉降和土体变形的积累数据，为改进设计提供依据。

⑥ 为研究地表沉降和土体变形的分析计算方法等积累资料。

⑦ 确保隧道安全提供可靠信息，为二次衬砌提供合理的支护时机。

⑧ 发生工程环境责任事故时候，为仲裁提供具有法律意义的数据。

5.2.2　信息化监测内容

隧道信息化监测的内容主要包括土体介质的监测、邻近建（构）筑物及地下管线的监测和隧道结构监测三大部分。

1. 土体介质的监测

土体介质的监测内容包括地表沉降、土体沉降和水压力等项目。掌握浅埋暗挖法隧道掘进时地表沉降规律、影响范围，以指导施工和确保施工安全。

2. 邻近建筑物及地下管线的保护监测

（1）相邻建（构）筑物的变形观测

对浅埋暗挖法隧道直接下穿和影响范围内的房屋、桥梁等构筑建筑物的变形观测。可以分为沉降观测、测斜观测和裂缝观测等。

（2）相邻地下管线的沉降观测

城市市政管理部门和煤气、输变电、自来水和电信管线的允许沉降量，制订了十分严格的规定，工程建设所有地下管线的监测内容包括垂直沉降和水平位移两部分。

3. 隧道结构监测

隧道结构监测包括：

① 隧道结构变形监测。

② 隧道结构受力监测。

5.2.3　信息化监测断面和监测点布置

信息化监测断面按照工程的需求、地质条件以及施工条件的选择，布置时需注意时空关系，采取重点与一般结合、局部与整体结合，使测网、测面、测点形成一个系统、能控制整个工程的各关键部位。监测断面可分为主要监测断面和辅助监测断面，主断面可埋设各种仪器进行多项监测，这样既可以保证了监测重点，又降低了费用。

信息化监测点布设有以下原则：

① 监测点的类型和数量的确定应结合工程性质、地质条件、设计要求、施工工艺以及监测费用等因素综合考虑。

② 验证设计数据而设置的监测点应布置在设计中的最不利位置和断面，为指导施工而设置的监测点应布置在相同工况下的先施工的部位。

③ 表面变形点的位置除了应确保良好地反映监测对象的变形特征外，还要便于采用仪器进行观测以及有利于测点的保护。

④ 深埋监测点不能影响结构的正常受力，不能削弱结构的变形刚度和强度。

⑤ 在实施多项监测项目测试时，各类监测点的布置在时间和空间上应有机地结合，力求在同一监测部位反映不同物理量的变化情况，以便找出其内在的联系和变化规律。

5.2.4　信息化监测频率

根据需要设定数据采集时间间隔，每天定时采集量测数据，特殊情况下可随时采集量测数据。监测工作必须随施工需要实行跟踪服务，为确保施工安全，监测点的布设立足于随时可获得全面信息，每次测量要注意轻重缓急，在隧道下穿既有建筑物时要加密监测频率直至跟踪监测，具体如下：

① 在区间隧道下穿既有建筑物前布设监测点，取得稳定的测试数据，在隧道下穿既有建筑物后即开始连续跟踪监测，监测频率可根据工程需要随时调整，以满足保护隧道的要求。

② 各监测项目依据监测规范和工程地质要求，布设监测断面，监测频率通常为 1 次/天；其中在隧道下穿既有建筑物过程中应加密监测，监测频率加密到为 2 次/天，以确保隧道下穿施工安全；隧道下穿既有建筑物施工完成以后每周监测 1~2 次，直至监测数据稳定。

5.2.5　信息化监测预警、报警值

隧道工程的施工安全预警、报警工作主要分为两个大方面：一方面是监测数据的获取，另一方面是安全警戒值的确定。只有在及时、准确地采集监测数据和制订合理警戒值的基础上，才能准确地判断隧道工程的安全状态。

确定警戒值的最终目的是为隧道施工提供安全判断标准。一方面，通过计算确定警戒值，把它作为安全尺度。另一方面，通过自动监测的方法采集施工监测数据，并经过处理分析。然后把经过处理的监测数据与警戒值相比较，进而判断隧道工程的施工安全状态。当监测数据超过预警值时，就发出预警，提醒建设者及时关注数据发展动态；当监测数据超过报警值时，就发出报警，提醒隧道建设者采取紧急处理措施，保证隧道安全。

众所周知，隧道工程施工难度大，且投资巨大，稍有闪失，不但会给国家财产带来巨大的经济损失，而且还将给人民的生命安全带来极大的危害。为全面评价隧道在施工过程中的安全状况，我们必须先通过施工监测掌握隧道及其周围环境的受力和变形状况，并在此基础上，根据隧道的变形控制要求，判断其安全程度。但是，目前对于浅埋暗挖法隧道工程安全状态的研究不完善，仍存在着监测控制项目不全面、安全控制指标设定不合理等问题，缺乏对隧道工程的预警报警研究。由于工程地质条件和施工工艺的差异性，目前还没有专门的规范对隧道提出统一的变形控制要求。上海、深圳和北京等地地铁隧道施工大多采用经验控制值，即沉降不大于 30mm，隆起不大于 10mm。这种经验控制值并没有考虑到不同的地质条件、施工工艺和周围环境等因素的影响，而且控制标准的确定缺乏理论基础，过于笼统。

根据第 4 章的实例分析，确定了隧道下穿高速公路地表沉降的警戒值和极限允许值分别为 20mm 和 30mm；隧道下穿北环快车道地表沉降的警戒值和极限允许值分别为 20mm 和 30mm；隧道下穿工业厂房地表沉降的警戒值和极限允许值分别为 15mm 和 20mm；隧道下穿运营地铁车站上部结构的警戒值和极限允许值分别为 5mm 和 10mm。因此，将这些值分别作为对应工程信息化监测的预警值和报警值。

5.2.6 信息采集技术

根据数据采集方式的差别，监测方法可以分为人工监测和自动监测。人工监测方法是指数据通过人工采集、手工输入的方式获得，是相对于自动监测而言的。而自动监测方法是计算机系统通过数据采集仪来控制传感器自动获取监测数据，数据采集过程实现了自动化。

1. 人工监测方法

（1）人工监测方法的原理及特点

目前绝大部分工程中的施工信息都是通过人工实测和手工输入计算机的方法进行收集的，形式上比较落后，但是此方法比较灵活，采集信息的类型也比较多，而且某些输入出错的判断可以在输入时即可纠正，在一定程度上保证了输入信息的正确性，另外由于人工采集的信息在数量上一般比自动采集少得多，管理的查询均比较方便，且监测总费用相对较低，因此人工监测在一般的工程中得到普遍应用。但是其缺点也是显而易见的。传统的监测方法技术由于过多的依赖人力，导致工作效率低下，信息反馈速度慢，劳动强度大，难以及时反映监测对象的变化，达到及时指导施工，保障施工安全的目的。

对于隧道工程，由于其施工安全的问题变得越来越重要，施工环境保护也成为隧道工程成败的关键之一，对环境保护的要求也越来越高，由于隧道的施工会引起上部土层的沉降，这种沉降一般都控制在十几厘米以内，有的甚至达到几厘米或毫米级，这么小的位移用人的肉眼完全是无法感知的。在这种情况下，隧道工程施工都应采用了在理论指导下有计划地进行现场工程监测的方案。如果用人工监测，从数据采集到原因分析再到采取应急措施，这个过程最短要 2h，大部分情况下这个反应时间会更长。而隧道工程瞬息万变，可能在这几个小时中，工程事故早已不可避免发生了。而且不同施工人员由于理论和经验的差异，有时不能从监测结果中及时发现施工中可能存在的隐患。因此，即使监测数据很及时很准确，也不能保证隧道工程处于安全施工状态，使监测没有发挥应有的作用，造成了浪费。

传统的人工监测都是事先确定一个监测周期，比如说每两天读取一次数据，这样得到监测数据是间断的、非连续的。一旦出现"不正常的数据",还不能马上判断工程出了问题,因为测量时的偶然误差对某一次单独的测量结果影响是非常大的,有过工程经验的人对此肯定是深有体会。所以单纯根据一个孤立的测量数据是不能妄下结论的,必须还得补测下一个时段的变化结果,才能得出正确的结论。这其实是一个很尴尬很棘手的事情,如果对这种"不正常的数据"每次都采取很认真的补测分析措施才得出结论,万一它反应的是一次真正的工程问题,那么繁琐而滞后的补测过程势必延误了解决问题的最佳时机;如果每次对这种"不正常的数据"都进行报警的话,那么时间一长就会麻痹工地人员的思想,造成"狼来了"的思维定势,遇到真正的问题也不会积极地去解决。对于长、大隧道工程来说,如果只采取人工监测的方法对工程建设中各种指标进行监测,不可避免地要动用大量的人力和物力。而且,正如前面所说,测量结果的精度和测量的频率难以让工程管理人员放心,无法真正做到万无一失。另外,对一些关键的项目进行实时监测是必不可少的。但是每一种监测项目的数据量都非常大,而且随着时间的推移,要处理的信息量将成倍增加。人工监测的工作量是无法想象的,数据的可靠性也很值得怀疑,而且想迅速地从纷繁复杂的监测数据中得到有价值的预测、决策信息更加是不可能的。因此,往往会产生疏漏,造成重要测点的变形过大后没有引起重视,长此以往,很容易造成严重的工程事故。

(2)人工监测方案

针对隧道下穿工程特点建立专业监测组织机构,成立监控量测及信息反馈组,成员由多年从事相关工程施工及监测经验的技术人员组成,具有丰富施工经验和较高结构分析、计算能力的工程师担任组长。监测组分为现场监测和信息反馈两个小组,各设一名专项负责人,在组长的组织协调下进行地面和地下的日常监测工作及资料整理工作。监测组织机构如图 5.1 所示。

① 监测项目及控制标准(表 5.1)。

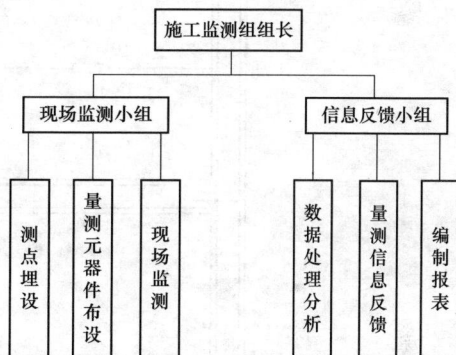

图 5.1 监测组织机构图

表 5.1 监控量测项目

监测项目	监测对象或方法	仪器	监测目标值	测点布置	测量频率
洞内外观察	岩性、地下水、支护变形、开裂、地标建筑物变形等	目测、观察			前 15 天内每天 1~3 次;16~30 天内两天 1~2 次;1~3 个月内每两周 1~2 次;3 个月后每个月 1~3 次。
拱顶下沉	拱顶变形	水平仪、水准仪、钢尺或测杆	按预留变形量控制	每 10m 一个断面	
水平收敛位移		收敛计	20mm	每 10m 设一断面	
建筑物沉降及裂缝观察	北环大道、广深高速及周边建筑	目测、观察	按规范控制		1 次/天

② 监控点位布设。

隧道洞内监测点布设如图 5.2 所示。

下穿既有建筑物车站监测点布设如图 5.3 所示。

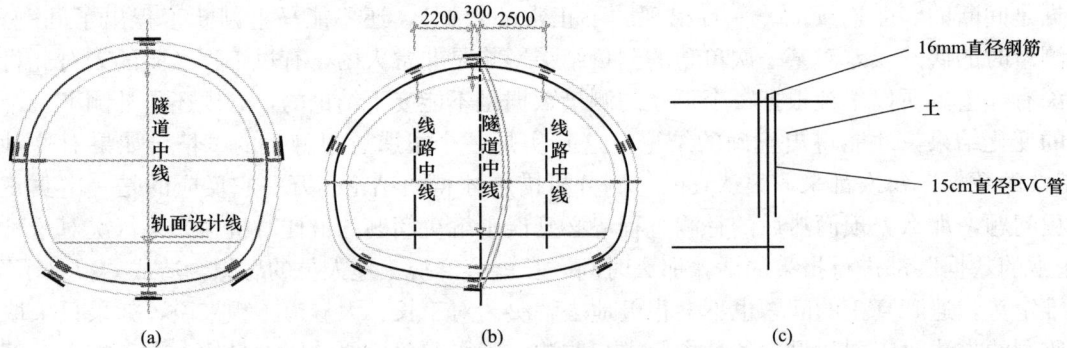

图 5.2　隧道洞内监测点布设图
（a）单洞单线隧道洞内监测点布设图；（b）双线隧道洞内监测点布设图；（c）地表监测点

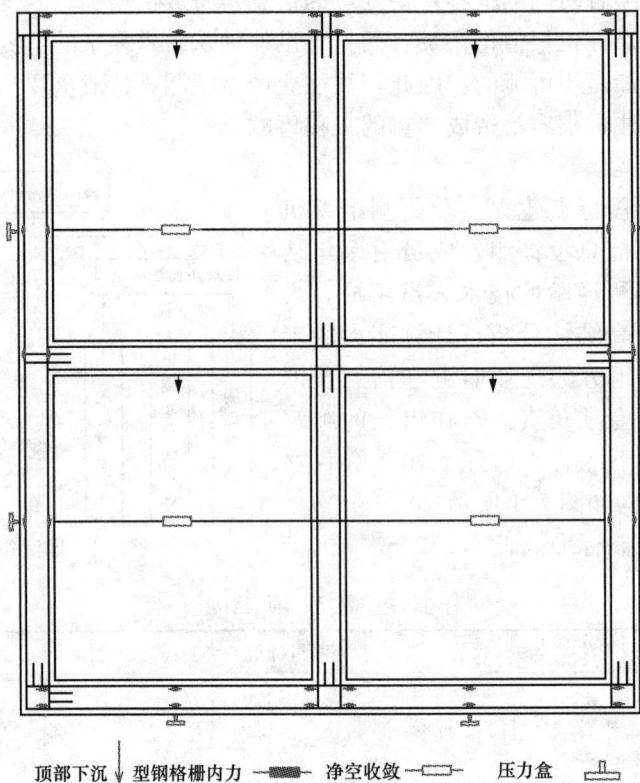

顶部下沉　　型钢格栅内力　　净空收敛　　压力盒

图 5.3　下穿既有建筑物车站监测点布设图

③ 监控量测质量保证措施如下：

a. 成立监测管理小组，由领导及有经验的专业监测人员组成，制订实施性计划使监测按计划、有步骤进行。

b. 实行质量责任制，确保施工监测质量。

c. 对路面、管线及已施工隧道坚持进行日常巡视，如发现异常，应立即进行重点监测并上报。

d. 观测前，对所有仪器设备必须按有关规定进行检验和校核，确保仪器的稳定可靠性和保证观测的精度。

e. 初测时采用增加测回数的措施，保证初始值的准确性。

f. 测点布置力求合理，应能反映出施工过程中的实际变形和应力情况及对周围环境的影响程度。

g. 测试元件及监测仪器必须是正规厂家的合格产品，测试元件要有合格证，监测仪器要定期校核、标定。

h. 监测数据应及时整理分析，一般情况下，应每周报一次；特殊情况下，每天报送一次。监测报告应包括阶段变形值、变形速率、累计值，并绘制沉降槽曲线、历时曲线等，作必要的回归分析及对监测结果进行评价。

i. 变形监测结果如超过允许值时，应立即报告监理，并采取应急处置措施。

j. 在隧道下穿北环大道施工前，需对地表建筑物现状摄像取证，对有破损和裂缝的建筑物重点摄像取证。

2. 自动监测方法

（1）自动化监测方法的原理及特点

对于大规模隧道的建设，自动监测有其特殊的优势，无疑成为最合适的方法。在大规模隧道施工中，信息采集不管采用如何简单的输入方法，其输入的工作量都是很大的，特别是监测数据的输入，每次监测往往都会有成千上万的数据，要将这数百个数据人工逐一输入，费时颇多，这也不符合快速采集数据的要求。如何解决数据的输入是施工监测中所要解决的重要问题。传统监测手段在采集数据时往往由于人力有限，一天往往只能做一次到两次测量，这在常规工程中虽然已经足够，但是在重点、难点工程中，对于数据的采集频率的要求越来越高，传统的监测手段已越来越不适应工程的需要。因此，在信息化施工中采用自动的信息采集方式已成为必须。

采用自动监测不但可以保证监测数据正确、及时，而且一旦发现超出预警值范围的量测数据，系统立即报警，辅助工程技术人员做出正确的决策，及时采取相应的工程措施，整个反应时间不过几分钟，真正做到"未雨绸缪，防患于未然"。对隧道施工过程中的各种监测指标进行24h无间断跟踪监测，及时反馈监测结果，并通过与报警标准所设定的指标进行对比，从而当其监测值超过报警值时自动报警，及时提醒工作人员采取补救措施，使得整个隧道工程施工处于受控状态，真正做到万无一失。

采用自动的数据采集相对于人工的数据采集来说具有很多的优点。

① 采集频率高。自动监测仪器数据的采集频率目前已经可以达到分钟级，即几分钟采集一次数据，甚至可以按照监测者要求，随时采集数据。这对于一些极需特别关注的关键点的监测尤为重要。

② 消除了偶然误差。人工监测的数据采集频率低，数据采集时往往具有不可避免的系统误差以及测量误差，造成数据可信性不高，影响决策的制定。而采用自动监测后，由于采集频率大大提高，系统误差以及偶然误差已经平均到每次测量中，误差量已经很小，可以忽略不计，精度大大提高，保证决策的正确性。

③ 数据的实时性。采用自动数据采集后，其数据的采集传输均可以做到自动完成，这样工程的数据就可以在第一时间内通过网络传送到管理者手中，保证了数据的实时性。而人工数据采集除了数据采集需要时间外，数据处理、传输也有一定的滞后，实时性比较差。

④ 有利于运营后的隧道安全监测。隧道投入运营后很难再为人工监测提供一定的场地，否则就会影响交通。隧道工程竣工后，仍可以利用施工自动监测系统对隧道进行运营安全监测。

由于本身不同于人工监测方法的特点，数据自动监测方法也有一些明显的缺点：

① 仪器价格昂贵。自动数据采集的仪器增加了自动的功能，大多依赖进口，因此价格比传统的仪器要昂贵很多。自动数据采集的设备价格往往是较高的。而且由于国产设备的性能不是很可靠，所以很多设备都需要进口，其价格则更为昂贵。然而，由于大部分自动监测仪器除了传感器需埋入工程中不可回收之外，其余的数据采集装置等均可回收再利用，自动监测仪器可以多次重复使用，投入时，其一次性投入较大，长期的投入相对就较少，其成本会随着工程数量的增多而平摊到每个工程的成本并不会很高。采用自动数据采集后，自动监测不需要人员进行测量，因此对人力资源的节省是显而易见的，当工地采用自动监测后，只需要一两个人对其进行维护即可达到完全实现监测目的，节省了人力资源和监测成本。如此折算，其总体价格比人工监测成本高，但差距并不是很大。另外，采用自动监测后，即可以对工程进行实时监测，出现工程事故的可能性就会非常小，其隐形的经济效益非常巨大。

② 仪器所覆盖的范围有限。人工数据采集时，由于其灵活性大，其量测范围比较大；进行自动数据采集时，在仪器数量一定的情况下，一次只能监测某几个项目的某几个监测点，无法涵盖所有监测点，造成数据不全面。当然增加仪器数量可以弥补这一缺点，但是成本会有所增加。

③ 数据量大，处理不方便。由于自动监测采集数据的连续性以及频率比较高，其数据量也是很大的，大量的数据对于数据管理以及数据分发都是极其不利的。但是随着数据库技术的发展，处理大量数据在技术上也得到了解决。

④ 由于是全自动测量，在仪器受到干扰时，容易漏测数据。但是可以通过加强管理，强调施工和运营中对监测仪器的保护，克服这个问题。自动监测在长、大隧道施工监控中的优势是显而易见，而其缺陷也正在随着计算机信息技术的不断发展，得以逐渐克服。自动监测在今后的地下工程建设中将会发挥更显著的作用。

（2）隧道下穿既有建筑物车站自动化监测方案

根据本项目现场条件，结合相关规范及设计要求，在地铁 4 号线福民站受地铁 7 号线福民站施工影响区域左右线 SSK1＋593～SSK1＋673 里程范围内进行自动化监测，上下行线共布置 22 个监测断面，分别是上行线 11 个（R1～R11），下行线 11 个（L1～L11）。具体监测断面布置详见图 5.4、图 5.5，监测断面布置说明如下：

① 上行线：施工危险段 YSSK1＋623～YSSK1＋643 里程范围内每 5m 布置一个监测断面，共布置 5 个；在施工危险段两端各延伸 30m 并按 10m 布置一个监测断面，共布置 6 个监测断面，则上行线共布置监测断面 11 个。上行线监测断面由小里程至大里程方向编号为 R1～R11。

② 下行线：施工危险段 ZSSK1＋623～ZSSK1＋643 里程范围内每 5m 布置 1 个监测断面，共布置 5 个；在施工危险段两端各延伸 30m 并按 10m 布置一个监测断面，共布置 6 个监测断面；则下行线共布置监测断面 11 个。下行线监测断面由小里程至大里程方向编号为 L1～L15。

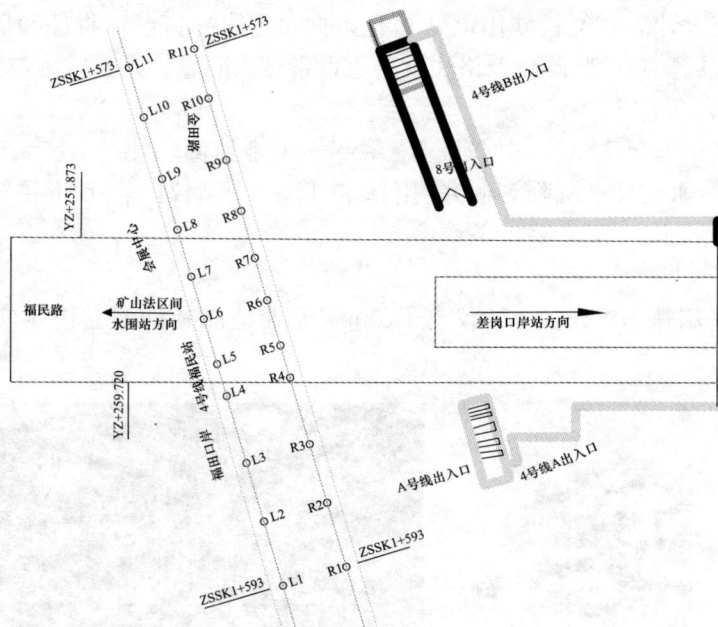

图 5.4　自动化监测平面布置图

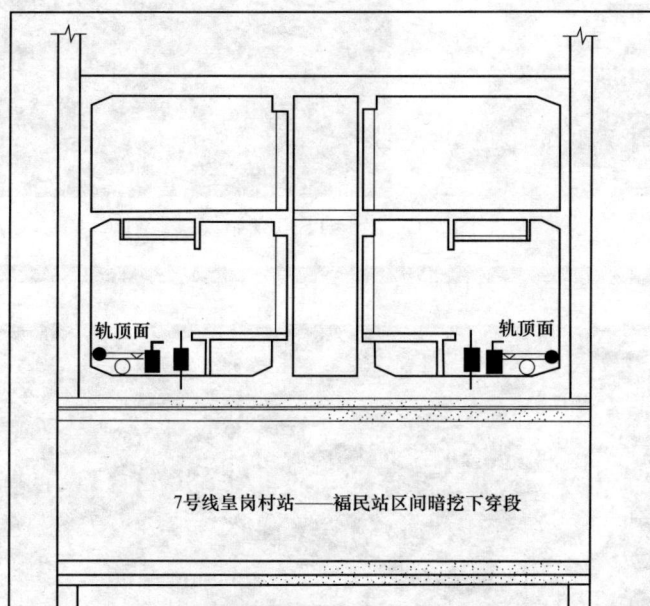

图 5.5　自动化监测布点剖面图

监测点布置情况如下：地铁 4 号线福民站受拟建车站施工影响区域自动化监测断面均布置在既有线车站范围内，根据现场实际情况，同时保证各监测点不侵入建筑限界，车站内每个断面布置监测点 3 个，分别是侧壁 1 个、道床 2 个。

为保障测量精度，在施工影响监测范围之外设置 3 个以上基准点，严格控制测站与观测点的距离，测站点和监测点的垂直角小于 10°，直线距离控制在 150m 以内。

　　监测点埋设在设计监测位置处用电钻钻孔，打入膨胀螺钉，再将棱镜固定在膨胀螺钉上，并对准测站方向。布设监测点严格注意避免设备侵入限界。人工监测与自动化监测均采用同一监测点标志。

　　自动化监测拟用徕卡 TS30 全站仪配合 Geomos 专业监测软件进行。人工观测拟用徕卡 DNA03 水准仪配合水准尺（沉降观测）、用徕卡 TS30 全站仪配合 L 形棱镜（水平位移观测）进行。

　　① 监测仪器。

　　自动化监测采用徕卡 TS30 全站仪与 Geomos 专业监测软件配套使用实现，如图 5.6、图 5.7 所示。

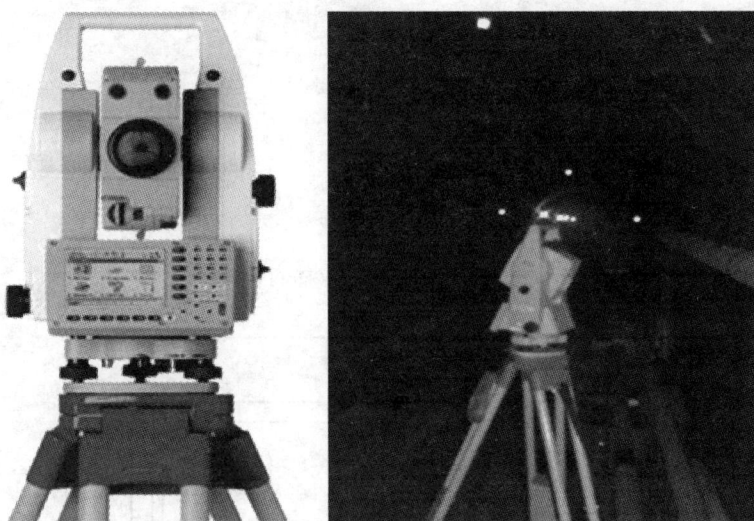

图 5.6　徕卡 TS30 全站仪

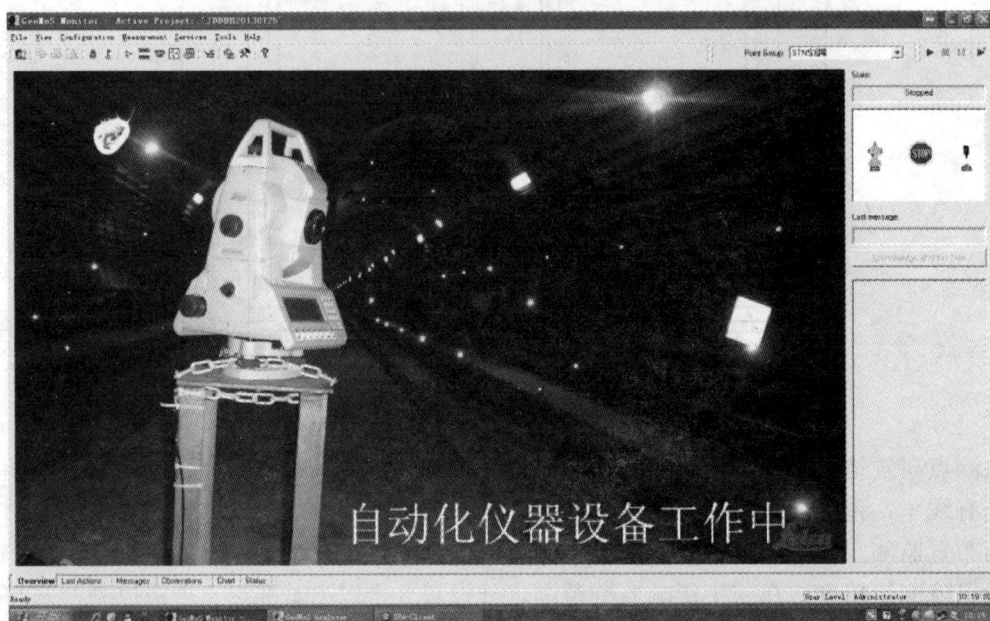

图 5.7　Geomos 专业监测软件

徕卡 TS30 全站仪能够自动调焦、自动正倒镜监测、自动进行误差改正、自动记录监测数据，其独有的 ATR（Automatic Target Recognition，自动目标识别）模式使全站仪能进行自动目标识别，操作人员一旦粗略瞄准棱镜后，全站仪就可搜寻到目标，并自动瞄准，不再需要精确瞄准和调焦，大大提高了工作效率和减少了人为照准误差。该仪器测角精度为 $0.5''$，测距精度为 1mm±1ppm。仪器在测量前均已经通过国家认可的检定单位检定合格。

Geomos 专业监测软件则是实现自动化监测的平台，可远程控制测量机器人，且该软件能自动处理接收到的监测数据，并生成监测成果表及变形曲线。

② 自动化监测系统构成。

a. 系统架构。自动变形监测系统主要由数据采集、数据传输、系统总控、数据处理、数据分析和数据管理等部分组成，如图 5.8 所示。

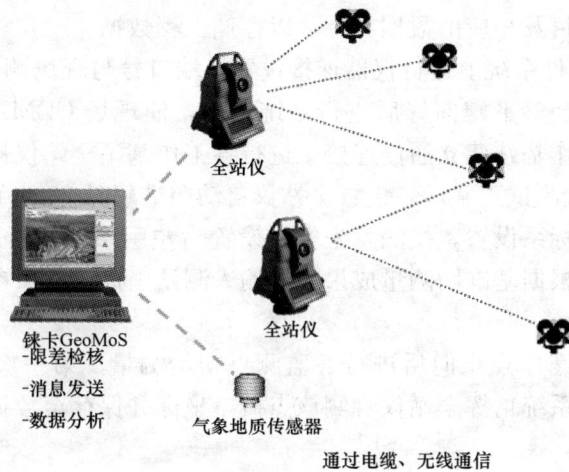

图 5.8　自动变形监测系统

b. 通信架构。自动变形监测系统通信模式分为远程遥控预案和紧急通信预案。具体通信模型如下：

远程遥控通信模型如图 5.9 所示。

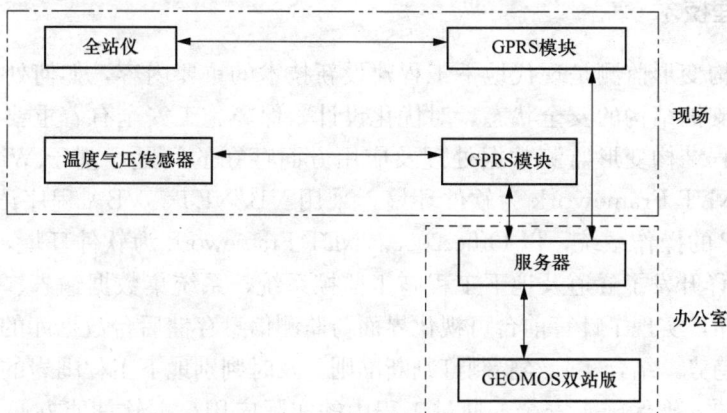

图 5.9　远程遥控通信模型

紧急通信模型如图 5.10 所示。

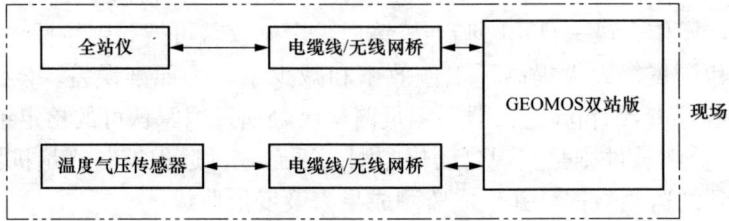

图 5.10 紧急通信模型

③ 自动化监测流程。

a. 项目建立。计算机控制系统软件及网络安装配置完成后，使用 GeoMoS Monitor 变形监测软件建立监测项目及相应的数据文件，以存储工程数据。

b. 系统设置。在软件系统上进行仪器连接设置，端口号与现场测站通信模块配置一致。工作基站测量机器人安装整平定向好后进行系统通电，使现场 CDMADTU 处于侦听状态，将计算机控制系统与工作基站建立通信连接。进行各工作基站全站仪初始化，仪器参数选择全站仪 TS30；仪器连接测试正常后，设置全站仪自动照准超时 20s，自动目标识别（ATR）开，补偿器开。进行坐标系设置，按测量坐标系设置为左手系，平面及高程单位设置为 m，数据保留小数后 5 位。根据基准网测量成果设置输入测站坐标，气象参数按默认。导入参考点（各基准点）数据。

c. 初始测量。使用参考点定向后进行各监测点初始测量，第一次观测需各工作基站人工瞄准，由计算机控制系统指挥全站仪观测该点概略坐标并保存至数据库，作为后续观测搜寻目标的位置依据。

d. 自动测量。本工程工作基站控制 150m 左右的监测范围，建立观测点组，使最远测点距观测站不大于 150m。另外，对所有控制点单独分组。为保证监测点相对工作基点监测精度能够达到 1mm，设置盘左、盘右测角、测距各观测一测回，测角中误差限差 1″，测距中误差限差 1mm。根据监测频率要求，对监测点组设定定时观测周期，之后系统按照设定要求进行自动观测、计算、存储数据。

5.2.7 信息处理技术

地下工程结构变形监测是现代地下工程建设新技术的重要内容，如何处理、分析监测信息并判断围岩和支护结构的安全状态，对优化设计、保障施工安全有着重要作用。为此，针对现阶段地下工程结构变形监测数据处理及应用方面存在的问题，基于 Win7 的操作系统，以 Office2003、NET Framework 为软件环境，采用 VB. NET、VBA 程序语言编译开发的。基于 Windows XP 的操作系统，以 Office2003、NET Framework 为软件环境，采用 VB. NET、VBA 程序语言编译开发了隧道及地下工程施工监控系统，系统集数据输入、数据管理、数据应用等功能于一体，实现了计算前台可视化界面与监测信息存储后台数据库的结合，并且可以根据曲线的发展趋势，结合实际经验制订判断准则，及时判别地下工程围岩的稳定性及支护效果，尽早发现问题，确保施工安全。通过工程中的实际应用，本软件能方便、快捷地对地下工程结构变形监测数据进行处理、分析，对围岩和支护结构的稳定性进行评价。

5.2.8 信息反馈技术

1. 信息反馈的内容

（1）对设计的反馈内容

通过对监测资料的反分析，修正设计围岩物理力学参数；修正设计用地应力、渗水压力、围岩压力等基本荷载。通过对围岩和支护结构的位移、应力应变、地表及周边建筑物位移等监测，修正设计变形控制基准；安全监测方法和监控判据指标的校核。

在上述修正基础上调整支护结构参数即进行信息化设计。

（2）对施工的反馈内容

在施工过程中，通过对监测结果的分析判断，及时调整施工方案，必要时增加辅助施工措施，以确保施工的安全性和经济性。

2. 信息化反馈数据的处理方法

（1）散点图与回归分析法

一元线性回归分析和非线性回归分析。

（2）地下工程监测数据分析中常用的回归函数

① 地表沉降横向分布规律回归函数。地表沉降横向分布规律回归函数采用 Peck 公式（图 5.11），Peck 在 1969 年提出了地层损失的概念，即在不考虑土体排水固结和蠕变的条件下，得出了一系列与地层有关的沉降槽宽度的近似值。

$$S(x) = S_{max} e^{-\frac{x^2}{2i^2}}$$

$$\Delta F = S_{max} \cdot i \sqrt{2\pi}$$

$$b/2 = c \cdot \cot\phi' + \frac{1}{2} d \cdot \cot\frac{\phi'}{2}$$

$$\Delta F = (0.01 \sim 0.03) F_A \tag{5-1}$$

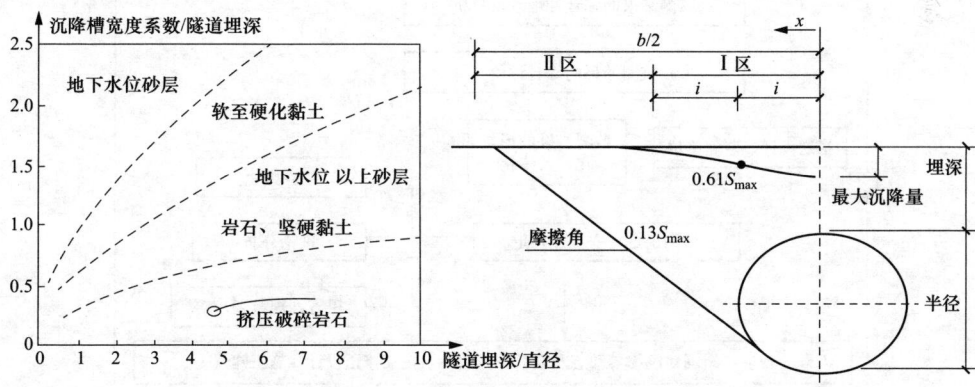

图 5.11 Peck 公式示意图

② 位移历时回归方程。对地表沉降、拱顶下沉、净空收敛等变形的历时曲线一般采用如下函数进行回归。

a. 指数模型：$y = ae^{-\frac{b}{t}}$。

b. 对数模型：$y = a\lg(1+t)$。

c. 双曲线模型：$y = \dfrac{t}{a + bt}$。

式中　　t——监测时间，日；

S——t 时间对应的位移值；

a、b——回归系数。

③ 沉降历程回归方程。

由于地下工程开挖过程中地表纵向沉降、拱顶下沉及净空收敛等位移受掌子面时空效应的影响。采用单个曲线进行回归时不能全面反映沉降历程，通常采用以变弯点为对称的两条分段指数函数式或指数函数进行近似回归分析。

$$S = A[1 - e^{-B(x-x_0)}] + U_0 \quad (x > x_0)$$
$$S = -A[1 - e^{-B(x-x_0)}] + U_0 \quad (x \leqslant x_0)$$
$$S = A[1 - e^{-Bx}] \quad (x \geqslant 0) \tag{5-2}$$

式中　　A、B——回归参数；

x——距开挖面的距离；

S——距开挖面 x 处的地表沉降；

x_0、U_0——变弯点 x_0 处的沉降值 U_0。

（3）监测信息反馈

① 监测数据反馈的流程如图 5.12 所示。

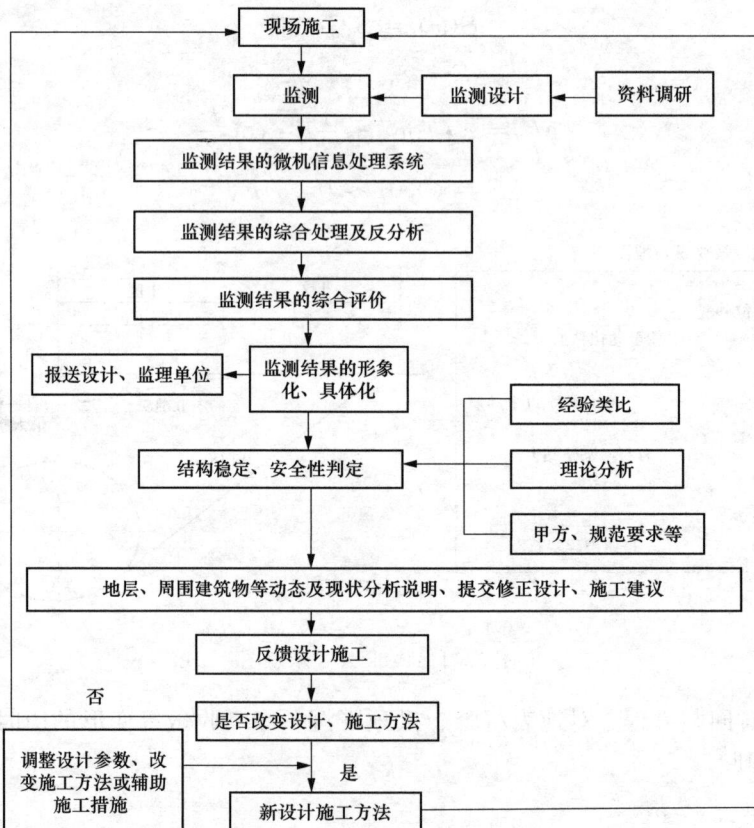

图 5.12　监测数据反馈流程

② 信息反馈方法

a. 采用收敛限制法。1978 年，法国首次提出了收敛限制法（又称特征曲线法或变形法），为新奥法的理论计算提供了方向。收敛限制法是根据地下工程周边位移监测值来反馈设计与施工。

收敛限制法是一种以理论为基础、实测为依据、经验为参考的较为完善的地下工程设计方法。其基本原理如图 5.13 所示。图中纵坐标表示结构承受的地层压力，横坐标表示沿洞周径向位移（一般采用净空收敛值）。图中曲线①为地层特征线，曲线②为支护特征线，两条曲线交点的纵坐标即为作用在支护结构上的最终地层压力 P，交点的横坐标为衬砌的最终位移 U。U、P 值即可作为设计计算的依据。

b. 参数控制法。

城市地下工程在施工前，根据周边环境条件制订地表沉降、周边净空收敛等参数的控制值，作为判断围岩或地层稳定的标准和进行施工反馈的依据。

（a）根据位移判别围岩稳定与否，据此作出增强和减弱支护参数的对策。

位移变化速率是判断地层和结构稳定性的重要指标，图 5.14 中曲线①位移变化速率不断下降，最后趋于稳定，围岩是稳定的；曲线②位移变化速率大，而且收敛很慢，则应加强支护，若曲线一直发展，斜率没有下降趋势则已出现危险征兆，应采取紧急而特殊措施；曲线③是地层失稳标志，施工单位应立即处理以免造成塌方，处理的同时要报各有关单位速到现场研究、决策。

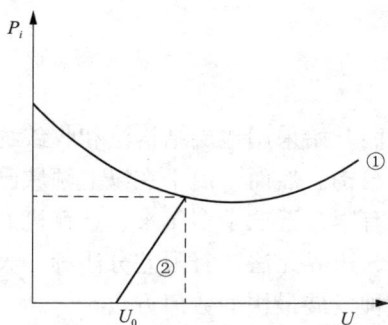

图 5.13　收敛限制法原理示意图　　　图 5.14　典型位移变化曲线

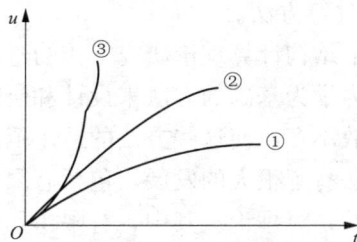

（b）根据地表沉降监测反映的地层变形规律，采取相应的施工对策，确保地层安全稳定。

例如，浅埋隧道在施工过程中，对周围所产生的变形非常明显，距开挖面前方一倍洞径开始产生先向上后向下的变形，反映到地表的下沉更为明显，如图 5.15 所示，当拱脚钢支撑处理不当，背后充填注浆不及时、不认真时，地表在 8～24h 间会发生明显的下沉。

（c）根据监测数据确定二次衬砌施作时间。

对采用浅埋暗挖法修建的地下工程，一般规定在初次支护基本稳定后，开始施作二次衬砌。这里的"基本稳定"通常是指支护所受的压力不再增加，围岩的位移值基本上不再变化。

因此，可以用位移或接触应力这两项测试结果来控制，试验证明地下工程周边点的径向位移速度为：

$$V_h = \begin{cases} 0.1\text{mm/d} & \text{（跨度大于 10m 时）} \\ 0.2\text{mm/d} & \text{（跨度小于或等于 10m 时）} \end{cases} \tag{5-3}$$

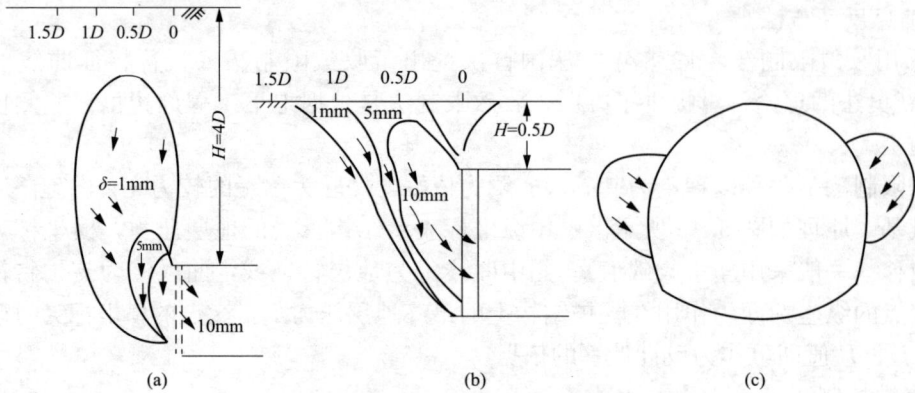

图 5.15 变位超前产生的规律

c. 工程类比法。

工程类比法是根据监测资料与已有工程监测结果及稳定性评判等资料的对比进行分析，评判当前工程的安全状态，及时调整施工方案。

工程类比法是地下工程施工中广泛采用的定性分析方法。考虑到城市地下工程的具体特点，按下列顺序进行工作：

（a）类比工程资料的收集。

（b）监测资料的采集、整理、分析。

（c）场地质调查、施工记录和现场观察巡视。

（d）综合定性、分析评判。

d. 数值计算方法。

随着地下结构计算理论研究工作的进展，人们开始采用地层结构法和收敛约束法等这些以连续介质力学为基础的方法来设计和研究地下结构。然而，由于在以上领域已经取得解析解的成果为数不多，使这些方法的适用范围相当有限，近二十多年来，计算机的普遍使用使数值计算方法有了很大的发展，包括有限单元法、边界元法、有限差分法等，大大发展了岩土工程问题的计算理论。其中，有限单元法是一种发展最快的数值方法。

e. 反分析法。

所谓反分析法就是指利用现场监测到的信息，或者说监测到的来自工程施工引起的结构与介质的扰动量，包括位移、应变、二次应力或地层应力，根据给定的材料模型，来反演工程介质材料的物理力学参数和初始荷载。根据监测信息的类型，反分析法可分为位移反分析法、应变反分析法和应力反分析法三类。在地层材料物理力学参数与初始地应力参数之间，常以后者作为待求参数，因为初始地应力参数的现场监测难度较大，所需费用也远远高于弹性模量和泊松比的测定。相对而言，位移特别是相对位移的测定较容易、便宜得多。在设有衬砌结构支护的条件下，人们更为关心作用在支护结构上的应力，故位移反分析法自 20 世纪 70 年代一经提出就受到岩土工程界的重视。

5.3 超前预加固施工技术

针对复杂地质条件下地铁隧道下穿既有建（构）筑物工程，一般均需要采用超前预加固措施，改善和提升复杂地层的力学强度和整体稳定性，才能保障隧道施工的安全。为此，结合本工程详细讲解所采用的超前预加固施工技术。

5.3.1 超前大管棚支护方法

1. 大管棚构造

大管棚由钢管和钢格栅拱架组成。管棚是利用钢格栅拱架，沿着开挖轮廓线，以较小的外插角，向开挖面前方打入钢管，形成对开挖面前方围岩的预支护。其中，大管棚拱部 120°范围内设置，环向间距为 0.4m。采用外径为 108mm、壁厚为 10mm、长为 15m 的无缝钢管，如图 5.16 所示。

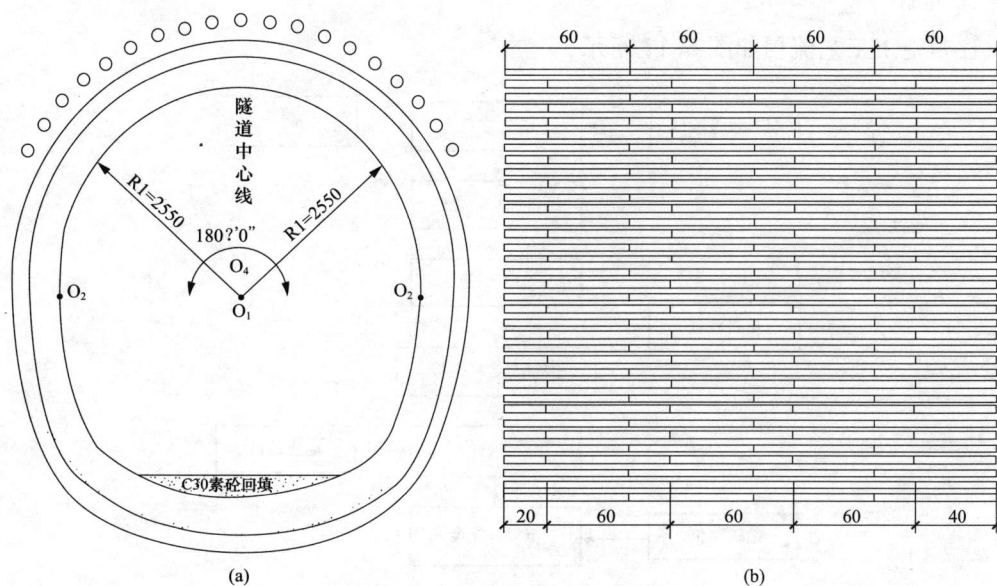

图 5.16 超前大管棚示意图
（a）横向布置图；（b）纵向布置图

2. 大管棚的性能特点及适用条件

大管棚是利用钢管作为纵向支撑、钢格栅拱架作为横向环形支撑，构成纵、横向整体刚度较大，能阻止和限制围岩变形，并能提前承受早期围岩压力的一种超前支护形式。

大管棚适用于特殊困难地段（如极破碎岩体、塌方体、岩堆地段、砂土质地层、强膨胀性地层、断层破碎带、浅埋大偏压等围岩）的隧道施工。

长管棚与短管棚相比，其一次超前量较大，可减少安装钢管次数，并减少与开挖作业之间的干扰，适用于大中型机械进行大断面开挖。

3. 管棚支护结构要点

管棚支护结构要点如下：

① 大管棚钻孔孔口位置沿隧道拱部开挖轮廓线外 10cm 布置，环向中心间距为 40cm，外插角为 1°~2°，每环 35 根。

② 钢管采用外径为 108、壁厚为 8mm 的无缝钢管，每环钢管总长度为 30m。钢管分段安装。第一段按奇、偶数分别编号，奇、偶数不同的管长相差 2m（若奇数管长为 4m，则偶

121

数管长为 6m），其后各分段管长可取相等长度（6m）。两段之间用丝扣连接，丝扣螺纹段长度不小于 15cm。钢管上钻注浆孔，孔径为 10mm，孔间距为 50cm，呈梅花形布置。钢管尾部 2m 不钻孔作为止浆段。为提高钢管的刚度和强度，钢管内增设由 4 根 ϕ20mm 螺纹钢筋和固定短环组成的钢筋笼，固定环采用外径为 42mm、壁厚为 8mm，长为 4cm 的短管环，环向间距为 1m。

③ 纵向两组管棚间，应有不小于 3.0m 的水平搭接长度。钢拱架采用钢格栅钢架。

④ 在钢管内放置钢筋笼并灌注水泥浆单液浆或水泥-水玻璃双液浆，可增加钢管刚度。

⑤ 注浆浆液采用水泥浆，水灰比（W：C）为 0.5：1。当地下水较发育或浆液扩散范围较大时，注浆浆液改为水泥-水玻璃双液浆。注浆压力采用 0.5～1MPa。

4. 大管棚施工工艺流程

大管棚施工工艺流程如图 5.17 所示。

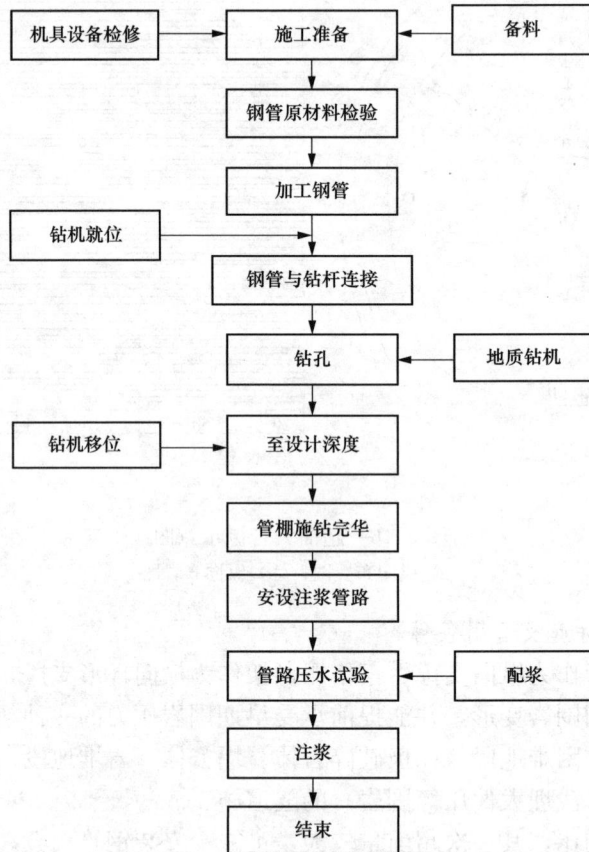

图 5.17　大管棚施工工艺流程

（1）测量放样

① 第一环大管棚。

根据隧道进口布设的三角导线网，用坐标法测设管棚的起始中心里程落点。然后置镜中心点，测设中心线的垂线方向，在该方向上测设控制桩，每边各 2 个，以便随时恢复并检查方向的正确性。

然后，在该方向上安设一钢格栅（其半径与大管棚半径相对应），以作定位用。测设每根导管的中心线方向，并测设控制桩 2 个，同时在钢格栅上落点，于点位两端焊接 $\phi20$ 的短钢筋头（长为 20cm），以作导向用。同时在钢格栅下边用 I18 工字钢布设五道支撑加固，确保钢格栅稳固。

钻孔的方向和倾斜度控制。

方向控制：在每个导管中心线方向上，均钉设两个方向桩，以控制钻孔的方向。

倾斜度控制：孔外通过测设大导管孔口及钻机中心的高程进行控制。孔内用精密水平陀螺仪控制倾斜度，分别在距孔口 2m 处、1/2 孔深处、终孔处三处进行测量，不符合钻孔精度和要求的钻孔，必须封孔重钻。

② 第二环大管棚。

一般测设同第一环大管棚。不同之处如下：

a. 第二环大管棚增设工作室，长为 8m（每节 $\phi108\times8mm$ 大导管长为 6.0m，加钻机机身及主动钻杆必需的 2.0m）。围岩开挖后，立即初喷混凝土，架设钢格栅支撑和打设锚杆，挂网并喷混凝土覆盖。该工作室尺寸根据设计轮廓线相应地增大，工作室纵断面示意图如图 5.18 所示。

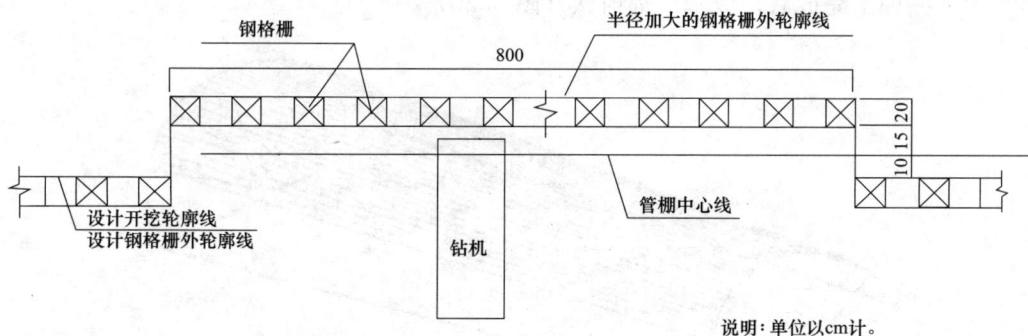

图 5.18　工作室纵断面示意图

b. 由于第二环大管棚在洞内施作，工作空间狭小，且不能影响后续工序，所以不能像第一环大管棚那样，将控制方向护桩钉设在地面上，而是在钻机机身中心上面的初期支护拱部设点，并用红油漆标记。同时，通过这些拱部点位的标高来反算钻机中心的高度，通过孔口及钻机中心两点的高程便于控制钻孔时的倾斜度（孔外）。

（2）钻孔

① 检查开挖的断面中线及高程，确保开挖轮廓线符合设计要求。在开挖工作面处安设受力拱架，并在其上正确标明管棚位置。

② 钢架安装垂直度允许误差为 ±2°，中线及高程允许误差为 ±5cm。在钢架上沿隧道开挖轮廓线纵向钻设管棚孔，其外插角以不侵入隧道开挖轮廓线越小越好。两台钻机钻孔顺序示意图如图 5.19 所示。

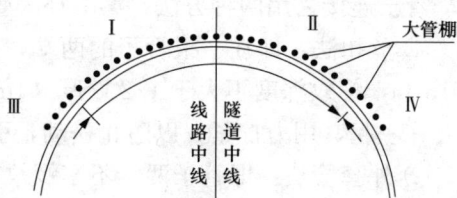

图 5.19　两台钻机钻孔顺序示意图

说明：Ⅰ部和Ⅱ部同时开孔，同时结束；Ⅲ部和Ⅳ部同时开孔，同时结束。方向前进如图 5.19 所示。

原则：任何时候都必须保证有两台钻机同时工作。因为上导坑需人工开挖掘进，工效很低，是控制整个隧道工期的关键因素，所以必须千方百计地加快管棚施工进度，为人工开挖掘进，赢得一定的时间。

③ 按照布好的孔位及钻孔的方向和倾斜度开始钻孔。孔口位置与设计位置的允许偏差为 ±5cm；孔底位置偏差小于孔深的 10‰。

④ 刚开孔时，要低压、慢转，以便于控制方向，然后逐渐地提高钻速，保持正常压力。如遇到大孤石时，则需高压、低速进行。总之，要随着地质的不断变化，相应地调整钻进参数。

⑤ 钻进时，用清水护壁，中间定期取出芯管、岩芯。当快成孔时，用水将孔内的悬浮物或泥浆、石碴等清洗出来，做到孔壁圆、角度准、孔身直、深度够、岩粉清洗干净。

⑥ 当出现严重卡钻、孔口不出水时停止钻孔，立即注浆。

⑦ 钻孔结束后，掏孔检查，在确认无塌孔和探头石时，才可安设钢管。

⑧ 钻头采用 ϕ130 的合金钻头，遇孤石时，则采用金刚石钻头。

⑨ 大管棚施工完成后，成伞形辐射状（图 5.20）。

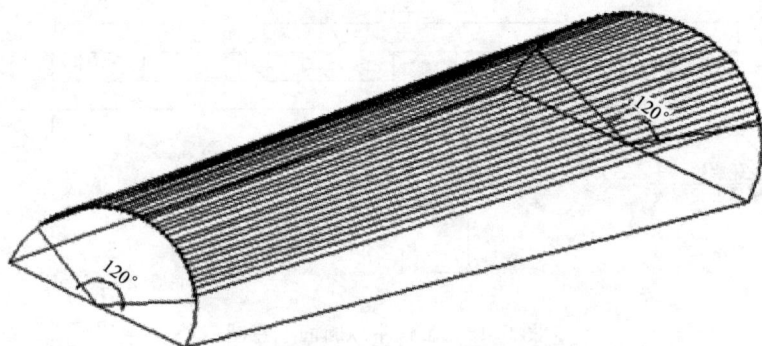

图 5.20　大管棚施工完成效果图

（3）配管

为了使大管棚的整体受力效果更好，在接长管棚钢管时，钢管接头在隧道纵断面上错开 2m。下管时，由于 ϕ108×8mm 的大导管从 4～6m 不等，故必须将管子相互连接起来，才能达到设计长度。

管子连接采用两种方法：第一环大管棚使用外套管法；第二环大管棚使用丝扣法。

① 丝扣法：即在一根管子的两端，分别车出一个公螺纹，一个母螺纹，螺纹长度不小于 15cm，螺纹深度不大于 1/2 壁厚（4mm）。连接时，前一根管的母螺纹与后一根管的公螺纹套在一起，用力拧紧，以防止松动，引起质量事故。

② 外套管法：即管子两端不车螺纹，只在两根管子的接头外边套一 ϕ127×4mm 的外套管，长为 40cm，然后用电弧焊将缝隙焊满、焊牢。

优缺点：

① 丝扣法省时、省力、方便，但加工费用较高。

② 外套管法费时、费力、不方便，但加工费用较低。

（4）送管

只要具备足够的场地或空间，就可充分利用大型机械送管，以提高效率，并减少工人的劳动强度。第一环大管棚利用 CAT320 挖掘机挖斗向前送管。但第二环大管棚由于在洞内，场地狭窄，大型机械无法操作，只能用钻机送管。成孔后，通过异型接头，用主动钻杆带动 $\phi108\times8mm$ 的大导管，边旋转（克服摩擦阻力）边向前推进，直至将全部管子送到位。两环大管棚纵断面布置如图 5.21 所示。

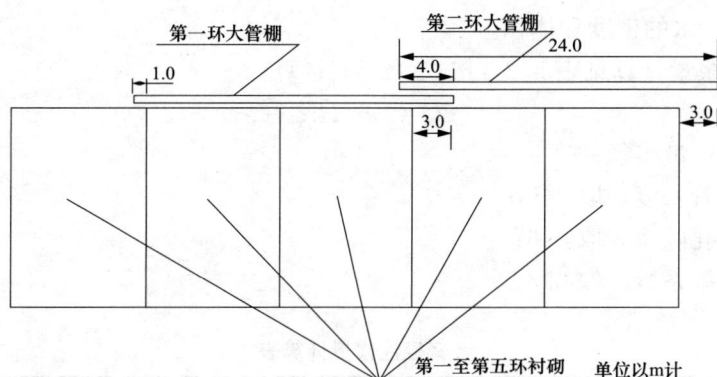

图 5.21 两环大管棚纵断面布置

这样，每一环大管棚都正好搭在两环衬砌头上，相当于过梁。可以更好地起到预支护的作用。

（5）下钢筋笼

钢筋笼由 4 根 $\phi20$ 的螺纹钢筋组成，中间内衬一个 $\phi42\times8$ 的导管环，间距为 1m。钢筋笼主要是为了增强大导管的整体刚度和强度。

（6）管口封闭

① 在管子端部焊一带眼的钢板，然后将 $\phi32\times4mm$（长为 50cm）的注浆管与该钢板相焊，就可以了。

② 注浆管构造。注浆管必须是三通构造：一通接 $\phi108\times8mm$ 的大导管，一通接塑胶管，一通为冲洗用（冲洗口主要是为防止水泥浆或水玻璃凝固，造成堵管，可以及时地将管道用水冲洗干净）。

（7）注浆

① 大导管注浆施工参数。

a. 在 $\phi108\times8mm$ 钢管上钻 $\phi10mm$ 的出浆孔，孔距为 50cm，呈梅花形布置。钢管尾部 2m 处不钻花孔作为止浆段。

b. 钢管沿隧道开挖轮廓线布置，外倾角为 1°，间距为 0.4m，纵向前后两排钢管水平搭接长度不小于 3m。

c. 单液注浆：水泥浆水灰比（W：C）为 0.5：1。

d. 双液注浆（当地下水较发育或浆液扩散范围大时，注浆浆液改为水泥-水玻璃双液浆）：水泥浆水灰比（W：C）为 0.5：1；水玻璃模数为 2.6~2.9，浓度为 35°Be′；水泥浆、水玻璃体积比为 1：0.3。注浆压力采用 0.5～1.0MPa。试配水泥浆的水灰比为 0.5：1，其中水泥 $1123kg/m^3$，水 $562kg/m^3$。

采用双液浆时，商品水玻璃浓度为 $45°Be'$，实际要求为 $35°Be'$。这样，需要将水玻璃加水稀释，采用公式如下：

$$V_1\rho_1 + V_w\rho_w = V_2\rho_2$$
$$V_1 + V_w = V_2 \tag{5-4}$$

式中　V_1、V_2——稀释前后水玻璃体积；

　　　ρ_1、ρ_2——稀释前后水玻璃密度；$\rho = 145/(145 - Be')$

　　　ρ_w、V_w——水的密度和体积。

② 大导管注浆量计算见表 5.2，按式（5-5）计算：

$$Q = \pi r^2 H \eta a \tag{5-5}$$

式中　r——浆液扩散半径；

　　　H——大导管长度，取 24m；

　　　η——岩体孔隙率，取 0.6；

　　　a——充填率系数，取 0.3。

表 5.2　　　　　　　　　　　大管棚注浆量计算表

r／Q／H	0.1	0.2	0.3	0.4	0.5
24		543	1221	2171	3393
钢管净空			160		

说明：1. r、H 单位以 m 计；Q 单位以 L 计。

　　　2. 注浆量必须大于钢管的净空容量。

注浆时，每根钢管的注浆量一般达到 300L，估计扩散半径小于 0.2m。开挖以后，发现一般在 0.1m 左右。

③ 浆液的调制步骤如下：

a. 水泥浆液搅拌在拌合机内进行，根据拌合机容量大小，严格按要求投料。

b. 搅拌投料的顺序为：在放水的同时，将外加剂（如有）一并加入拌合机进行搅拌；待水量加足后，继续搅拌 1min；将水泥投入拌合机，搅拌时间不小于 3min，在注浆过程中不停搅拌浆液。

c. 采用水玻璃浆液时，其浓度宜为 $25～40°Be'$（取 $35°Be'$）。为稀释水玻璃，采取边加水边搅拌，边用波美计进行量测。

d. 配制水泥浆或稀释水玻璃浆液时，严防水泥包装纸及其他杂物混入。拌好的浆液在进入储浆槽及注浆泵之前均应对浆液进行过滤，未经过滤网过滤的浆液不允许进入泵内。

配制的浆液在规定时间内注完。

④ 注浆方式及顺序如下：

a. 注浆方式。根据围岩类别、地质条件、机械设备及注浆孔的深度选用全孔式。即钻孔直至孔底，然后一次注浆完毕。

b. 注浆顺序：先注无水孔，后注有水孔；从拱顶顺序对称向下进行。如遇串浆或跑浆，则间隔一孔或数孔灌注。注浆结束后，利用止浆阀保持孔内压力，直至浆液完全凝固。

注浆压力与地层条件及注浆范围要求有关，一般要求能扩散到管周 0.5～1.0m 的半径范围内。但应控制注浆量，每根大导管内已达到规定注入量时就可结束，若孔口压力已达到规定压力值而注入量仍不足时，亦应停止注浆，以防压裂开挖面。

⑤ 注浆作业要求如下：

a. 浆液的浓度、胶凝时间符合设计要求，不得任意变更。

b. 经常检查泵口及孔口注浆压力的变化，发现问题及时处理。

c. 采用双液注浆时，经常测试混合浆液的胶凝时间，发现不符应立即调整。

⑥ 注浆结束条件如下：

单孔结束条件：注浆压力达到设计终压，浆液注入量已达到计算值 80% 以上。

全地段结束条件：所有注浆孔均已符合单孔结束条件，无漏注浆情况。

⑦ 注浆效果检查。采用以下两法进行检查：

a. 分析法：即分析注浆记录，检查每个孔的注浆压力、注浆量是否达到设计要求；在注浆过程中，漏浆、跑浆是否严重；以浆液注入量估算浆液扩散半径，分析是否与设计相符。

b. 检查孔法：用地质钻机按设计孔位和角度钻检查孔，取岩芯进行鉴定。

⑧ 注浆后至开挖前的时间间隔。单液水泥浆开挖时间为注浆后 8h 左右，水泥-水玻璃浆为 4h 左右。

⑨ 注浆异常现象处理如下：

a. 发生串浆现象，即液浆从其他孔中流出时，采用堵塞串浆隔孔注浆的方法。

b. 单液注浆水泥浆压力突然升高，可能发生了堵管，应停机检查。

c. 水泥与水玻璃双液浆压力突然升高，则关停水玻璃泵，进行单液浆或注清水，待泵压正常时，再进行双液注浆。

d. 水泥浆单液或水泥与水玻璃双液注浆进浆量很大，压力长时间不升高，则应调整浆液浓度及配合比，缩短凝胶时间，进行小量低压力注浆或间歇式注浆，使浆液在裂隙中有相对停留时间，以便凝胶，但停留时间不能超过混合浆的凝胶时间，才能避免产生注浆不饱满。

⑩ 沉降观测。

为了检测大管棚施工时对周围环境的影响及施工完毕后的效果，均须通过沉降观测进行。

在地面上设沉降观测断面，每断面设 5 个观测桩，当大管棚注浆时，经观测，无隆起、上鼓现象发生。

当开挖大管棚范围段时，经观测有一定的沉降（10cm），如遇山体整体下沉，则可达到 20cm，这样考虑一些其他因素，在预留 25～30cm 的沉降量后，完全可以满足隧道施工和安全的要求。

（8）事故预防和处理

① 孔的倾斜度。

开孔时，在土质地层中要低速低压，以保证孔位的正确。同时在距孔口 2m 处、开孔 1/2 处、终孔处用精密水平陀螺仪检测倾斜度，不合格的，封孔重钻。

② 塌孔。

若地层中含水量大或地质较差时，易坍孔，可采用两种方法进行预防。

a. 泥浆护壁法。对于地层中含水量不是特别大，地质属于碎石土层时，可用泥浆护壁。

b. 套管护壁法。对于地层中含水量特别大，地质属于碎石层或地下暗河的地段，可采用套管护壁。此时采用 $\phi127\times4mm$ 套管，一般不良地段均可通过。

（9）机具设备和劳力组织

① 大管棚作业机具设备见表5.3。

表5.3　　　　　　　　　　　大管棚作业机具设备表

序号	设备名称及规格	单位	数量	备注
一	机电设备			
1	钻机	台	2	XY-1、XY-1B
2	汽车	台	1	
3	交流电焊机	台	1	
4	注浆机	台	1	
5	挖掘机	台	1	CAT-320
二	工具			每台钻机
1	链钳	把	2	
2	管钳	把	2	
3	大号扳手	把	2	
4	大锤	把	1	

② 劳力组织：分2个工班进行作业，每个工班12人。其中，施工指挥1人；施工技术指导1人；钻机司机2人（负责钻孔、下管）；普通工人4人（负责装卸钻杆、装接钢管）；电工1人（负责供水供电工作）；电焊工1人；汽车司机1人（负责运料）；洞外调度1人。

5. 安全措施

采取的安全措施如下：

① 加强全员安全意识教育。

② 针对本隧道工程中大管棚施工特点和要求，参照有关规范制订规章制度。

③ 加强对围岩进行动态监控量测，实行信息化管理，科学组织施工。

④ 拆卸钻杆时，要统一指挥、明确联络信号，扳钳卡钻方向正确，防止管钳用扳手伤人。

⑤ 钢管内注浆时，操作人员应戴口罩、眼镜和胶手套。

⑥ 要有良好的照明条件。

6. 工法总结

工法总结如下：

① 可采用 XY-1、XY-1B 型的轻便钻机。其最大开孔直径为130mm，最大钻孔深度为120m。钻机适宜在碎石土层中进行大管棚钻孔，同时由于质量轻、分解性强，便于搬迁，适合于平原或山区工作。

② 管棚长度控制在25m以内（实际按24m施工）为好。如按设计的30m长度进行施工，由于管棚过长，钻孔、下管等工序都费时费力，效率低下；同时管棚的倾斜度、掉钻量也很难控制。

③ 在黏土含量大的碎石土层中，压浆效果不理想。因为黏土比较密实，浆液不易扩散，

其扩散半径较小，不能形成一个完整的具有一定厚度的混凝土加固圈。

④ 建议开挖工作时，开挖轮廓线不进行扩大，而是在围岩开挖后，即初喷 3～5cm 厚的混凝土作为支护，不设钢格栅支撑（在确保安全的前提下）。待管棚施工完毕后，再进行安设。这样可以减少施工投入。

⑤ 大管棚应伸入岩石层不少于 3m。大管棚可以分担一部分荷载，从而避免全部荷载都压在初期支护上，造成大的下沉和严重变形。

⑥ 大管棚的接头必须在纵向上错开。否则，接头设在同一断面上，极易出现安全隐患。

5.3.2 超前小导管支护方法

1. 基础资料收集

基础资料收集包括地层土质、级配、孔隙率、渗水系数、含水率、环境水源、邻近结构物、地下水情况；控制位移量、加固土体强度限值要求。

2. 超前小导管布置参数

超前小导管布置参数如下：

① 小导管选用有缝钢管，管径为 32nm，管长采用 3.5～5.0m。

② 钢管应沿隧道开挖轮廓线环向布置并向外倾斜，其倾斜角一般为 5°～10°，处理坍方体可适当加大 10°～15°。

③ 注浆压力应根据地层致密程度决定，一般为 0.5～1.0MPa，劈裂注浆可适当加大，但应小于或等于覆盖压力。

④ 纵向前后相邻相排导管搭接水平投影长度一般不宜小于 1.0m，如图 5.22 所示。

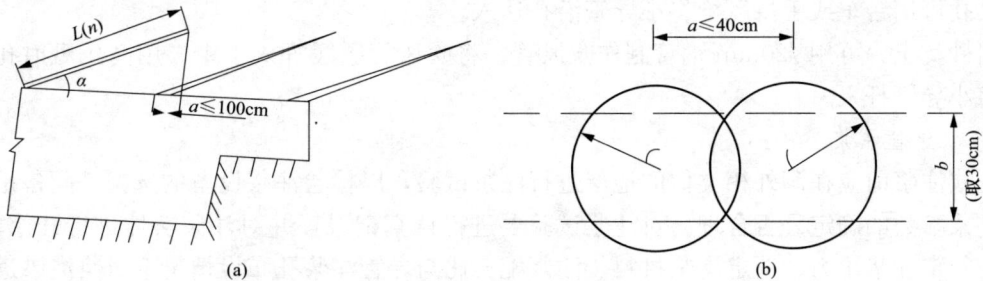

图 5.22 超前小导管布置图
（a）导管纵向布置图；（b）注浆半径及孔距图

Ⅳ级围岩壁裂、压密注浆时采用单排管，Ⅴ级围岩或处理坍方时可采用双排管。大断面或注浆效果差时也可采用双排管，如图 5.23 所示。

⑤ 渗入性注浆导管环向间距 $a=r/(0.5～0.7)$ 应通过试验确定，但不得超过 0.4m，无试验条件时，视地质条件按 0.2～0.4m 选用。

⑥ 单根导管注浆量按式（5-6）计算：

$$Q = \pi r^2 ln \qquad (5-6)$$

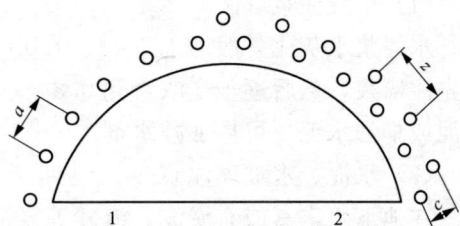

图 5.23 小导管环向布置图
1—单排布置；2—双排布置

式中　　r——注浆半径；

　　　　l——注浆管长度；

　　　　n——围岩的空隙率。

⑦ 为了避免串浆，双排或双排以上多排管布置时，可分层施工，即先打一排管，注浆完后再打另一排管。

3. 小导管制作

导管加工必由现场专业车间进行，其注浆孔必须用钻床成孔，尾部必须加焊 $\phi6$ 管箍，并经质检人员检验合格方可交付使用，如图 5.24 所示。

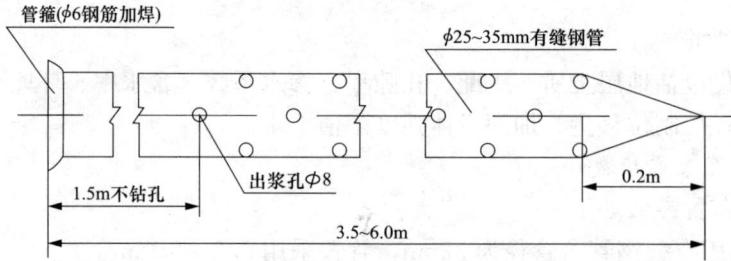

图 5.24　超前小导管结构图

导管孔钻打前，进行孔位测量放样，孔位测量应用仪器进行，做到位置准确，钻孔要按放样进行，并设方向架控制钻孔方位，使孔位外扦角度符合设计要求。钻孔完成后，要用高压风、水清洗，吹冲干净孔内砂尘及积水。所有钻孔完成均要进行检验，不合格孔要重打。

钻孔可用台车或手持风枪将小导管沿孔达入。

对砂类土，可用 $\phi20mm$ 钢管制作吹风管，将吹风管缓缓扦入土中，用高压风射孔。成孔后将小导管扦入。

4. 小导管注浆

正式注浆前应在洞外相类似的地层进行注浆试验，以检验注浆设备的选型、配备是否恰当，注浆参数的确定是否合理。对注浆试验要进行认真记录，并对注浆实体进行开挖验证，获取在额定注浆压力、选定注浆材料、注浆配合比与导管注浆孔布设情况下，浆液渗透，实际的注浆半径、土体固结时间及强度等实际资料，作为制订注浆参数的依据。

注浆前先喷混凝土封闭掌子面以防漏浆，对于强行打入的钢管应先冲清管内积物，然后再注浆，注浆顺序由下向上进行，浆液可用拌合机搅拌或人工搅拌。

（1）单液注浆（图 5.25）

水泥浆水灰比一般为 1.5：1、1.0：1.0、0.8：1.0 三个等级，浆液由稀到浓逐级变换，即先注稀浆，然后逐步变浓直到 0.8：1.0 为止。考虑到注浆后需尽快开挖，注浆宜用普通水泥或早强水泥，可掺加减水剂。

（2）水泥、水玻璃注浆

在地下水丰富或有淤泥、流砂等复杂地质条件下，宜选用水泥与水玻璃双液法注浆，注浆时将两种不同的浆液分放在两个容器内，如图 5.26 所示，使用双液注浆泵或两台注浆泵按配合比分别吸入两种浆液，两种浆液在混合器混合后注入注浆管。配合比一般为：水泥浆水灰比 1.25：1～0.5：1，水玻璃模数以 2.4～2.8 为宜。水玻璃浓度使用范围为 30～45°Be′。

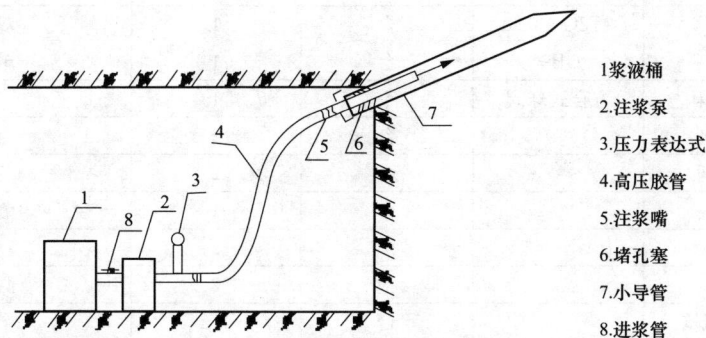

图 5.25　单液注浆工艺示意图

1.浆液桶
2.注浆泵
3.压力表达式
4.高压胶管
5.注浆嘴
6.堵孔塞
7.小导管
8.进浆管

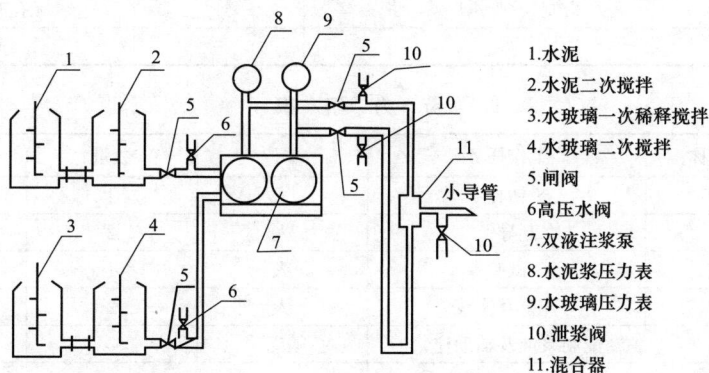

图 5.26　双液注浆工艺示意图

1.水泥
2.水泥二次搅拌
3.水玻璃一次稀释搅拌
4.水玻璃二次搅拌
5.闸阀
6.高压水阀
7.双液注浆泵
8.水泥浆压力表
9.水玻璃压力表
10.泄浆阀
11.混合器

（3）注浆异常处理

① 在注浆过程中，如发生浆液从其他孔流出的现象，这种现象为串浆，发生串浆时，在有多台注浆机的条件下，应同时注浆，无条件时应将串浆孔及时堵塞。

② 单液注水泥浆压力突然升高，则可能发生堵管，应停机检查。发现堵管时，要敲打或滚动以疏通注浆管，无法疏通时要拆管。

③ 水泥与水玻璃双液注浆压力突然升高，则应关停水玻璃泵，进行单液注浆泵或注清水，等泵压力正常时，再进行双液注浆。

④ 清场：注浆完成应立即清场，退出所有注浆设备，并清除设备内浆液后应用清水再次清洗，直至完全清净设备内浆液，保持设备使用前的清洁完好状态，以备下次再用。

⑤ 注浆后开挖。注浆完后，待小导管注浆凝后方可进行开挖，开挖必须遵循多钻眼，钻浅眼，少装药，强支护的原则。每循环进尺一般 1.0～1.5m，但在处理坍方体时一般为 0.5～0.8m。必要需设钢支撑或钢格栅。

5. 设备配置及劳力组织

设备配置见表 5.4，劳力组织见表 5.5。

表 5.4　　　　　　　　　设 备 配 置

序号	设备名称	型号/性能	单位	数量	备注
1	注浆泵	2T2G-60/30	台	1	双液注浆用
		UB-3	台	1	单液注浆用
2	混合器	方合式球阀	个	1	
3	拌浆机		台	2	拌水泥浆
4	储浆桶		台	2	存放浆液
5	波美表		个	1	测浆液浓度
6	量杯		个	2	试验用
7	木尺		把	2	测量注浆量
8	台车/风枪		台	1/2	钻孔
9	导向架	自制	台	1	钻孔导向
10	吹风管	$\phi20$ 钢管	根	1	清孔用
11	游锤	自制	把	1	无孔时强打导管用
12	水桶		个	3	配浆液用

表 5.5　　　　　　　　　劳 力 组 织

序号	工种名称	工作任务	单位	数量	备注
1	风枪工	钻孔	人	4	2 台枪配备
2	钳工	制导管	人	2	
3	试验工	试验	人	1	
4	注浆工	开泵及注浆	人	2	
5	普工	配制浆液及辅助注浆	人	5	
6	电工	通风、照明、输电	人	1	
7	安全员及班长	指挥、负责安全	人	1	
		合计	人	16	

6. 质量及安全监控

质量及安全监控如下：

① 钻孔孔位偏离设计的误差应小于±3cm，外杆角误差应小于±1.0°。故要严格进行测量放样，用钻孔导向仪控制钻孔。

② 要切实用喷射混凝土封闭注浆岩面，厚度不小于 5cm。同时要待混凝土强度达 15MPa 后才能注浆，防止浆液外泄，引起注浆失效。

③ 要严格进行现场测试工作，严格计量配比，随时抽检浆液浓度，防止配比配制不当而使注浆失效。

④ 要认真进行现场注浆记录，对注浆压力、每孔注浆量、注浆配比、注浆温度进行认真记录，作为对注浆效果的检测依据。

⑤ 要认真按要求安设注浆管路，注浆管路必须用经合格检验的高压注浆管，所有接头、闸阀均应采用有生产许可证的正规合格产品，确保管路的安全。

⑥ 注浆工必须经专业培训合格后持证上岗，非注浆工不允许进行管路安装、开泵注浆工作，注浆过程中，要随时注意注浆压力及注浆量情况，防止管路堵塞而发生意外。

⑦ 注浆后开挖要在注浆强度达到 1.5MPa 后方可进行，以防止坍塌。

5.4 动态化注浆加固施工技术

动态化注浆技术是要求在工程实施的设计和施工环节都遵从动态化的理念。在地铁隧道等线性工程地质体中，岩土介质本身及在纵向上往往存在很大的差异性，特别是工程地质条件复杂多变的区域，随着工作面的推进，各种地质参数和因素的时空变化性更加显著，因此工程岩土体的性质是高度动态化的。如果整个施工过程只遵循原始的注浆设计和施工方案，势必会造成存在安全隐患或材料浪费等不利因素。所以，在隧道开挖施工过程中，变更调整原始注浆设计方案，做出动态调整，获得更合理、更有效、更安全的注浆方案。

5.4.1 动态化注浆基本理念与方法

结合实际工程中的具体操作和运用情况，将动态化注浆概括为四个方面：止水超前、成环加固、勤观测、动态补浆。动态化注浆技术从勘察、设计、施工、监测监控的并行性、反馈性加以综合考虑，将开挖与注浆观测结合起来，具有显著的工程意义。

1. 止水超前

根据地质勘探资料或超前探水，当掌子面前方存在高压富水区，可能出现较大规模涌水、突水，对隧道结构和施工安全构成威胁，并可能引起地面沉降甚至塌陷危及地面建筑物。

止水超前即对隧道断面周围的一段深度内进行注浆堵水，在开挖区域周边形成隔水帷幕，以防止地下水渗流破坏注浆层给隧道施工带来风险。

2. 成环加固

成环加固是指各单孔注浆区域有一定的重叠区（见图 5.27）。注浆孔的间距应在注浆影响的有效直径内，使得单孔注浆区域能有效搭接，形成重叠区，从而保证加固的均匀性。

若注浆范围内或界面处有粉土、黏性土层，则应充分考虑毛细水的影响，注浆孔间距应适当加密，以保证注浆效果。

3. 勤观测

最初设计方案确定后，其可靠性和合理性必须通过工程实践检验。勤观测是动态化注浆的一个重要环节，每一循环注浆完毕后，在隧道开挖中要进行注浆效果检查、掌子面土层与地下水情况观察、掌子面前方土层与地下水的超前探测、隧道初期支护的渗水情况观察、隧道净空收敛及拱顶下沉的观测等工作。

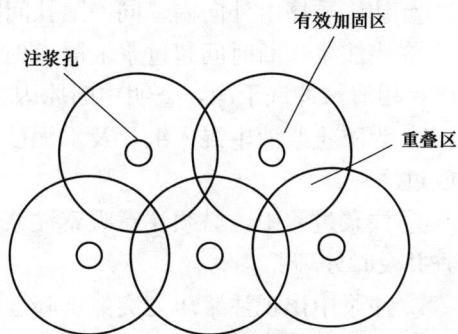

图 5.27　成环加固示意图

4. 动态补浆

隧道开挖过程中通过对注浆效果及岩土层性质的观测，提出新的注浆要求，以此为依据对注浆设计方案进行优化调整。

对注浆方案的调整内容很多，理论计算的扩散半径是基于地层均匀的假设得到，实际工程中相差较大，这就要求施工过程中根据岩土性质的变化、参考单孔注浆试验的结果，适当调整孔距及注浆孔的方位布置。根据地层的变化，在地下水丰富、岩土体性质软弱的区域增加注浆孔数量，或根据地层中含水层及软弱层厚度及方位变化，根据预先制订的方案，对可能存在的注浆盲区或薄弱环节进行二次或多次注浆；通过观测结果进行局部区域的加强注浆；根据超前探测情况，进行超前补充注浆或调整浆液；在地下水不丰富、岩土性质趋于稳定的区域，在保证安全的情况下，谨慎适当地减少注浆孔，以节省注浆材料，加快工程进度。

5.4.2 施工注意事项

1. 钻进过程中的技术措施

钻进过程中的技术措施如下：

① 为了及时清除孔内岩碴、减少钻具的磨损，应经常从孔底提起钻头，对孔进行充分的排渣。

② 如孔内突然发生坍塌，应保持钻杆旋转并立即在孔内上下运动，以及时将土渣从孔内排清为止。

③ 加接钻杆时，要特别注意钻杆内的清理，以免砂土、土碴及管内铁锈等脏物进入钻杆，引起零件损坏或发生停钻事故，钻杆螺纹应涂润滑脂。

④ 调换钻头时，要保证替换钻头小于被替换钻头，以防替换钻头卡在孔内，因此，钻头应排队使用。

⑤ 应经常检查原件及柱销的磨损情况，及时修理或调换，以防钻头掉进孔内。

2. 注浆过程中的技术措施

注浆过程中的技术措施如下：

① 一个孔段的注浆作业一般应连续进行直到结束，不宜中断，应尽量避免因机械故障、停电、停水、器材等问题造成被迫中断。对于因实行间歇注浆、制止串浆冒浆等有意中断，则应先扫孔至原设计深度后进行复注。

② 注浆顺序由外向内、同一圈孔间隔施工。

③ 当注浆中断时间超过浆液凝胶时间时，应在浆液凝胶之前把浆液从注浆管路系统中排出，用清水冲洗干净，查明中断原因，排除故障，处理好后再恢复注浆。

④ 为防止浆液中混入纸片及水泥硬块杂物堵塞管路，在搅拌桶进口及出口处设置过滤筛或过滤网。

⑤ 注浆过程中，必须注意观察注浆压力和吸浆量的变化情况，当出现异常时，应立即检查并及时处理。

⑥ 注浆中出现注浆压力突然下降、流量增大，属跑浆或超扩散，可采用缩短凝胶时间、增大浆液浓度或采用低压、间歇注浆方法，及时调整处理。

3. 特殊情况下的注浆措施

① 注浆中断。对于注浆中断应及时采取措施，缩短中断时间，尽量恢复注浆。如中断时间较长，应及时冲洗钻孔，并检查注浆设备，找出中断原因，采取有效措施，对注浆中断的孔段扫孔并进行复注弥补，以保证注浆质量。

② 串浆。当发生串浆时应立即采取措施，可对串浆孔同时进行灌浆，或者将串浆孔用堵头封堵，待灌浆孔结束灌浆后，再将串浆孔打开，进行扫孔、冲洗，而后继续钻进和注浆。

③ 大量漏浆。发生大量漏浆时，加快后退速度，降低注浆压力，限制进浆量或加大浆液浓度等措施，严格控制注浆量，既保证注浆质量又不浪费浆液。

5.5 控制爆破减震技术

在建筑物密集且部分建筑物抗震性能差的城市繁华地带的地下，进行浅埋隧道爆破开挖施工，只有采用减震控制爆破技术才能使地表建筑物免受爆破振动的危害。

5.5.1 影响隧道控制爆破效果的因素

1. 地质条件的影响

工程地质状况对光面、预裂爆破效果影响极大，应十分注意。采用光面爆破，在相同的爆破条件下，超挖量与 f 值有关系，f 值越高超挖量越少；f 值低则超挖量大。断层、大而密的节理、裂隙、岩脉均易导致大的超挖，要注意。实践表明：裂隙发育程度及倾角，对预裂爆破后形成平滑的壁面有很大的影响。当裂隙方向与要求爆出的岩面方向重合或垂直时，或岩体完整无裂隙时，效果最好；而裂隙与裂面斜交或几组裂隙相交，则易于造成岩石沿节理面脱落。不同地质条件应采取不同的爆破方法及相应的钻爆参数：①在硬岩、中硬岩，且节理裂隙不发育，岩体较为完整的岩层中应采用中深眼、深眼预裂爆破。注意在这种岩层中若采用浅眼（1.5m 以下），一般主体爆破时不易将周边这一岩层爆落下来。反之，则采用浅眼、中深孔光面爆破。②地质构造复杂、裂隙发育的部位，可适当缩小间距，减小线装药密度等周边孔参数，这样有利于成形，减小爆破对围岩的扰动。③裂隙少、整体性好，硬脆岩体，预裂爆破参数适当加大，反之则减小。

2. 钻眼精度的影响

引起钻眼偏差的几种可能：

① 开眼误差，可在掌子面上标出炮孔位置，或设炮孔排间距标尺，尽可能减小误差。

② 钻眼角度误差。同样钻眼偏差角，炮孔越深，眼底偏差越大，要求炮孔越深越要严加控制。可以采取先钻凿一个标准眼，插入炮棍，其他眼平行钻进的办法眼。

③ 钻机本身尺寸大小的影响，隧道爆破钻周边孔必须有一个外插角度，以保证凿岩机的操作净空（即两炮之间的衔接台阶宽度）。这与凿岩机的型号本身尺寸的大小有关。为使隧道壁面平整，便于喷混凝土，挂防水板，设置钢筋网，隧道开挖应选操作净空较小的凿岩机。

④ 测量放线误差，测量放线本身的误差，采用仪器测量的正常误差，一般较小，能满足要求。为消除或尽可能消除测量误差，尤其是半断面或全断面开挖爆破，应坚持每个循环都用仪器测量放线。

3. 隧道控制爆破的主要参数

光面爆破是控制爆破中的一种典型方法。其目的在于控制被开挖的岩石轮廓光滑平整，而使不应开挖的岩体部分不受到明显的破坏。在隧道掘进开挖爆破工程中，常常要采用光面爆破技术以达到目的。

（1）合理布置周边孔

周边孔孔距 a 常取 350～500mm，即采用周边密孔法；周边孔位要精确，外倾角应小于 5°。炮孔相互平行，眼底落在同一平面上。

（2）合理选用炸药和装药结构

可采用间隔不耦合装药或径向不耦合装药结构，不耦合装药（又叫间隔装药）也是光面爆破装药的结构特点。影响光面爆破效果的主要参数有炮孔间距（E）、周边孔密集系数（m）、最小抵抗线（W）、不耦合系数（D）和装药集中度（q）。预裂爆破是沿周边孔先炸开一个规整的裂缝面，主体爆破是减小对围岩的扰动，爆破后保留半边眼痕迹。影响预裂爆破效果的主要参数有炮孔间距（E）、不耦合系数（D）和装药集中度（q）。

5.5.2 隧道下穿既有建筑物爆破开挖基本技术方案

掏槽爆破是决定爆破进尺和炮孔利用率的主要因素，也是爆破震动控制的主要部分，根据设计要求，按照确保安全、优质、高效、低耗的原则，针对不同环境、不同断面、岩石性质及地质构造等情况，研究直孔掏槽、斜孔掏槽布置方式和掏槽孔间距、排距等参数，实现不同进尺的爆破方案有着重要意义。运用周边控制爆破技术实现周边精确成型，保证隧道和围岩周边成型规整，减小周边围岩爆震裂隙对围岩的破坏，保护围岩的稳定性；优化炮孔排列、角度、深度、装药量以及起爆顺序等爆破参数设计方案，确定光面微差爆破技术的起爆顺序、起爆时差，提高炮孔利用率及循环进尺，获得最佳爆破效果，尽量降低爆破危害，最终实现不同环境下深圳地铁安全、高效施工。

1. 隧道下穿区域微震爆破总体技术思想

针对地铁区间工程地处城市地段，所处地层围岩较多表现为上软下硬，同一工作面分布不同围岩类别等特点，进行隧道微震控制爆破技术设计。设计中充分体现微震控制爆破技术研究成果。隧道处于中风化及微风化层中，拱部采用光面爆破，墙部采用预裂爆破，核心采用控制爆破，掏槽采用抛掷爆破的综合控制爆破技术，以尽可能减轻对围岩扰动，维护围岩自身稳定性，达到良好的轮廓成形。选用导爆管非电起爆系统，该系统能根据需要选择分段起爆数和微差间隔时间，使爆破震动降低到最低限度。采用微震爆破技术，多循环、短进尺、弱装药、分段微差延时起爆，减少最大分段药量。每段最大爆破药量以周围结构安全允许震动速度指标控制（≤2cm/s）。加强爆破震动监测，根据监测信息及时反馈，调整钻爆参数，提高爆破效率。设立专门的爆破领导组织机构，成立爆破专业施工队专职负责爆破施工。

2. 隧道的主要掏槽爆破技术

掏槽爆破是隧道爆破掘进施工关键，决定整体爆破效果，如爆破进尺、爆破振速和光爆效果等。实践证明，城市地铁隧道爆破施工过程中，由于临空面小，围岩夹制作用显著，通常掏槽孔爆破振速最大，对地表建（构）筑物、居民生活产生影响最大。因此，对于地铁隧道爆破施工，必须选择合理的掏槽方式，才能在满足振动速度的前提下加快循环进尺，提高掘进效率。掏槽孔布置在掌子面中央偏下的位置，常见的掏槽方式分为直孔掏槽，斜孔掏槽和混合掏槽。

（1）直孔掏槽

直孔掏槽是指掏槽孔全部垂直于掌子面，可分为龟裂掏槽、筒形掏槽和螺旋掏槽。龟裂掏槽是指掏槽孔布置在一条直线上，隔眼装药，利用空孔作为两相邻装药的自由面和破碎岩石的膨胀空间，如图 5.28（a）所示。筒形掏槽是指掏槽孔按照各种几何形状布置，使形成的槽腔为角柱体或圆柱体，中间至少应有一个空孔作为自由面，如图 5.28（b）所示。螺旋掏槽是指装药眼围绕中心空孔布置在一条螺旋线上，并从距空孔最近的装药眼开始按顺序起爆，逐步扩大槽腔，如图 5.28（c）所示。

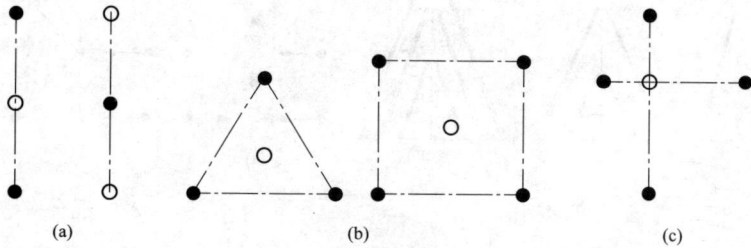

图 5.28　直孔掏槽布置形式

但是，在城市地铁隧道爆破施工中，龟裂掏槽和螺旋掏槽应用相对较少，在筒形掏槽基础上发展起来的大空孔、直孔菱形掏槽技术应用较为广泛。对于城市地铁近距离下穿敏感区域时，常采用双层大空孔直孔菱形掏槽，它充分利用了大空孔作为自由面和补偿空间的作用，减小了岩石的夹制作用，以中空孔为中心，以菱形分布的层次逐渐起爆，形成较大的槽腔，较明显地降低爆破振动速度，增强了掏槽孔爆破的效果。采用的空孔直径有 90mm、150mm 以及 180mm 等。图 5.29 为单、双层大空孔直孔菱形掏槽布置形式。

（2）斜孔掏槽

斜孔掏槽是指掏槽孔与掌子面斜交成一定角度，常用的斜孔掏槽方式主要有锥形掏槽、楔形掏槽。锥形掏槽指所有掏槽孔均以相等或近似相等的角度向工作面中心轴线倾斜，眼底虽集中但相互并不贯通，如图 5.30（a）所示。楔形掏槽是指在工作面上由两排对称的倾斜炮孔组成，爆破后形成如楔状的掏槽，如图 5.30（b）所示。

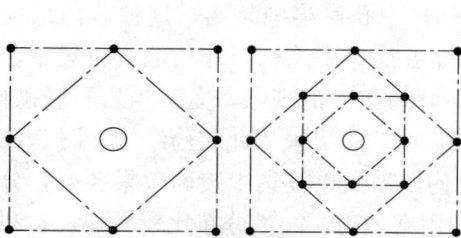

图 5.29　大空孔直孔菱形掏槽布置形式

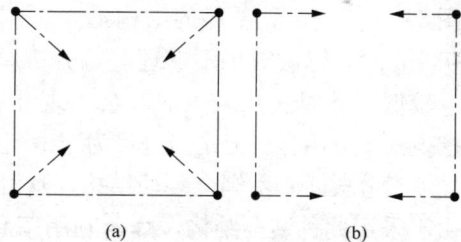

图 5.30　斜孔掏槽

但是，在城市地铁隧道爆破施工中，锥形掏槽应用相对较少，在楔形掏槽基础上发展起来的复式楔形掏槽应用较为广泛，例如传统双楔形掏槽图 5.31（a）所示，分级复式楔形掏槽［二级复式楔形掏槽如图 5.31（b）所示、三级复式楔形掏槽如图 5.31（c）所示］等。与传统双楔形掏槽相比，分级复式楔形掏槽是以减少岩石夹制作用为出发点，通过逐级爆破掏槽，不断增加自由面，在保证掏槽效果的同时，降低掏槽孔引起的爆破振速，但是施工中对技术人员的要求较高。

（3）混合掏槽

混合掏槽是指两种以上掏槽形式联合使用。城市地铁隧道爆破施工中，区间隧道下穿坚硬岩石且断面较大时，为增大掏槽体积，提高炮孔爆破效果广泛使用混合掏槽。如直线与双楔形混合掏槽，如图 5.32（a）所示、菱形与楔形混合掏槽，如图 5.32（b）所示。

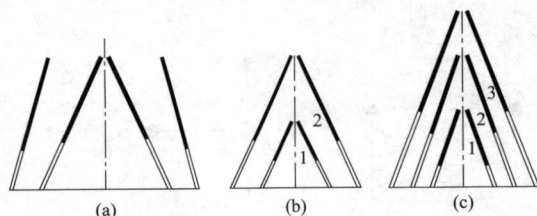

图 5.31　复式楔形掏槽　　　　　图 5.32　混合掏槽

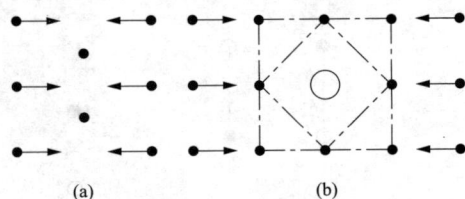

3. 周边光面爆破技术

光面爆破是控制爆破中的一种典型方法。其目的在于控制被开挖的岩石轮廓光滑平整，而使不应开挖的岩体部分不受到明显的破坏。在隧道掘进开挖爆破工程中，常常要采用光面爆破技术以达到目的。影响光面爆破参数变化的因素很多，主要有岩石的爆破性能、炸药品种、一次爆破的断面大小和形状、凿岩设备性能、地质条件等。其中最主要的、影响最大的应该说是地质条件的变化。影响光面爆破效果的主要参数有炮孔间距（E）、周边孔密集系数（m）、最小抵抗线（W）、不耦合系数（D）和装药集中度（q）。现场施工对光面爆破有如下技术要求：

（1）合理布置周边孔

周边孔孔距 a 常取 300～500mm，即采用周边密孔法；周边孔位要精确，外倾角应小于 5°。炮孔相互平行，眼底落在同一平面上。经过沿线施工总结得出，周边孔间距采用 300～400mm 是合适的。

（2）合理选用炸药和装药结构

可采用间隔不耦合装药或径向不耦合装药结构，不耦合装药（又叫间隔装药）也是光面爆破装药的结构特点。

图 5.33 为周边孔装药的结构形式。图 5.33（a）中孔底集中装药，这种装药结构在进尺大于 1m 时，爆破效果不够理想，分析原因是由于孔底集中装药，炸药能量较集中，炮孔利用率较低，此时进尺较大时，会出现孔底超挖，孔口欠挖的现象，尤其当岩石较破碎时，超欠挖现象十分明显。但是当进尺为 1m，且岩性较好时，可以采用此装药结构。图 5.33（b）采用导爆索分段间隔不耦合装药结构，这种装药结构爆破效果较集中装药效果要好，分析原因是由于采用此种装药结构，炸药利用率和炮孔利用率较高，能量分布比较平均，有利于周边成型。进尺较大时，采用此种装药结构，可以很好地控制超欠挖现象。

当开挖掌子面围岩裂隙较发育，岩石较破碎时，周边孔光爆效果很难控制，此时采用定向断裂控制爆破技术控制周边成型，效果良好，当进尺为 1～1.5m 时，图 5.33（c）中装药结构能有效地控制周边成型，减少周边超欠挖现象。但是当进尺为 1.5m 以上时，采用图 5.33（d）中所示的装药结构才能满足要求，这种装药结构充分利用了炸药的能量，使得炸药能量均匀地沿切缝方向，即周边轮廓方向释放，施工证明采用此装药结构，即使围岩较差时，周边成型也较规整。

4. 隧道下穿区段微震爆破方案

隧道下穿区段开挖爆破工程设计均采用分段微差起爆技术。

（1）爆破方案

爆破方案适用于台阶开挖及全断面工法。

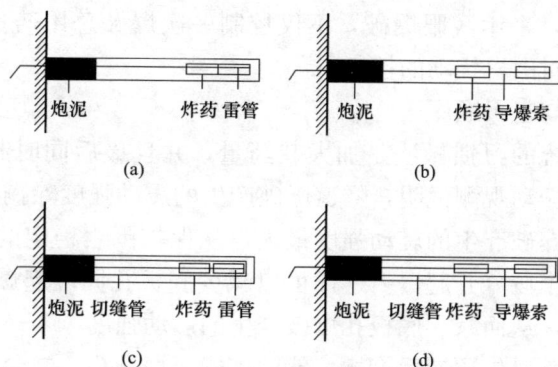

图 5.33　不同装药结构示意图

（2）爆破方法

根据工程地质条件，通道石方开挖时采用拱部光面爆破，墙部预裂爆破。

（3）最大段允许装药量

最大段允许装药量以允许爆破振动速度控制，由萨道夫斯基公式进行计算：

$$Q = R^3 (V/K)^{\frac{3}{\alpha}} \tag{5-7}$$

式中　Q——最大一段允许用药量，kg；

　　　V——振带安全控制标准，cm/s；

　　　R——爆源中心到振速控制点距离，m；

　　　K——与爆破技术、地震波传播途径介质的性质有关的系数；

　　　α——爆破振动衰减指数。

（4）掏槽形式的选定

由于一般情况下，掏槽爆破的震动强度比其他部位炮孔爆破时的震动强度都大，因此从减震出发，选用适于减震的楔形掏槽形式，楔形掏槽形式设计图如图 5.34 所示。

（5）爆破器材

钻爆法施工，炸药是决定爆破效果的重要因素，包括炸药类型、装药直径。由于深圳市地下水丰富，根据现场实际情况，炸药采用乳化炸药，雷管采用非电毫秒雷管。常用规格 $\phi 32 \times 200$mm 的 2 号岩石乳化炸药，每卷质量为 200g。雷管采用 1-15 段毫秒导爆管雷管。基坑深孔爆破时，炸药可适当调整。

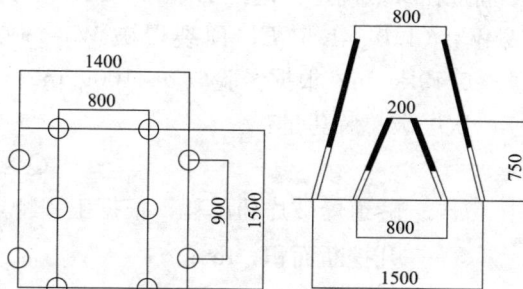

图 5.34　楔形掏槽孔设计图

（6）合理的段间隔时差

有关实测资料表明：在软弱围岩中爆破震动频率比较低，一般在 100Hz 以下；纵向、横向震动持续时间大时，可达到 200ms，垂直向可达 100ms。为避免震动强度叠加作用，雷管采取跳段使用，为尽量避免震动波形叠加，段间隔时差控制为 100ms。

（7）循环进尺的选定

循环进尺根据地质条件及进度安排确定。结合本工程地质条件、工期要求及施工方法确

139

定循环进尺为 0.5~1m，采用浅眼爆破，不仅控制一次爆破总用药量，也控制了每段用药量，可以达到减少震动对围岩扰动的控制。

（8）底板孔的爆破与起爆顺序

底板孔的爆破，传统的习惯做法是加大装药量，并且最后同时起爆，以达到翻碴的目的，便于出碴。而爆破振动观测说明，隧道爆破产生的震动强度除掏槽孔最大外，其次是底板孔爆破。有时底板孔爆破产生的震动强度最大，从保护围岩稳定的角度来看是不合理的。为此，将底板孔分成几个段分开起爆。这样可以减少底板孔同段起爆，共同作用的装药量。改变底板孔抵抗线方向，从而减小底板孔爆破产生的震动强度。

起爆顺序：预裂爆破时先预裂后掏槽，然后扩槽、掘进孔、二台孔、内圈孔。光面爆破从掏槽孔开始，一层一层地往外进行，最后周边光面爆破。具体落实到段号时，遵循以下三点考虑：首先，应有合理的段间隔时间；其次，同一段炮孔装药量应小于最大单段允许装药量；再次，前一段爆破要尽量为后段爆破创造良好的临空面。

（9）爆破参数的选订

爆破参数的选定方法主要有工程类比法、计算法及现场试验法，本工程在参数选取过程中综合运用前两种方法，并在以后施工中根据现场试验进行调整。

炮孔深度：本工程根据工程特点，岩层条件，工期要求确定循环进尺为 0.5~1.0m，考虑炮孔利用率，拟炮孔深度为 0.7~1.3m，掏槽孔另加 20%，为 0.8~1.5m。炮孔数目：在小直径（35~42mm）炮孔，开挖断面在 5~50m² 的条件下，单位面积（1m²）钻眼数为 1.5~4.5 个，本设计根据工程实际情况进行选取。

孔网参数：先布置掏槽孔、周边孔，然后是底板孔、内圈孔、二台孔，最后布置掘进孔，掘进孔均匀布置。内圈孔比掘进孔密些，比周边孔稀些，间距为周边孔的 1.5 倍左右，抵抗线为间距的 0.7 倍左右。因此二台孔、底板孔应比掘进孔适当加密。

周边孔参数确定：间距 $E=(8\sim12)d$，其中 $d=35$mm。对于预裂爆破 $E=400$mm，抵抗线 $W=(1.0\sim1.5)E$；预裂爆破 $W=500$mm，光面爆破 $W=600$mm，装药集度 $q=0.04\sim0.19$kg/m，根据经验取 $q=100$g/m。视围岩状况不同适当调整。

一次爆破总装药量：

$$Q = ksL \tag{5-8}$$

式中　k——隧道爆破炸药单耗，根据工程特点及经验取，kg/m³；

　　　s——开挖断面积，m²；

　　　L——炮孔深度，m；

　　　Q——循环爆破的总装药量，kg。

单孔装药量计算：隧道爆破炮孔所在部位不同，所起的作用是不同的，所以各部位炮孔的装药量是不同的。周边孔参照光面爆破及施工经验确定。其他各部位炮孔的装药量按式（5-9）计算：

$$q = kawL\lambda \tag{5-9}$$

装药结构与炮泥堵塞：可采用间隔不耦合装药或径向不耦合装药结构，不耦合装药（又叫间隔装药）也是光面爆破装药的结构特点。

其他炮孔均采用连续装药结构，要求将炮泥堵塞在与装药相接的部位。

5. 爆破安全控制措施

爆破安全控制措施如下：

① 爆破作业遵循浅孔密布的原则，少装药、短进尺、多循环、分台阶开挖。

② 左右线隧道同时施工时，严格控制光爆层的厚度，炮孔间距和装药量尽可能减少对地面建筑物和周边地层的扰动，后行隧道爆破开挖时，尽可能减少对先行隧道已成结构的扰动。

③ 爆破设计。爆破时应采用浅孔爆破技术，即炮孔直径不超过50mm，炮孔深度不超过5m的爆破方式，爆破施工应由专业施工队伍施工，爆破施工必须遵守《爆破安全规程》（GB 6722—2014）并获得有关单位批准，爆破施工时应加强对基坑及周围建（构）物的监测，保证不损伤围护结构及周围建（构）筑物。

④ 采用可行的爆破技术措施，爆破震动强度主要与爆破器材、岩石波抗阻、地形地貌条件、爆破方式及爆心与震动测点的间距等因素有关。因此，降低爆破震动可以采取以下措施：选择合理的炸药品种、选择合理的雷管起爆时差、选择合理的掏槽形式、选择合理的钻爆参数、确定单段最大装药量、确定最小爆距、确定各种断面炮孔布置及钻爆设计参数和确定起爆顺序。

⑤ 爆破施工时应对周围建（构）筑物、管线等进行监测，对砖混结构的安全震动速度为2cm/s，对框架结构的安全震动速度为3cm/s，管线震动速度应满足管线权属单位规定安全值，且不得大于5cm/s。

⑥ 爆破安全警戒：在爆破前，在距爆破点安全范围设置警戒线。起爆后经现场安全负责人及爆破负责人进入爆区进行安全检查，确认无盲炮后向爆破中心发出解除警报要求，车辆予以通行。

⑦ 爆破应尽可能安排在对周边环境影响小的时间段（居民区在白天，办公商业区在夜间）进行。

⑧ 做好超前地质预报工作，采用信息化施工，重视和加强监控量测工作，把监控量测工作贯穿于施工过程的始终，并应及时反馈信息指导施工。

5.5.3 电子雷管爆破减震技术

电子雷管又称为数码雷管，是一种可以随意设定并能够准确实现延期发火时间的一种新型电雷管，其具有雷管发火时刻控制精度和延期时间可以灵活设定这两大技术特点。电子雷管的延期发火时间是由其内部的一只微型电子芯片进行控制，延时控制误差可以达到微秒级别。电子雷管的延期发火时间可在爆破现场由爆破员对其进行设定，并可在现场对整个爆破系统实施编程控制。电子雷管爆破系统延期时间以1ms为单位，可以在0～8000ms的范围内为每一发雷管任意设定延期时间。

1. 电子雷管

电子雷管的起爆能力与瞬发雷管基本相同，其外形尺寸与瞬发雷管一样，只是雷管的长度尺寸是统一的。雷管的段别（延期时间）可在其装入炮孔并组成起爆网路以后，再用编码器进行编程设定。电子雷管内引火头前面由电子延期芯片取代了电雷管和非电雷管引火头后面的延期药。

电子雷管由五部分组成：集成电路块、塑性外壳、装药部分、电缆和连接器，如图5.35所示。该系统是以传统的引火药雷管系统为基础进行设计的，具有两个延期定时开关。

需要进行爆破时，在最后时刻输出电流，发出起爆信号，这样就可以确保工作面在电子系统发出起爆信号后才准确起爆，起爆时先释放出电容中的电流，点热引火桥丝引爆雷管。

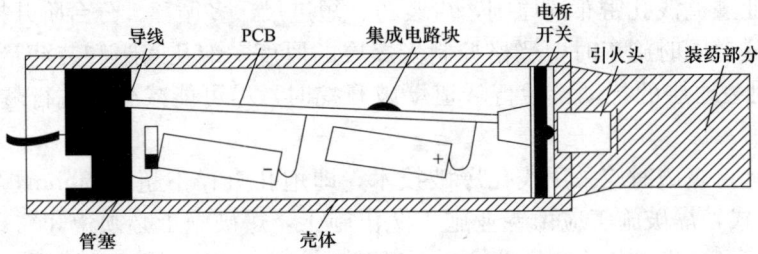

图 5.35　电子雷管示意图

电子雷管具有如下技术特点：

① 由电子延时集成芯片取代了传统延期药，雷管的发火延时精度高，准确可靠，有利于控制爆破效应，改善爆破效果。

② 很大程度地提高了雷管生产、储存和使用的安全技术性。

③ 在使用雷管的时候不必担心段别出错，操作简单快捷。

④ 可以实现雷管的国际标准化生产和进行全球信息化管理。

2. 电子雷管的起爆系统

电子雷管的起爆系统主要由三部分组成，即雷管、编码器和起爆器。

（1）编码器

编码器的功能是在爆破的现场对每发雷管进行设定所需的延期时间。具体的操作方法是，首先将雷管的脚线连接到编码器上，编码器会立即读出所对应该发雷管的 ID 编码，然后现场爆破技术人员可以按照设计要求用编码器向该发雷管设定所需要的延期时间。爆区内的每一发雷管的对应数据将按照一定的格式存储于编码器内。

编码器首先记录雷管在起爆回路中的位置，然后记录的是其 ID 码。在对雷管的 ID 码进行检测时，编码器还会对相邻雷管之间的连接、支路与起爆回路的连接、雷管的电子性能、雷管脚线短路或漏电与否等技术情况予以检测。对网路中每一发雷管的以上项目检测只需要 1s，如果雷管本身及其在网路中的连接情况正常，编码器就会提示操作员为该发雷管进行延期时间的设定。

编码器可提供下列三种雷管延期时间设定模式：

① 输入绝对延时发火时间：在此模式下，操作员只需要简单地按键设定每发雷管所想要的发火时刻。为了输入的方便，编码器会显示相邻前一发已设定雷管的发火时刻。

② 输入相邻雷管发火延时间隔：按这种输入模式，雷管的发火时刻设定方法与非电雷管地表延期回路相似，所选定的延期间隔加上其前一发雷管的发火时刻，即为该发雷管的发火时刻。编码操作员可以随意设定三个间隔时间，因此很容易实现在一个炮孔内采用几段延期时间的雷管。

③ 输入延期段数：延期段数输入模式，编码器操作人员只需为每发雷管设定一个号码，在起爆回路中雷管按其号码顺序发火，相邻号码的延期时间间隔取 25ms，或任何其他间隔时间，可以随意选择。

（2）起爆器

起爆器控制整个爆破网络与触发起爆。起爆器的控制逻辑比编码器高一个级别。脚线起爆器能够触发编码器，但编码器却不能触发起爆器，起爆网路编程与触发起爆所必须的程序命令设置在起爆器内。

起爆器通过双脚线与编码器连接，编码器放在距爆区较近的位置，爆破员在距爆区安全距离对起爆器进行编程然后触发整个爆破网路。起爆器会自动识别所连接的编码器，首先将它们从休眠状态唤醒，然后分别对各个编码器及编码器回路的雷管进行检查。起爆器从编码器上读取整个网路中的雷管数据，再次检查整个起爆网路，起爆器可以检查出每只雷管可能出现的任何错误，如雷管脚线是否短路，雷管与编码器是否正确连接。起爆器将检测出的网路错误存入文件并打印出来，帮助爆破员找出错误原因和发生错误的位置。

只有当编码器与起爆器组成的系统没有任何错误，且有爆破员按下相应按钮对其进行确认后，起爆器才能触发整个起爆网路。当出现编码器本身电量不足时，起爆器将会向编码器提供能量。整个网路内雷管的起爆编程将会在5min内完成。

3. 电子雷管爆破的减震技术

利用毫秒量级的时差间隔，以实现时间间隔在毫秒级各组炮孔按顺序进行起爆的方法称为微差爆破技术。电子雷管以其精确的毫秒延时时间间隔可以很好地胜任微差爆破起爆器材的角色，通过采用电子雷管进行起爆减震的主要原理是：对前后炮茬地震波进行有效叠加，也就是前一茬爆破的爆破地震波峰（或波谷）与后一茬爆破的爆破地震波谷（或波峰）进行叠加，达到有效降低振幅的目的。图 5.36 和图 5.37 验证了这个理论。

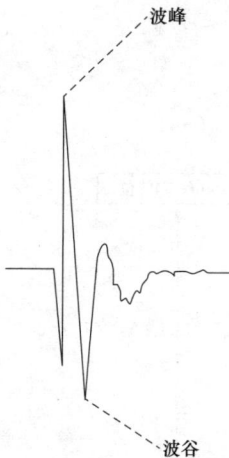

图 5.36 单孔爆破地震波波形图   图 5.37 微差爆破地震波波形叠加

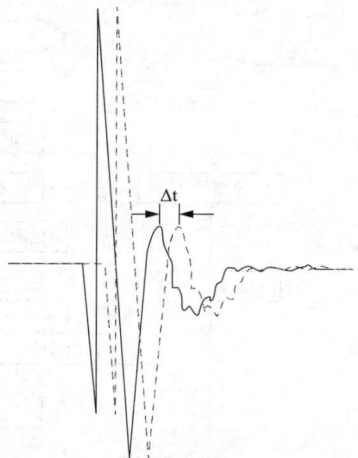

微差爆破技术是一种巧妙地安排各个炮孔起爆次序与合理设置爆破时差的爆破技术，是目前爆破工程界使用最广泛的一种爆破方法。与此同时，微差爆破技术还有这样一些优点：

① 增加了岩石的破碎作用，能够减小岩石爆破块度，可以有效降低炸药的消耗量。

② 通过对相邻炮茬地震波的叠加可以有效降低爆破产生的地震效应，防止对围岩或地面建筑物造成破坏。

③ 减小了炮渣的抛掷距离，渣堆更集中，既可有效提高装渣效率，也可防止炮渣抛掷能量较大，崩损机械设备。

综合以上分析，爆破方案设计时采用的经验公式及取得的爆破参数均是根据传统电雷管所得，在电子雷管应用于工程实际时，每次起爆所用微差时间及爆破参数都应依据上次震动监测数据及围岩的情况进行调整。

5.6 隧道下穿段开挖工法转换技术

上软下硬地层具有岩土体空间分布差异大的显著特点，当在上软下硬特殊地层中进行浅埋暗挖施工时，出于安全、成本及进度等综合考虑，单一的开挖方法往往不能满足施工要求，因地制宜的提出施工方案，结合不同地质情况采取适宜的开挖方法往往能取得良好的工程效果。

5.6.1 深农区间隧道下穿段开挖施工技术

针对深农区间不同地质特征及其周边环境特点，结合隧道不同入岩深度对围岩及支护结构变形的影响规律，确定合理的工法转换时机，采用不同施工工法进行隧道开挖。特别是针对下穿工业厂房隧道埋深浅、周边环境复杂、不宜进行爆破施工的实际情况，采用CD法非爆破快速施工；当隧道已安全下穿重点区域后，采用台阶法施工。

1. 全断面法施工

隧道Ⅱ、Ⅲ级围岩地段采用全断面开挖法（图5.38）施工，配备多功能台架配合风钻进行钻孔作业，非电毫秒雷管、二号岩石乳化炸药光面爆破，全断面一次成型。全断面开挖支护作业流程为：超前地质预报→台架（车）、机具就位→全断面测量画线布眼→钻炮眼→装药爆破→清危排险→出碴→打锚杆→喷混凝土→稳定安全检查及监控量测→下一循环。

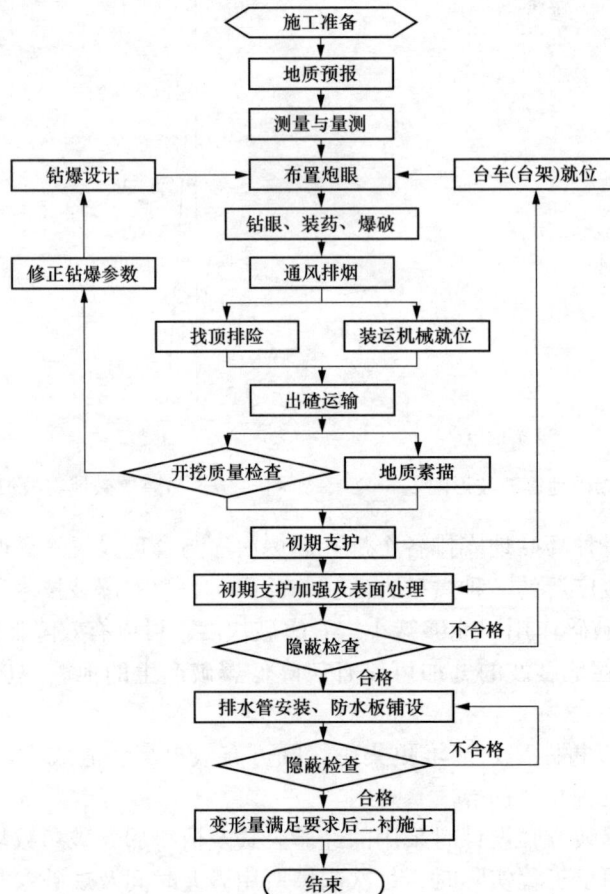

图5.38 全断面法施工流程

采用挖掘机配合侧翻装载机装碴，自卸汽车运碴。出碴完成后，先进行初喷混凝土，然后进行喷锚支护，支护紧跟开挖，以确保施工安全。

2. CD 法施工

（1）工艺要求

CD 法开挖也叫中隔壁法，其开挖及初期支护分六步，即六个导洞。左侧上下两个导洞为先期开挖的第一、二导洞，左侧隧底为第三导洞，右侧上下按顺序分别为第四、五导洞，右侧隧底为第六导洞。左侧一、二、三导洞成台阶状，右侧四、五、六导洞成台阶状。具体见表 5.6。

表 5.6 CD 法开挖工序

名称	横断面示意	纵断面示意	适用围岩
中隔壁法（CD 法）			IV 级围岩段

（2）施工步骤

CD 法开挖施工步骤说明见表 5.7，施工步骤和施工工序如图 5.39、图 5.40 所示。

表 5.7 CD 法开挖施工步骤说明

施工步骤	代表部位	工作内容
①	左上台阶	① 利用上一循环架立的钢架施作隧道侧壁超前支护及导坑侧壁 $\phi22$ 水平锚杆超前支护。 ② 非爆破开挖①部。 ③ 施作①部导坑周边的初期支护和临时支护。即初喷 4cm 厚混凝土，架立型钢钢架和 I18 临时钢架，并设锁脚锚杆。 ④ 钻设径向锚杆后复喷混凝土至设计厚度
②	左下台阶	① 滞后①3～5m 非爆破开挖②部。 ② 导坑周边部初喷 4cm 厚混凝土。 ③ 接长型钢钢架和 I18 临时钢架，并设锁脚锚杆。 ④ 钻设径向锚杆后复喷混凝土至设计厚度
③	左隧底	① 在滞后于②部一段距离后，弱爆破开挖③部。 ② 接长 I18 临时钢架。 ③ 隧底周边部分喷混凝土至设计厚度
④	右上台阶	开挖④部并施作导坑周边的初期支护和临时支护，步骤及工序同①
⑤	右下台阶	滞后④3～5m 开挖⑤部并施作导坑周边的初期支护和临时支护，步骤及工序同②
⑥	右隧底	① 在滞后于⑤部一段距离后，弱爆破开挖⑥部。 ② 隧底周边部分喷混凝土至设计厚度
⑦	仰拱施工	根据监控量测结果分析，待初期支护收敛后，拆除 I18 临时钢架，灌注⑦部边墙基础与仰拱及隧底填充（仰拱与隧底填充分次施工）
⑧	拱、边墙二衬砌	利用衬砌模板台车一次性灌注⑧部衬砌（拱墙衬砌一次施作）

145

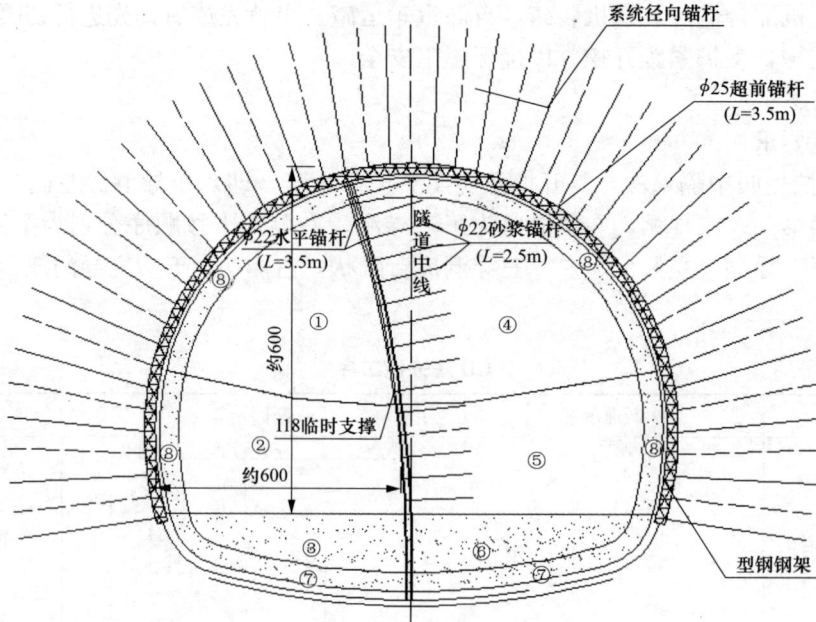

图 5.39　CD法开挖施工步骤图

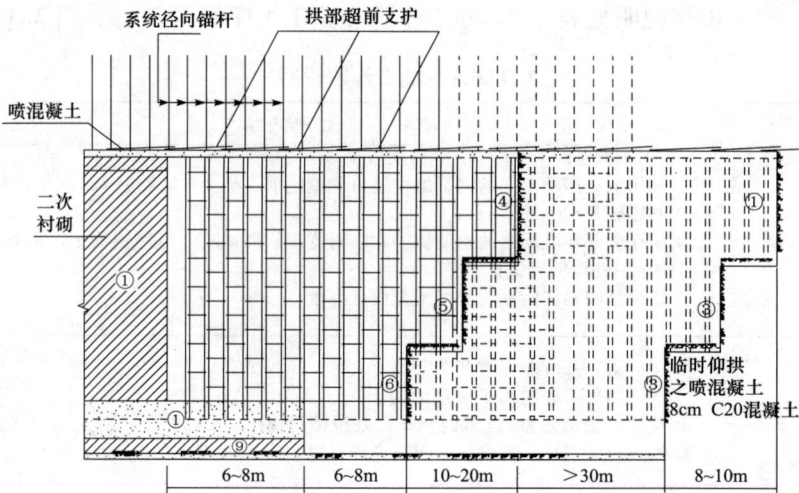

图 5.40　CD法施工工序纵断面图

（3）施工流程

施工流程如图 5.41 所示。

（4）开挖施工原则

① 总体实施掘进（非爆破、弱爆破、无轨运输出碴）、支护（超前支护、锚、网、喷）、衬砌（拌、运、灌、振捣）三条机械化作业线，把"超前地质预报"纳入工序管理，把"加强支护、量测监控、强化通风"作为施工管理重点。

② 软弱围岩和不良地质地段认真贯彻"先加固、后开挖、弱爆破、强支护、快成环、严防水、勤量测"的施工方针。

地质预测预报	←	仪器准备
左上台阶超前支护	←	材料、机具准备
左上台阶凿岩机钻眼，弱爆破开挖	←	凿岩机、炸药、风、水、电准备
施作左拱、墙初期支护，I18临时支护	←	型钢钢架、I18临时钢架准备、锚杆、钢筋网、混凝土及机具准备
左下台阶凿岩机钻眼，弱爆破开挖	←	凿岩机、炸药、风、水、电准备
施作左边墙初期支护，接长I18临时支护	←	型钢钢架、I18临时钢架准备、锚杆、钢筋网、混凝土及机具准备
左隧底凿岩机钻眼，弱爆破开挖	←	凿岩机、炸药、风、水、电准备
施作左隧底边墙、仰拱初期支护，接长I18临时支护	←	型钢钢架、I18临时钢架准备、混凝土及机具准备
左上台阶超前支护	←	材料、机具准备
右上台阶凿岩机钻眼，弱爆破开挖	←	凿岩机、炸药、风、水、电准备
施作右拱、墙初期支护	←	型钢钢架、锚杆、钢筋网、混凝土及机具准备
右下台阶凿岩钻眼，弱爆破开挖	←	凿岩机、炸药、风、水、电准备
施作右边墙初期支护	←	型钢钢架、锚杆、钢筋网、混凝土及机具准备
右隧底凿岩机钻眼，弱爆破开挖	←	凿岩机、炸药、风、水、电准备
施作右隧底边墙、仰拱初期支护，使初期支护封闭成环	←	型钢钢架、混凝土及机具准备

图 5.41 CD法施工流程

③ 本着"方便施工，有利管理，满足使用，注意环境保护和水土保持"的原则，做好施工场地布置。

④ 施工用电以接引地方电为主，自发电为辅。为保证施工正常，在每一施工洞口配备发电机作为备用电源。

⑤ 一般隧道掘进，采用凿岩台架钻孔。重点隧道有条件地段使用三臂液压台车钻孔；爆破采用光面爆破；隧道装碴运输采用无轨运输，ITC312电动挖掘装岩机挖装，20t自卸汽车运输。

⑥ 施工中若遇地下水，应取样化验，了解是否有侵蚀性，以便决定是否变更水泥品种，调整水灰比或采取其他措施，以防侵蚀。

（5）施工工序

① CD法开挖。

Ⅳ级围岩浅埋段或Ⅴ级围岩深埋段，采用CD法开挖，CD法开挖每循环进尺1.5m。

a. 利用上一循环架立的钢架施作隧道主体结构超前支护。

b. 分台阶开挖 1、2、3 部，同时逐步施作导坑周边的主体结构的初期支护和中隔壁临时支护，即初喷混凝土，架立隧道钢架和接长临时钢架，钻设径向系统锚杆后复喷混凝土至设计厚度。同时每级台阶底部及时喷射 10cm 混凝土封闭，并设锁脚锚杆。

c. 分台阶开挖 4、5、6 部，除中隔壁部分临时钢架已施工完毕，其余步骤均参见第①、②步工序。

d. 拆除开挖尾部靠近二次衬砌仰拱 6～8m 范围内临时中隔壁钢架，灌注该段内仰拱。

e. 灌注该段内隧底填充，接长中隔壁临时钢架，使得钢架底支撑于仰拱填充顶面。

f. 上述步骤逐步循环，并根据监控量测结果分析，待初期支护收敛后，逐段拆除临时钢架，利用衬砌模板台车一次性灌注二次衬砌（拱墙衬砌一次施作）。

② 超前大管棚施作。

管棚施工前应先施工套拱，利用套拱进行导向，同时借助混凝土套拱稳定仰坡面山体。套拱混凝土达到 100％强度时，方可实施管棚钻孔工作。采用 ϕ108mm，壁厚为 6mm 的大管棚方案通过。管棚中心距开挖轮廓线约为 30cm，外插角为 1°～3°，采用 ϕ108×6mm 的无缝钢管制作，以确保支护质量。

③ 超前小导管施作。

超前小导管 ϕ42mm，厚为 3.5mm 的热轧无缝钢管，长度 L＝3.5m 钢管管身带 ϕ10mm 注浆孔，前端成尖锥状，尾部焊 ϕ6mm 箍筋。环向为 40cm，沿隧道开挖轮廓线单排布置，纵向搭接长度不小于 1.0m，外插角为 5°～10°，钻孔采用 YT28 型风枪钻孔，钻孔深度不小于 3.2m，钻孔直径比钢管直径大 3～5mm。小导管用锤击或钻机顶入，顶入长度不小于 3.15m，并用高压风将管内砂石吹出。小导管安装后，用快凝水泥砂浆封堵孔口及周围裂隙，必要时在附近喷混凝土。

水泥浆使用水泥净浆搅拌器造浆，用注浆泵注浆，孔口混合器全孔一次压注。

注浆顺序：先注无水孔，后注有水孔；先注小水孔，后注大水孔。

注浆压力控制：注浆压力以孔口压力表显示值为准，通过注浆泵控制调节，确保注浆安全。

泵量：一般要求泵量不小于出水量，尽量用大泵量注浆。如发现有脱落的石块或混凝土块被钢筋网架住时，及时清除。

④ 仰拱施作。

仰拱紧跟下台阶工作面施工，是喷锚构筑法施工的主要原则之一，初期支护尽早封闭成环，对控制围岩过大变形、实现安全施工、改善洞内排水和运输条件关系极大，特别在软弱围岩及破碎带地段仰拱紧跟开挖工作面更为重要。

仰拱与下台阶一次开挖成形，用弃碴回填至需要高度，随后施作仰拱隧底混凝土。为了保证运输畅通，采用仰拱栈桥架空后，再浇筑仰拱混凝土。仰拱栈桥采用 2 根工字钢做纵梁，上部横向焊接直径为 20mm 圆钢做梁面。混凝土达到设计强度的 50％后，将轨束梁移到下一段落，继续施工。仰拱混凝土施工每段长 6～8m，混凝土由 2 台 HZ100 搅拌楼拌制，混凝土运输车运输，混凝土输送泵浇筑，插入式振动棒捣固密实。运输仰拱栈桥结构示意图如图 5.42 所示。

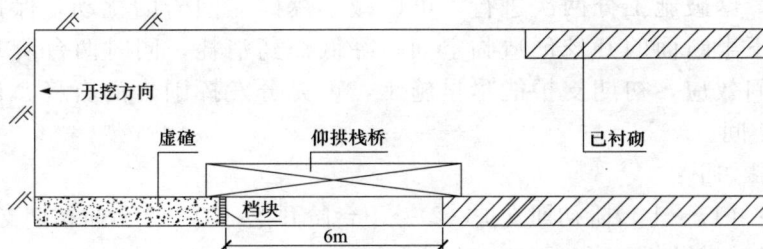

图 5.42 运输仰拱栈桥结构示意图

⑤ 超欠挖处理措施。

工程部根据围岩及爆破实际情况，及时修正爆破参数；在浇筑混凝土时预留压浆孔，便于对不密实处注浆处理；隧道激光断面仪测量断面净空，处理超欠挖，安装拱架时精确定位，拱架安装后尽快焊接连接筋，喷混凝土形成整体受力体系。

⑥ 施工注意事项如下：

a. 隧道施工应该坚持"弱爆破、短进尺、强支护、早封闭、勤测量"的原则。

b. 开挖方式均采用弱爆破或人工开挖，爆破时严格控制炮眼深度及装药量。

c. 工序变化处之钢架（或临时钢架）应设锁脚钢管，以确保钢架基础稳定。

d. 钢架之间纵向连接钢筋应按要求设置，及时施作并连接牢固。

e. 右部导洞开挖应滞后于左部导洞，距离不小于 30m 为宜。

f. 临时钢架的拆除应等洞身主体结构初期支护施工完毕并稳定后方可进行。

g. 施工中应按有关规范及标准图的要求进行监控量测，及时反馈结果，分析洞身结构的稳定，为支护参数的调整、灌注二次衬砌的时机提供依据。

3. 台阶法

（1）施工准备

① 施工测量放样：开挖前将控制开挖的中线水平引至开挖部位掌子面，确定开挖轮廓。根据钻爆设计布置好炮眼。

② 钻爆设计：岩石隧道开挖前，根据工程地质条件、开挖断面、开挖方法、掘进循环进尺、钻眼机具和爆破材料等进行钻爆设计。其内容为：炮眼的布置、数目、深度和角度，装药量和装药结构，起爆方法和爆破顺序，凿岩机的台数安排等。设计图包括：炮眼布置图、周边眼装药结构图、钻爆参数表。

③ 根据施工设计图及定型图绘制开挖施工草图。施工草图上的中线、水平控制桩与现场放样桩点相对应。隧道施工为避免侵限，一般需将净空放大 5cm，所以在绘制开挖草图时，也将开挖轮廓尺寸放大 5cm（底部不再放大），而且还要根据实际，结合规范要求，预留初期支护变形量为 5~8cm，即开挖轮廓线还要放大 5~8 cm。

④ 开挖作业照明安装，钻眼机具到位，高压风水管进行连接。

⑤ 做好洞内外排水系统，保证排水畅通。

⑥ 规划弃碴场位置，布设出碴路线、出碴设备准备。

（2）上下台阶法

上下台阶法适用于双线隧道Ⅲ级、Ⅳ级围岩。施工时先开挖上半断面，待开挖到一定长度后再同时开挖下半断面，形成上、下断面同时并进的施工方法。将隧道断面分上下台阶开挖，爆破施工分两次进行，可以减小爆破对围岩的扰动，保护围岩，上半断面开挖后为下半断面的开挖创造临空面，降低炸药消耗，同时两台阶开挖可减小隧道开挖后的空间效应，初期支护能尽早施工，可充分发挥围岩的自稳、自承能力，获得安全的地下空间。

① 施工步骤如下：

上台阶开挖（1）→上台阶初期支护（2）→下台阶开挖（3）→下台阶初期支护（4）→全断面二次衬砌（5）。横纵断面图如图5.43所示。

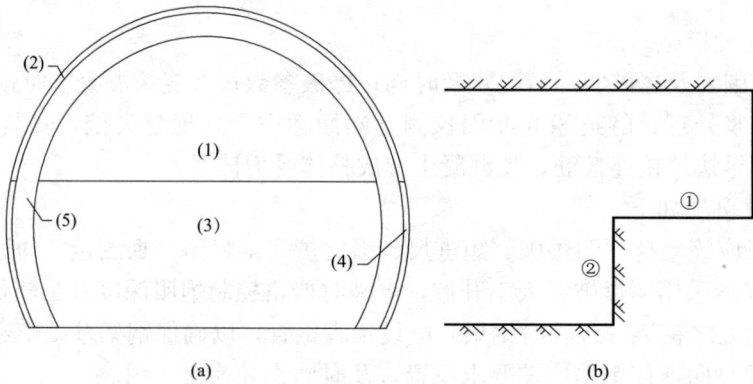

图5.43 上下台阶法施工步骤

(a) 横断面；(b) 纵断面

a. 在上一循环的超前支护防护下，爆破开挖1部台阶，施作1部台阶周边2部的初期支护：初喷混凝土，架立钢架（设锁脚锚杆），铺设钢筋网，并钻设径向锚杆后复喷混凝土至设计厚度。

b. 上台阶施工至适当距离后，爆破开挖3部台阶，施作台阶周边4、5部的初期支护：初喷混凝土，架立钢架（设锁脚锚杆），铺设钢筋网，并钻设径向锚杆后复喷混凝土至设计厚度。

c. 根据监控量测结果分析，确定二次模筑衬砌施作时机，利用衬砌模板台车一次性灌筑衬砌，拱墙衬砌一次施作。

② 工艺流程如图5.44所示。

③ 台阶法施工要求如下：

a. 隧道施工应坚持"弱爆破、短进尺、强支护、早封闭、勤量测"的原则。

b. 开挖方式采用弱爆破，爆破时严格控制炮眼深度及装药量。

c. 台阶长度宜控制在3～10m之内；围岩稳定较差时，控制在1～3m。

d. 围岩段封闭位置距离掌子面不得大于20m。

e. 仰拱距开挖面不超过35m。

f. 下台阶断面开挖应两侧交错进行，下台阶开挖后仰拱应紧跟。施工中应解决好上下台阶的施工干扰问题，下部应减少对上部围岩、支护的扰动。

g. 施工中，Ⅳ级围岩段开展洞内处观察及拱顶下沉，净空变化监控量测，量测断面间距不大于10m，及时反馈结果，分析洞身结构的稳定，为支护参数的调整、灌筑二次衬砌的时机提供依据。

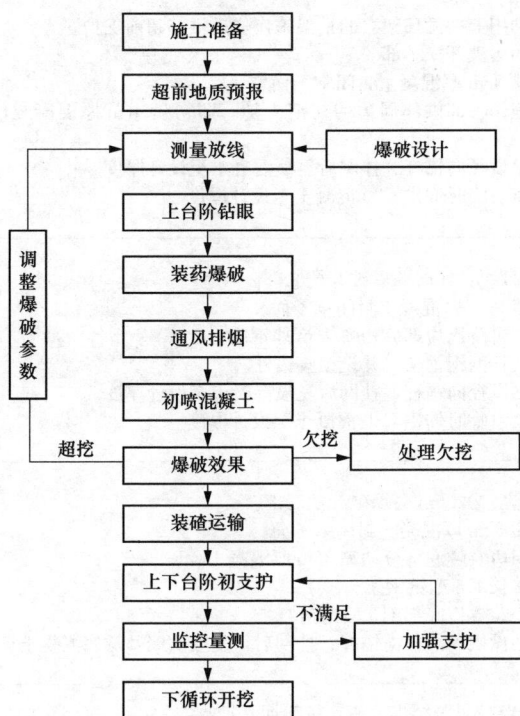

```
                    ┌──────────┐
                    │  施工准备  │
                    └─────┬────┘
                    ┌─────▼────┐
                    │ 超前地质预报 │
                    └─────┬────┘
        ┌──────────┐ ┌────▼────┐ ┌──────────┐
        │          │→│ 测量放线  │←│  爆破设计  │
        │          │ └────┬────┘ └──────────┘
        │          │ ┌────▼────┐
        │          │ │ 上台阶钻眼 │
        │          │ └────┬────┘
        │ 调        │ ┌────▼────┐
        │ 整        │ │ 装药爆破  │
        │ 爆        │ └────┬────┘
        │ 破        │ ┌────▼────┐
        │ 参        │ │ 通风排烟  │
        │ 数        │ └────┬────┘
        │          │ ┌────▼────┐
        │          │ │ 初喷混凝土 │
        │          │ └────┬────┘  欠挖  ┌──────────┐
        │          │←┤ 爆破效果  ├──────→│  处理欠挖  │
        └──────────┘ 超挖└────┬────┘      └──────────┘
                    ┌────▼────┐
                    │ 装碴运输  │
                    └────┬────┘
                 ┌───────▼──────┐       ┌──────────┐
                 │  上下台阶初支护 │←──────│  加强支护  │
                 └───────┬──────┘       └──────────┘
                 ┌───────▼──────┐ 不满足      ▲
                 │   监控量测    ├───────────┘
                 └───────┬──────┘
                 ┌───────▼──────┐
                 │   下循环开挖   │
                 └──────────────┘
```

图 5.44 台阶法工艺流程

h. 上台阶施作钢拱架时，采用扩大拱脚和锁脚锚杆等措施，控制围岩和初期支护变形。

i. 下台阶在上台阶喷射混凝土达到设计强度70％以上时开挖，当岩体不稳定时需缩短进尺，必要时分下台阶左右两部开挖，并及时施作初期支护和仰拱。

j. 下台阶施工时，要保证初期支护钢架整体顺接平直，螺栓连接牢靠。

k. Ⅳ级围岩上台阶每循环开挖进尺不应大于2榀钢架；边墙每循环开挖支护进尺不得大于2榀钢架间距，仰拱开挖前必须完成钢架锁脚。

l. 对于不良地质地段二次衬砌应及时施作，二次衬砌距离掌子面Ⅴ级围岩不得大于70m。

（3）三台阶法施工

三台阶法适用于本区段隧道Ⅳ、Ⅴ级围岩。将隧道分成三部分开挖，施工时先开挖上台阶，待开挖到一定长度后再同时开挖中台阶及下台阶，形成上、中、下三台阶同时并进的施工方法。将隧道断面分上中下台阶开挖，爆破施工分三次进行，可以减小爆破对围岩的扰动，保护围岩，上台阶开挖后为中下台阶的开挖创造临空面，降低炸药消耗，同时三台阶开挖可减小隧道开挖后的空间效应，初期支护能尽早施工，可充分发挥围岩的自稳、自承能力，获得安全的地下空间。

① 施工步骤见表5.8和如图5.45、图5.46所示。

② 工艺流程如图5.47所示。

表5.8 三台阶临时仰拱法开挖施工步骤说明

代号	代表部位	工作内容
①	上台阶	① 利用上一循环架立的钢架施作隧道拱部超前支护。 ② 弱爆破开挖①部。 ③ 喷8cm厚混凝土封闭掌子面。 ④ 施作①部拱部周边的初期支护。即初喷4cm厚混凝土，架立I16型钢钢架并设锁脚锚杆。 ⑤ 钻设径向锚杆、挂网后复喷混凝土至设计厚度。 ⑥ 喷射临时仰拱C20混凝土至设计厚度
②	中台阶	① 滞后①2.0m弱爆破开挖②部。 ② 喷8cm厚混凝土封闭掌子面。 ③ 中台阶周边部分初喷4cm厚混凝土。 ④ 接长型钢钢架，并设锁脚锚杆。 ⑤ 钻设径向锚杆、挂网后复喷混凝土至设计厚度。 ⑥ 喷射临时仰拱C20混凝土至设计厚度
③	下台阶	① 滞后②2.0m弱爆破开挖③部。 ② 喷8cm厚混凝土封闭掌子面。 ③ 周边及隧底部分初喷4cm厚混凝土。 ④ 接长I16型钢钢架。 ⑤ 安装隧道底部I16型钢钢架。 ⑥ 钻设拱墙部径向锚杆、挂网后，复喷拱墙及隧底混凝土至设计厚度
④	仰拱施工	根据监控量测结果分析，待初期支护收敛后，灌注④部边墙基础与仰拱及隧底填充（仰拱与隧底填充分次施工）
⑤	拱、边墙二次衬砌	利用衬砌模板台车一次性灌注⑤部衬砌（拱墙衬砌一次施作）

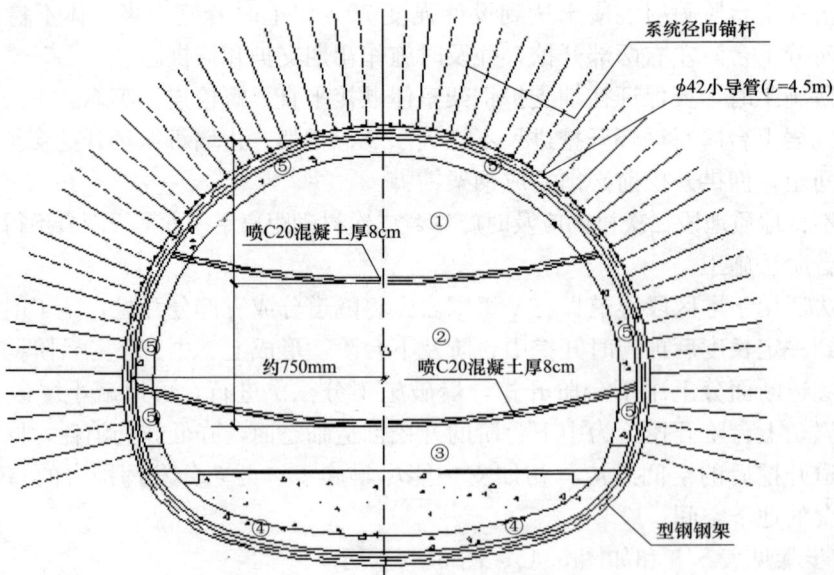

图5.45 三台阶法开挖施工步骤图

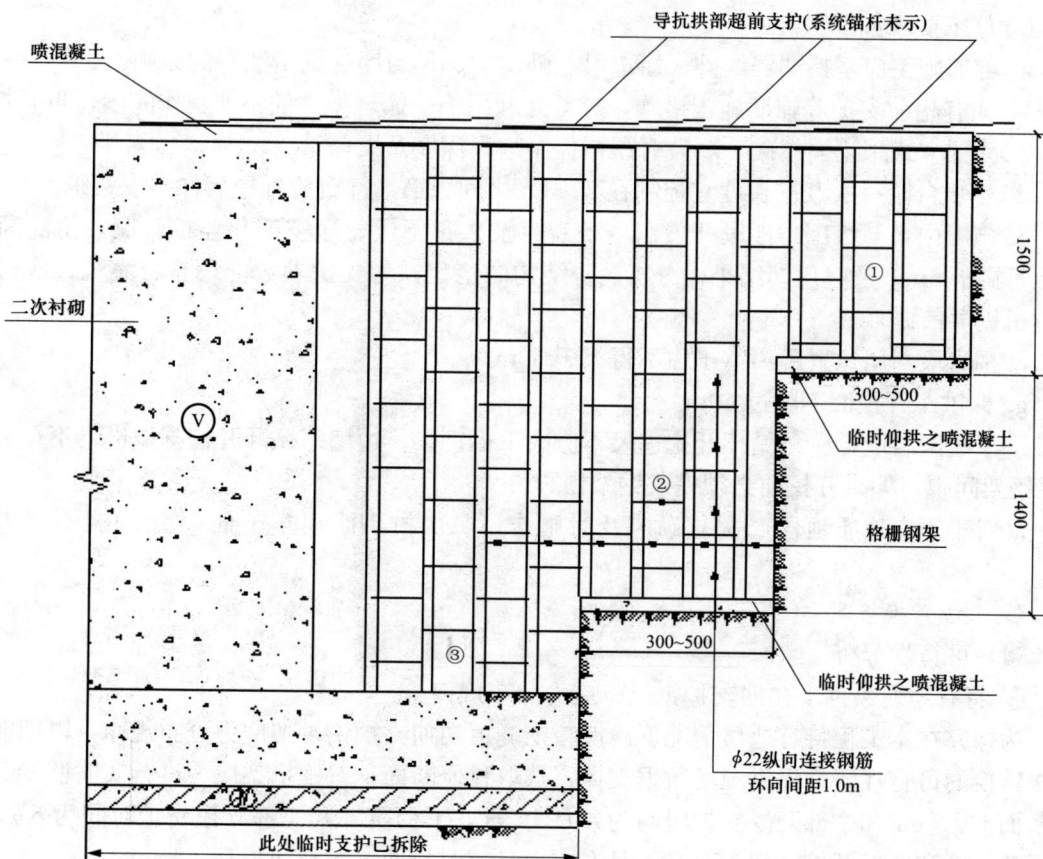

图 5.46 三台阶法施工工序纵断面图

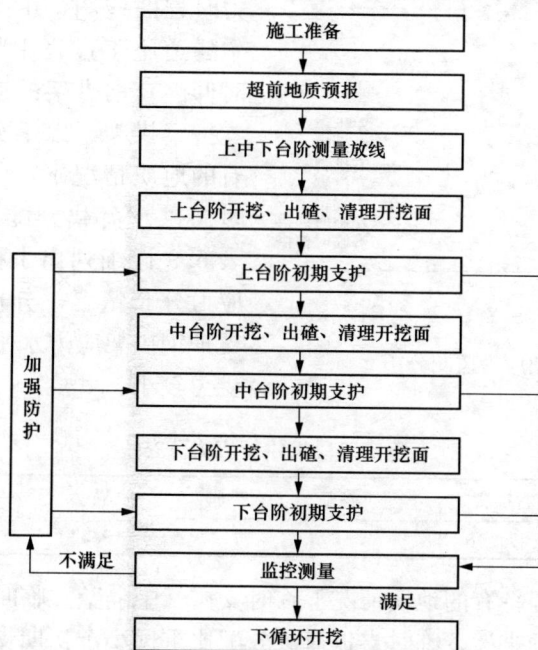

图 5.47 三台阶法工艺流程

③ 施工要求如下：

a. 隧道施工应坚持"弱爆破、短进尺、强支护、早封闭、勤量测"的原则。

b. 如有超前支护等辅助施工措施，应首先利用上一循环架立的钢架施作完毕，再开挖。

c. 开挖方式采用弱爆破，爆破时严格控制炮眼深度及装药量。

d. 各步台阶一次开挖长度宜控制在2~3m之间，第3部台阶开挖后仰拱应紧跟。

e. 施工中，Ⅴ级围岩地段开展洞内外观察及拱顶下沉、净空变化监控量测，量测断面间距不大于5m，及时反馈结果，分析洞身结构的稳定，为支护参数的调整、灌筑二次衬砌的时机提供依据。

f. 围岩段封闭位置距离掌子面不得大于35m。

g. 仰拱距开挖面不超过40m。

h. Ⅴ级围岩上台阶每循环开挖进尺不应大于榀钢架；边墙每循环开挖支护进尺不得大于2榀钢架间距，仰拱开挖前必须完成钢架锁脚。

i. 对于不良地质地段二次衬砌应及时施作，二次衬砌距离掌子面Ⅴ级围岩不得大于70m。

4. 工法转换技术

（1）可行性分析

① 特有地质条件下初期支护钢拱架应力分布规律。

为探究在本工程特有地质情况下浅埋暗挖隧道初期支护钢拱架应力分布规律，以期能为工法转换的可行性研究提供现场数据支撑，选取科研断面，对钢拱架应力进行实时监测。科研断面上台阶1和2部开挖支护时间为8月15日，下台阶3和4部开挖支护时间为8月21日，隧底5和6部开挖时间为9月1日左右，且此时初期支护封闭成环。

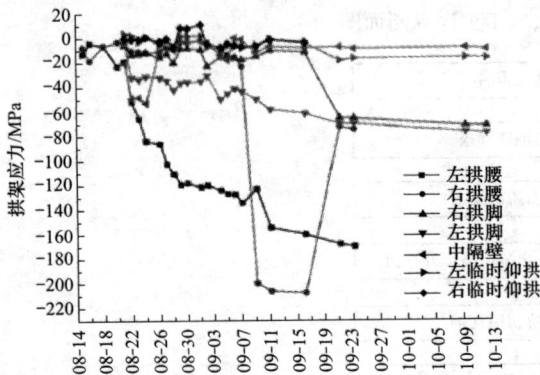

图5.48 钢拱架应力监测分析

图5.48为科研断面不同测点钢拱架应力时程曲线图，由图对比分析可知，在整个隧道施工过程中临时支护（中隔壁、临时仰拱）钢拱架的应力水平远远低于永久支护钢拱架。以上分析表明，在本工程特有的地质情况下，临时支护（中隔壁、临时仰拱）荷载分配比重远小于初期支护。表5.9详细列出了稳定阶段钢拱架各测点应力分布情况，分析表中数据可知，临时支护钢拱架应力水平较永久支护钢拱架低，受力较小。

表5.9 稳定阶段钢拱架应力分布

测点	左拱腰	右拱腰	左拱脚	右拱脚	中隔壁	左临时仰拱	右临时仰拱
应力	−169.20	−74.46	−71.31	−77.27	−9.28	−16.34	−3.60

综上所述，在本工程特有的地质情况下临时支撑（中隔壁、临时仰拱）受力较小，应力水平远远低于永久支护钢拱架，临时支护荷载分配比重远小于初期支护。随着目前掌子面入岩深度的增加，围岩稳定性越来越好，围岩自承能力强，临时支撑受力亦不可避免地会随之

进一步减小，可以考虑进行工法转换，采用台阶法，不架设临时支撑，扩大作业空间，提高施工效率。

另一方面，CD法基于分块开挖思想，在施工过程中开挖和临时支护拆除多次扰动围岩，致使围岩多次进行应力重分布，造成围岩二次变形；且其工序转化复杂，操作空间小，不利于大型机械设备的使用，施工进度慢。目前，本工程地质条件越来越好，围岩自承能力强，选取台阶法进行施工，既可避免分部开挖多次扰动围岩，同时也为机械化施工提供足够的作业空间，提高施工效率，保证施工进度，并能减少由于增加临时支护带来的额外预算。

② 现阶段地质情况成拱能力分析。

围岩拱效应是指围岩为抵抗洞室开挖引起的围岩不均匀变形而进行自我调节的一种现象，如果把围岩和支护结构看成一个整体，压力拱是保证洞周稳定和减小支护结构受力的内在原因。其主要特点是洞室开挖，初始应力场被打破，荷载传递路线发生偏离，主应力方向发生偏转，并形成重分配应力场，最大主应力流线形呈拱形状。洞室开挖后，围岩最大主应力将随之增大，在洞室周围形成一个应力集中区，此应力集中区即为围岩压力拱。根据围岩应力分布特征，洞室开挖后围岩可分为应力释放区、应力集中区和原始应力区三个区域，如图 5.49 所示，其中应力集中区是围岩主要承载单元，可以根据应力集中区的范围来确定围岩压力拱的内外边界。

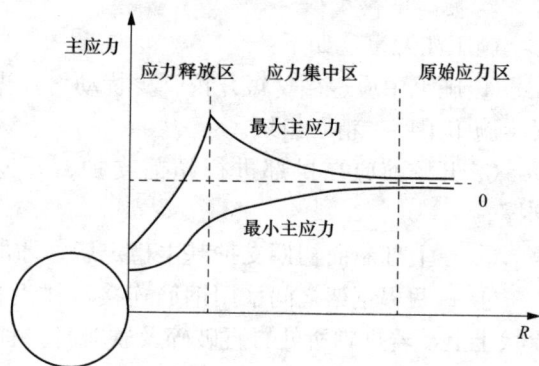

图 5.49　围岩应力分区

压力拱的内边界为围岩松动区与压力拱（应力集中区）的分界线，由于拱体自身和其上的荷载向洞室两侧转移，拱体内部的最大主应力增大，最小主应力减小，最大主应力达到最大处即为内边界。

压力拱的外边界为压力拱（应力集中区）与原始应力区的分界线，在原始应力区，围岩的应力状态基本不受隧道开挖的影响，围岩应力趋近于地层初始地应力。据此，可用围岩中主应力的变化率来判断围岩是否属于拱体，如变化率过大，则被认为该部分围岩进入了拱体，反之未进入拱体。一般认为，开挖前后的围岩主应力差与原主应力比不超过 3%，围岩受隧道开挖影响可忽略不计，围岩属于原始应力区。

(2) 工法转换时机

对于深圳地铁 7 号线深农区间隧道下穿广深高速、北环快车道和工业厂房等工程，结合第 3、4 章力学机理和安全性分析可知：①不同掌子面入岩深度下拱顶沉降变化曲线大致可以分为两个阶段：第 1 阶段是入岩深度从 0~16m，随着入岩深度的增加，拱顶沉降急剧减小；第 2 阶段，入岩深度大于 16m，岩层已经完全覆盖隧道拱顶后，拱顶沉降随入岩深度的增加变化很小，基本稳定。②隧底隆起受掌子面入岩深度影响较小，不同入岩深度下，隧底隆起基本无变化。③不同掌子面入岩深度下地表沉降的变化曲线大致可以分为三个阶段：第 1 阶段是入岩深度从 0~10m，随着入岩深度的增加，地表沉降急剧减小；第 2 阶段，入岩深度从 10~16m，随着入岩深度的增加，地表沉降减小速率趋于缓和；第三阶段，入岩深度大于 16m，岩层已完全覆盖隧道拱顶后，地表沉降随入岩深度的增加基本无变化。

通过以上分析可知，随着掌子面入岩深度的增加，围岩变形呈减小的趋势，并最终都趋于稳定，其大小不再随入岩深度的增加而变化，表 5.10 为围岩变形不随掌子面入岩深度增加而变化时的入岩深度值。综合考虑安全、经济等因素，最终确定在掌子面入岩深度为 16m 时进行工法转换，由原设计的 CD 工法改为三台阶法进行施工。

表 5.10　　　　　　　　　　　　　围岩变形稳定入岩深度值

项目	稳定时入岩深度/m
拱顶沉降	16
地表沉降	16
隧底隆起	隧底隆起随入岩深度的增加基本无变化

5. 施工注意事项

施工注意事项如下：

① 施工中应遵循"短开挖、少扰动、强支护、实回填、严治水、勤量测"的施工原则，紧凑施工工序，精心组织。

② 开挖前应在拱部进行超前支护、开挖每循环长度为 1.0m，开挖后及时安装钢架支撑。

③ 在上部断面初期支护基本稳定后，才能进行下部断面开挖。

④ 每两榀钢架之间采用钢筋连接，并设置锁脚锚管。要认真加固拱脚，保证拱脚位于原状土上，若拱脚所处岩石破碎及软弱时，宜加临时长钢垫板。下半洞边墙开挖必须单侧落底，避免上部断面两侧拱脚同时悬空。

⑤ 台阶法施工时，左右侧下台阶开挖高度控制在 2～3m，左右台阶开挖应错开 2～3m，严禁对开，并及时接长拱架。

⑥ 工作面若有失稳现象，及时用喷射混凝土封闭、加设锚杆、架立钢支撑等加强支护。

5.6.2　皇福区间下穿福民车站施工技术

1. 施工总体部署

根据皇福区间隧道施工总体筹划安排，下穿 4 号线福民站段从 7 号线福民站西端工作井进洞施工，以 7 号线福民站 1 号预留出土孔为主要通道进行施工布置，见图 5.50。

为尽量减少对 4 号线车站的影响，下穿段隧道施工先右洞贯通后再开挖左洞。

下穿段施工步序为：拆除 7 号线福民站端头洞口地连墙→①部注浆、开挖支护→拆除 4 号线福民站东端隧道地连墙→②部注浆、开挖支护→拆除 4 号线福民站西端隧道地连墙→③部注浆、开挖支护→分段二衬施工。

下穿段地层超前加固采用磨细水泥＋水玻璃双液浆，加固范围为隧道间及轮廓线外 3m，注浆段长为 6m，每段开挖长度为 4m，预留 2m 止浆段，注浆通过试验确定最优施工参数，确保地层加固质量。下穿段隧道为矩形断面，采用 CRD 四步法暗挖施工，开挖初期支护每环步距为 50cm。初期支护由超前小导管＋型钢格栅＋喷射混凝土组成，隧道开挖采用人工及小型机械配合，垂直运输采用福民站现有 16T 门机抓斗或汽车吊配合，初期支护型钢钢架在场外加工区制作，通过提升设备垂直运输及小型车辆水平运输至作业面，采用人工安装钢架、钢筋网片、喷射混凝土作业。

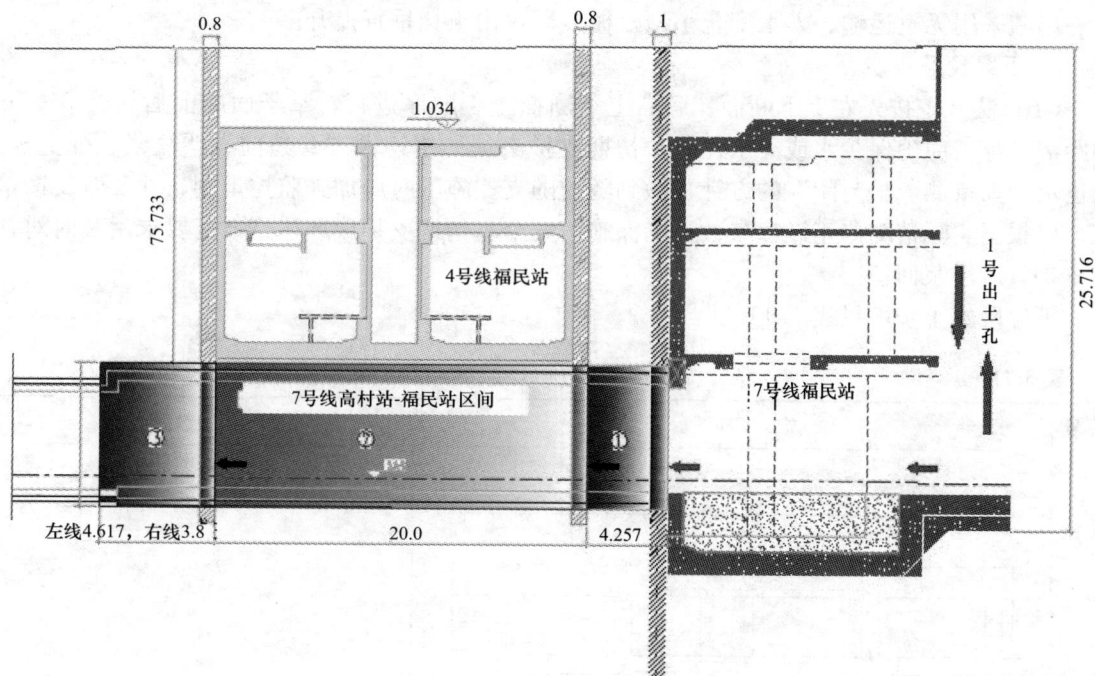

图 5.50　皇福区间下穿段施工步序示意图

2. 总体施工方案

通过 7 号线福民站西端预留 1 号出土孔进入下穿段施工，下穿段共分三步进行，①部为4 号线与 7 号线福民站段，②步为正式下穿既有 4 号线段，③步为 4 号线与区间标准断面衔接段。正式下穿施工前，先对①部进行全断面注浆试验，对注浆压力、注浆量等参数进行优化，为后续下穿段做准备。

下穿段隧洞采用 CRD 四步暗挖法进行施工，右线全部二衬施工完成后，开始进行左线隧道的施工。CRD 四步法每步间隔距离 4m；开挖初期支护完成后再进行二衬施工。区间下穿段开挖过程中应结合监测数据和风险工程的时间反应进行依次分析评估，以指导另一条隧道通过时的技术措施。隧道施工方向为从东向西。

按照"快速掘进、工序紧凑平行、地质预报准确、措施有力及时、员工组织精干、机具配备精良、安全优质高效"的原则进行总体施工部署。在施工安排中充分满足现场的施工需要，同时做好协调工作保证现场的施工顺利。

下穿段隧道下穿砾质黏性土、全风化、强风化花岗岩，施工中制订地质预测、预报和监控量测计划，纳入施工工序。在施工中根据地质预测、预报及监控量测信息实施动态管理，根据预报、量测结果采取相应的处理措施，制订可靠的处理方案和技术措施，发现围岩级别与地下水状态与设计不符时，及时提出设计变更，确保施工安全和不留隐患。

施工中严格按照"管超前、严注浆、短进尺、弱爆破、强支护、勤量测、早封闭"的方针进行施工和管理，为保证地层与初期支护之间密实，在初期支护完成后，及时进行初期支护背后回填注浆，确保结构安全和施工质量。根据监测数据情况，隧道开挖初期支护完成后及时施工二衬结构。

出碴采用无轨运输、人工配合小型机械装运，出土孔垂直提升。

3. 下穿段施工步序

CRD法开挖按先左上下断面、后右上下断面施工顺序进行，掌子面应前后错开3～5m的距离。施工应确保少水或无水作业，初期支护必须严格遵循"管超前、严注浆、强支护、短进尺、勤量测、早封闭"的方针，做到随挖随支。施工时应加强监控量测，并及时反馈信息，以根据实际情况修正设计参数，确保施工安全。初期支护成环达到强度要求后及时对初期支护背后注浆回填。

下穿段施工步序见表5.11。

表 5.11 下 穿 段 施 工 步 序

序号	施工工序图示	施工工序说明
1	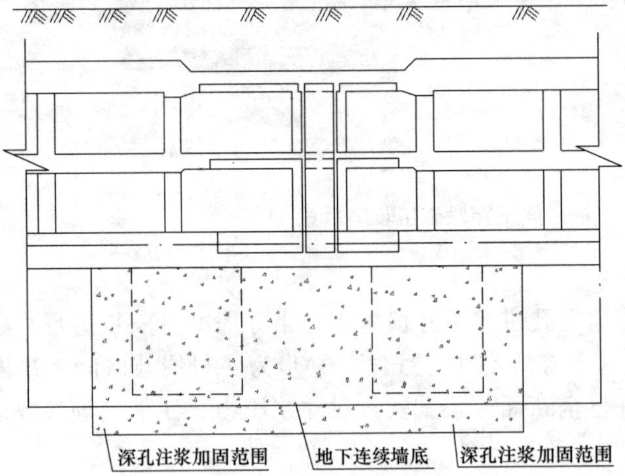 深孔注浆加固范围　地下连续墙底　深孔注浆加固范围	第一步：7号线福民站做完后，开始从该侧向皇岗村站对4号线站下土体进行深孔注浆加固
2	 深孔注浆加固范围　地下连续墙底　深孔注浆加固范围	第二步：开挖前从暗挖段端墙掌子面对1部做超前补充注浆加固，开挖侧墙两侧各一排小导管其中与导洞方向同向，边列向外各放7°外插角

序号	施工工序图示	施工工序说明
3	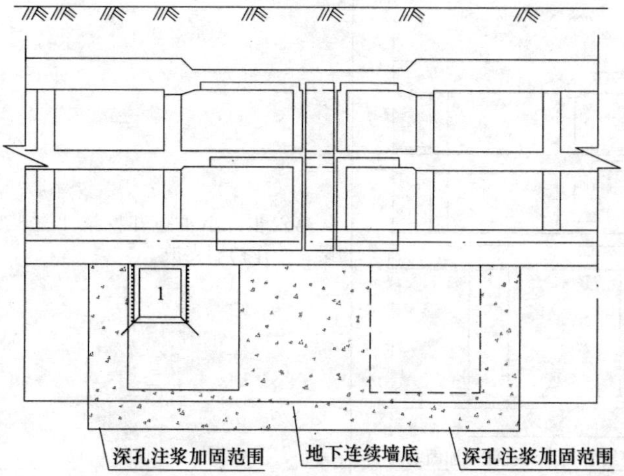	第三步：开挖第 1 部，施作初期支护。开挖步距及格栅间距均为 0.5m。安装型钢格栅、打设索脚锚杆
4	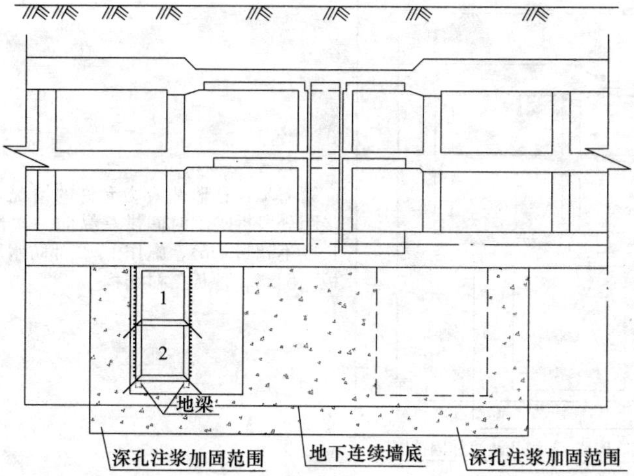	第四步：小步距开挖第 2 部，架设地梁，施作初期支护
5	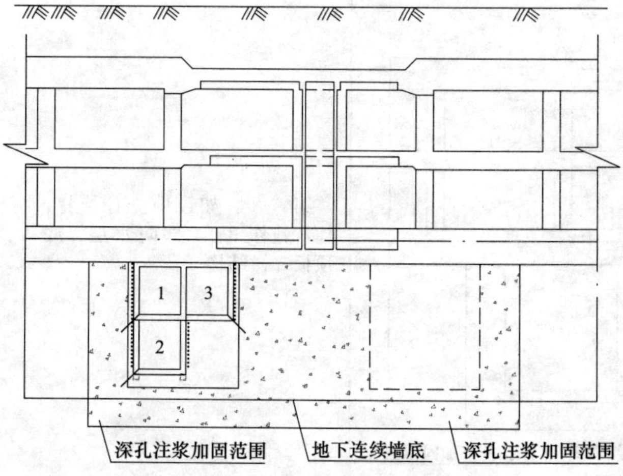	第五步：小步距开挖第 3 部，施作初期支护。开挖前在掌子面上对侧壁处打设小导管超前支护，在钢筋格栅处打设锁脚锚杆

续表

序号	施工工序图示	施工工序说明
6	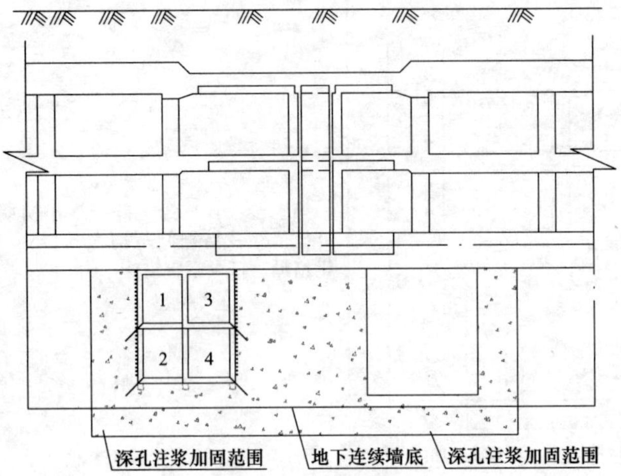1 3 2 4 深孔注浆加固范围 地下连续墙底 深孔注浆加固范围	第六步：小步距开挖第 4 部，架设地梁，施作初期支护
7	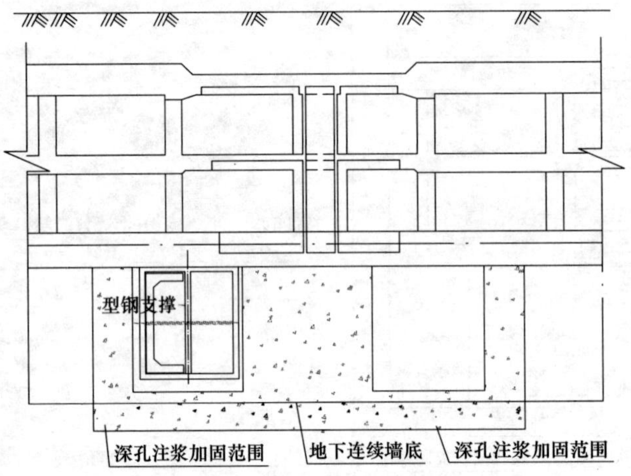型钢支撑 深孔注浆加固范围 地下连续墙底 深孔注浆加固范围	第七步：在监测应力允许的情况下，小步距分段拆除临时仰拱（纵向一次性拆除长度不超过 4m），施作 1、2 部防水层、底板、侧墙、顶板二衬结构
8	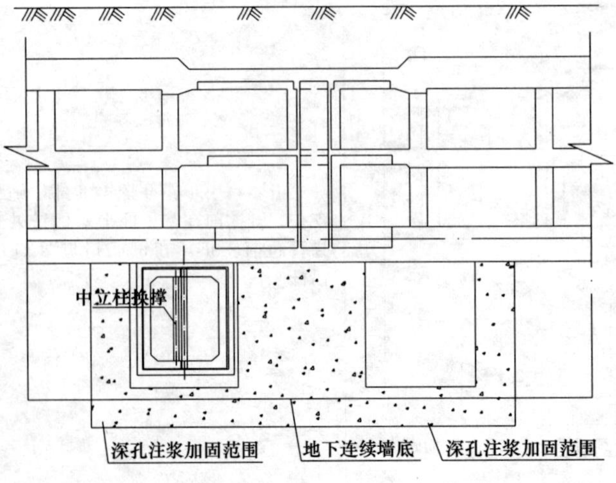中立柱换撑 深孔注浆加固范围 地下连续墙底 深孔注浆加固范围	第八步：架设中立柱换撑，拆除中立柱，施作 3、4 部防水层、底板、侧墙、顶板二衬结构

续表

序号	施工工序图示	施工工序说明
9	深孔注浆加固范围　地下连续墙底　深孔注浆加固范围	第九步：在二衬结构混凝土达到设计强度95%以上时，根据应力监测，逐步拆除换撑中立柱。拆除过程中，通过在顶板与既有站底板间预埋管压力注浆控制沉降

　　下穿段右线施工顺序：从7号线福民站（由东向西）开挖第①、②部分，从皇福区间正线隧道（由西向东）开挖第③部分，如图5.51所示。

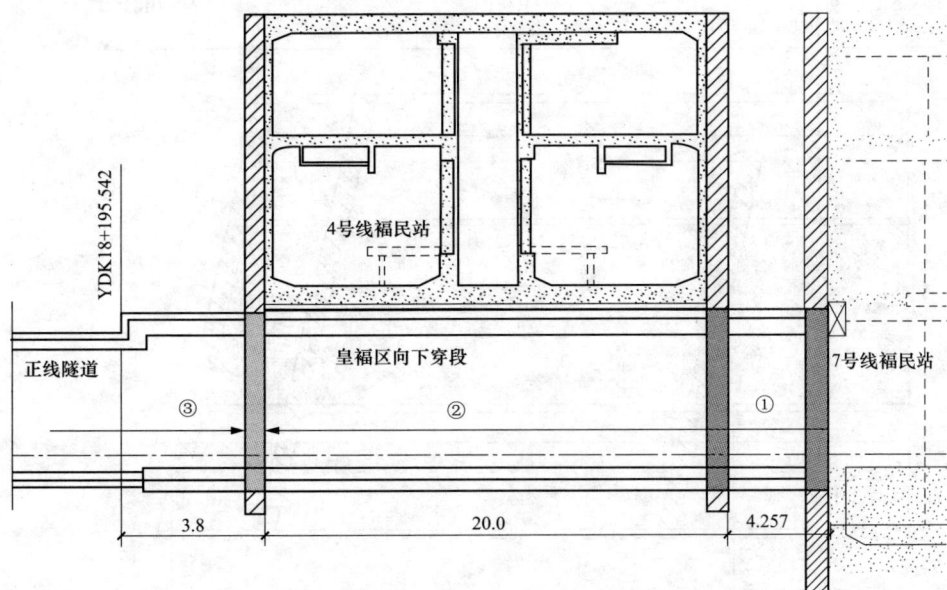

图5.51　下穿段右线隧道施工顺序示意图

　　下穿段左线施工顺序：从两端向中间开挖，其中一端在进行注浆加固时，另一端需封闭掌子面停止施工，最后剩余一倍洞径（6m）从7号线福民站（由东向西）单向开挖，如图5.52所示。

　　总体施工顺序：先右后左，左线4号线车站地连墙外可预先施工，待右线1、2序开挖贯通后，进行左线隧道正式下穿施工，施工方向从两端向中间。施工过程中注意不允许左线和右线同步注浆，要求把将车站底板抬升的数据降到最低；一旦临时支护形成，就应该进行初期支护背后补充注浆，注浆压力控制在0.1MPa，必须将初期支护背后与土体之间的空隙

161

填满；整个施工过程中严格按设计要求进行监控量测并及时报告数据，根据监测数据指导现场施工。如图 5.53 所示。

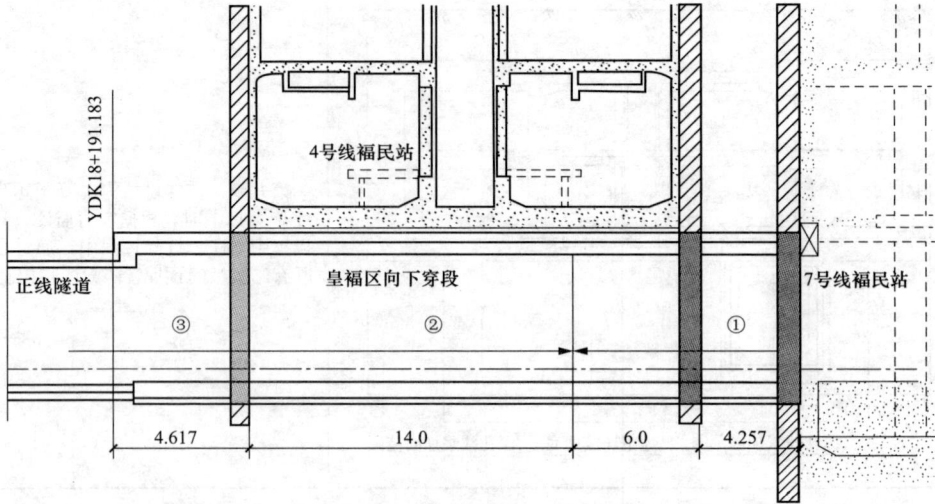

图 5.52　下穿段左线隧道施工顺序示意图

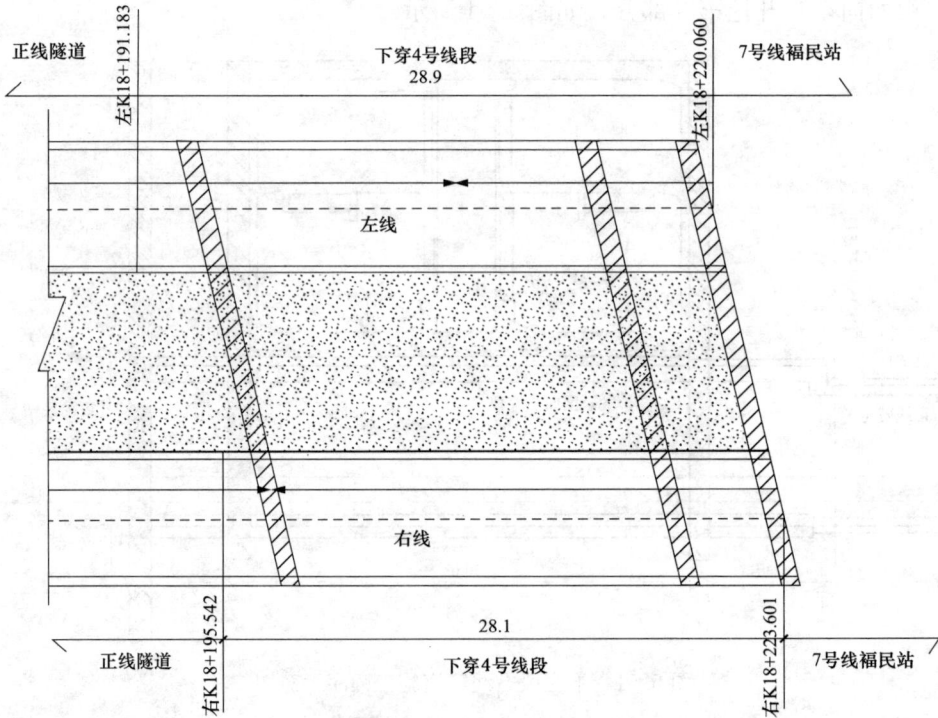

图 5.53　总体施工顺序

4. 下穿段施工工艺流程

下穿段施工工艺流程如图 5.54 所示。

5. 地连墙拆除措施

（1）拆除顺序

7 号线福民站地连墙厚度为 1000mm，4 号线福民站地连墙厚度为 800mm；为确保隧道口结构安全，减小对既有 4 号线运营影响，隧道口地下连续墙拆除顺序按 CRD 四步法开挖顺序分步拆除，按①→②→③→④顺序拆除，每步拆除尺寸如图 5.55 所示。拆除分二期进行施工，一期先拆除掌子面预留止浆墙 200mm 范围，待注浆完成质量验收合格后进行二期剩余墙体拆除。

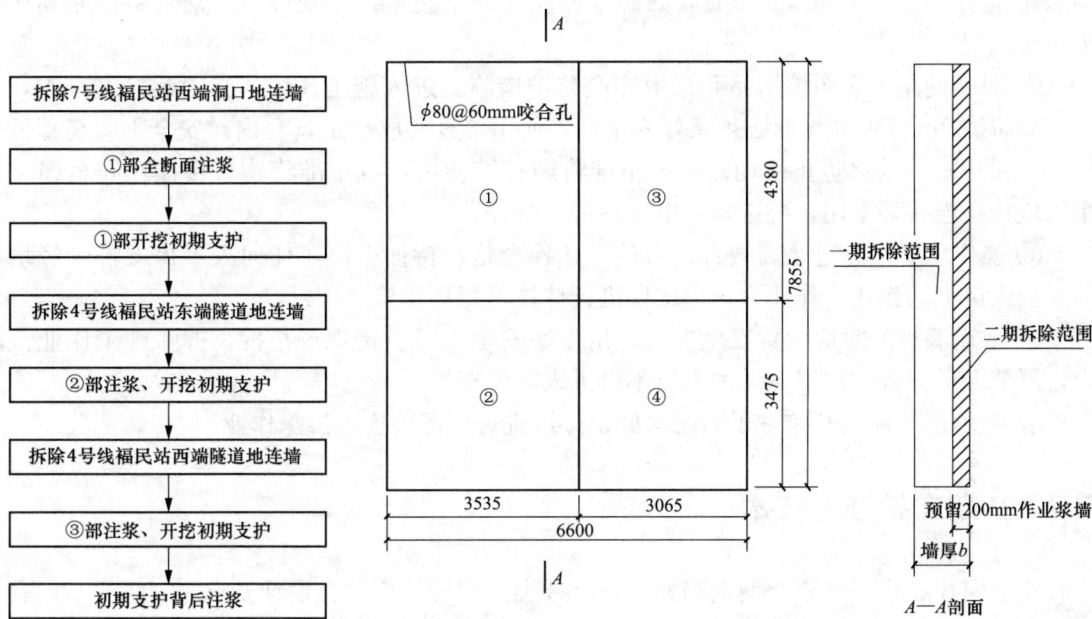

图 5.54　下穿段施工工艺流程框图

图 5.55　地连墙拆除示意图

（2）拆除方法

轮廓尺寸周边采用电钻造孔，钻孔参数为 $\phi80@60mm$，孔深 700mm（800 墙厚），避免打穿地连墙造成地下水的渗漏；待周边轮廓孔施工完成，隧道范围墙体与连续墙整体分离后，再进行内部一期拆除；内部拆除主要采用手风钻打导孔风镐人工破除，为保持剩余 200mm 连续墙体的完整性，一期拆除预留 100mm 保护层，即用风镐先拆除 500mm 厚，再用凿毛机或人工钢钎修凿保护层，二期拆除采用风镐拆除，拆除残碴水平运输 通过出土孔吊出外运。

电钻造孔时为静钻状态，无振动影响；手风钻及风镐具有一定的振动，但相比大型机具破除振动影响较小，地连墙拆除时提前与港铁运营人员联系，若振动影响车站运营，则将拆除时间调整到晚上停运时段施工（23：00～6：30）。同时我部将预备好切割队伍，根据进度需求采用切割或钻孔方式拆除 4 号线地下连续墙。

地连墙拆除时，距离地面 2m 以上需搭设操作平台，采用落地式脚手架搭设，间排距为1.5m，竖向步距为 1.5m，每 3m 设置一道斜撑，斜撑支点必须牢固可靠。作业平台采用5cm 厚木板铺设牢固，周边按要求设置安全防护栏杆，确保施工安全。

（3）拆除安全措施

① 脚手架搭设应稳定、牢固，满足脚手架搭设的相关规范要求。施工层及临边必须设兜。

② 架子上不准有任何活动材料，如扣件、活动钢管、钢筋，一旦发现应及时清除。避免高空坠物损伤人员、设备。

③ 脚手架搭设人员必须是经过按现行国家标准《特种作业人员安全技术考核管理规则》（安监总局 30 号令）考核合格的专业架子工，必须持有特种工上岗证、劳动合同、人身保险，并且年满 18 岁，两眼视力均不低于 1.0，无色盲，无听觉障碍，无高血压、心脏病、癫痫、眩晕和突发性昏厥等疾病，无妨害登高架设作业的其他疾病和生理缺陷。

④ 责任心强，工作认真负责，熟悉本作业的安全技术操作规程。严禁酒后作业和作业中玩笑戏闹。

⑤ 明确使用个人防护用品和采取安全防护措施。进入施工现场，必须戴好安全帽，在无可靠防护 2m 以上处作业必须系好安全带，使用工具要放在工具套内。安全带应高挂低用（架子工除外），注意防止摆动碰撞，不准将绳打结使用，也不准将钩直接挂在安全绳上使用，应挂在连接环上用，要选择在牢固构件上悬挂。

⑥ 操作工必须经过培训教育，考试、体检合格，持证上岗，任何人不得安排未经培训的无证人员上岗作业。作业人员应定期进行体检（每年体检一次）。

⑦ 地连墙拆除时应设置安全警戒，由专职安全人员负责现场指挥，拆除施工作业范围内，严禁人员出入、逗留，无关人员不得进入施工现场。

⑧ 必须钻孔检验开挖掌子面无水后，方可进行全部地连墙拆除作业。

5.7　初期支护施工技术

钢筋网片、格栅钢架及型钢钢架的钢材种类、型号等应符合设计要求。

钢筋网片由钢结构加工厂统一加工制作，运至现场后人工安装，网片大小按 1.5m×1.0m 加工。网片间搭接长度不小于 20cm（即至少 1 个网格长度），洞身开挖完成后，首先在围岩表面进行初喷混凝土，厚度一般为 4cm，然后再铺设钢筋网片，安装时用电焊点焊固定在锚杆外露头上，以防喷射混凝土时晃动。

根据设计要求，格栅和型钢钢架在钢结构加工厂加工制作成型，经检查加工拱度满足要求后存放于构件场内备用。钢架利用装载机运到洞内，现场机械配合人工架设。

钢架在钢筋网片铺设完成后架设，与定位钢筋焊接，架设完毕后须再喷混凝土，并保证不少于 3cm 的覆盖厚度。钢拱架间纵向用 $\phi22$ 钢筋连接为一体，纵向连接筋长度为 80cm，按照环向间距 1.0m 的长度内外层交错布置。钢架拱脚必须放在牢固坚硬的基础上，架立时垂直隧道中线，架设时中线、高程和垂直度及法线方向由测量技术人员严格控制，并将砂浆锚杆或中空锚杆与钢架焊接连为整体。

5.7.1　安设钢拱架

安设钢拱架注意事项如下：

① 钢拱架按设计分节预先加工，现场拼装安装设置，位置应垂直隧道中线，拱架之间用 $\phi22$ 纵向连接钢筋焊接牢固。

② 隧道钢架支护分为型钢钢架和格栅钢架两种，型钢钢架采用 I 22 型、I 18 型工字钢弯制而成，主要用于Ⅳ级、Ⅴ级围岩段。

③ 格栅钢架主要由四根 $\phi22$ 主筋和其他钢筋制成，成正方形截面，用钢板连接而成，主要用于Ⅳ级围岩段，钢架是初期支护对软弱围岩的主要加固体，设计在Ⅴ级围岩和Ⅳ级围

岩型钢钢架有 60cm 和 100cm 两种安装间距。在 IV 级围岩格栅钢架也有 100cm 和 120cm 两种安装间距。钢架之间采用 ϕ22 钢筋连接，单层钢筋网片靠钢架内侧焊接于锚杆上。

④ 型钢钢架采用型钢弯制机按照隧道断面曲率分节进行弯制，弯制完成后，先在加工场地上进行试拼，各节钢架拼装，要求尺寸准确，弧形圆顺，沿隧道周边轮廓误差不大于 3cm；平放时平面翘曲小于 2cm。

⑤ 钢架安装在掌子面开挖初喷完成后立即进行。安装钢架前要准确吊中线，定拱部标高，控制钢架中心及半宽尺寸、高度，对拱脚支垫填实，每节之间采用 4 个螺栓进行连接，连接板应密贴。同时每榀钢架拱脚处必须打设 4 根锁脚锚杆将其锁定。

⑥ 钢架安装完成后（图 5.56），及时进行喷射混凝土，喷射混凝土时分层、分段进行，以确保钢架被覆盖，满足保护层厚度要求。

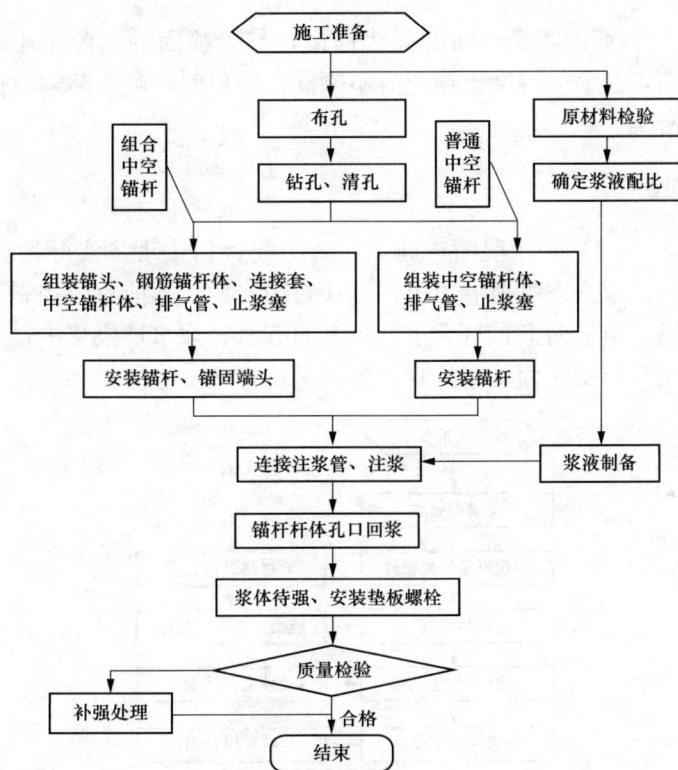

图 5.56　钢架施工工艺流程图

为保证钢架置于稳固地基上，施工中在钢架基脚部位预留 $0.15\sim0.2\mathrm{m}$ 的原地基，架立钢架时挖槽就位，需要时可在钢架基脚处设置刚性垫板，以增加其承载力；安设时钢架垂直隧道中线，其倾斜度不大于 2°，钢架的任何部位偏离铅垂面不大于 ±10cm；当钢架和初喷面之间有较大间隙时设置同强度的混凝土垫块；为增强钢架的整体稳定性，将钢架与锚杆焊接在一起，钢架间设置 ϕ22mm 的纵向连接钢筋，并按环向间距 1.0m 内外层交错设置。

钢架安设好后尽快施喷混凝土，并将其全部覆盖，使钢架与喷混凝土共同受力；喷射混凝土分层进行，每层厚度为 $5\sim10\mathrm{cm}$，先从拱（墙）脚处向上喷射，以防止上部喷射混凝土虚掩拱（墙）脚，造成拱（墙）脚喷射不密实，强度不够而失稳。

每榀钢架安装，均在其底部设一块"托板"，并施打锁脚锚管，以防止钢架下沉。下半部开挖后钢架应及时落底接长，封闭成环。

5.7.2　挂设钢筋网

挂设钢筋网注意事项如下：

① 钢筋网片采用Ⅰ级 $\phi 8/\phi 6$ 钢筋焊制而成，钢筋片的间距为 20cm×20cm。钢筋网按设计图纸的要求在钢筋加工厂集中加工。

② 先用钢筋调直机把钢筋调直，再截成钢筋条，钢筋网尺寸根据拱架间距和网片之间的搭接长度综合考虑。

③ 钢筋网在初喷混凝土 4cm 以后铺挂，且保护层不小于 3cm，钢筋网可固定在锚杆外端，也可用勾头钉固定于围岩上。

④ 设钢筋网时，钢筋网随受喷面的起伏铺设，与受喷面的间隙不小于 30mm，并且与锚杆或钎钉连接牢固，在喷射混凝土作业时不颤动。喷射时，喷头略倾斜使网后混凝土流动性大一些以便喷射密实。

5.7.3　湿喷混凝土施工

喷射混凝土（图 5.57）采用湿喷法施工，施工配合比按现场实际情况根据试验数据进行调整确定。爆破后，应立即喷射混凝土，尽快封闭岩面，才能有效控制围岩松动变形。喷射分段、分片、分层，由下向上，从无水、少水向有水、多水地段集中，多水处安放导管将水排出。施喷时，喷头与受喷面基本垂直，距离保持在 2m 左右。

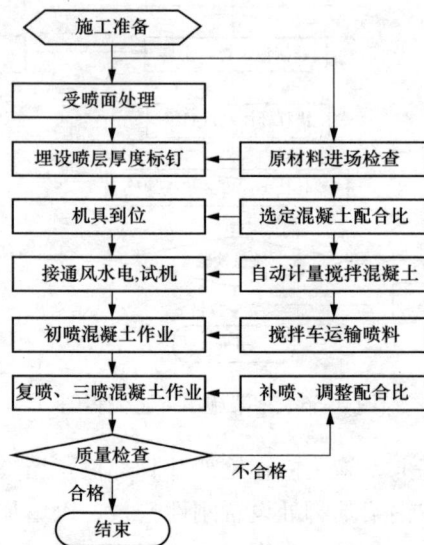

图 5.57　喷射混凝土施工工艺流程

喷射混凝土前先用高压水或高压风清理岩面，保证受喷面洁净。钢筋网应根据被支护围岩面上的实际起伏形状铺设，与受喷面间隙一般不得小于 3cm，与锚杆或其他固定装置连接牢固。按混凝土回弹量小、表面湿润有光泽、易黏着为度来掌握喷射压力，这要求喷射机司机与喷射手之间配合好，根据喷射手反馈的信息及时调整风压和计量泵，控制好速凝剂的掺入量，一般不大于水泥用量的 5%。喷嘴与岩面的距离为 2.0m。喷射方向尽量与受喷面垂直，拱部尽可能以径直方向喷射，若岩面被钢架、钢筋网覆盖时，可将喷嘴稍加偏斜。一次喷射厚度不宜超过 10cm，后一层与前一层喷射时间间隔 12～20min。喷射作业应分段分片进行，分段长度不宜大于 6m。按照从下向上施喷，呈现 S 形运动；喷前先找平受喷面的凹处，再将喷头成螺旋形缓慢均匀移动，每圈压前面半圈，绕圈直径约为 30cm，力求喷出的混凝土层面平顺光滑。喷射完成后应检查喷射混凝土与岩面粘接情况，可用锤敲击检查。当有空鼓、脱壳时，应及时凿除，冲洗干净进行重喷，或采用压浆法充填。

当岩面有较大坑洼时，先喷凹处找平。分层喷射时，后一层喷射在前层混凝土终凝后进行，并按规定洒水养护。在稳定性差的围岩中，开挖时为保证施工安全，应尽快做好初期支护。喷射混凝土冬期施工，要求混凝土能正常凝结与硬化，避免因冻胀引起的崩裂。钢架架设后应及时喷射混凝土，如果背后空隙较大，应预先在围岩表面喷一层混凝土，使其平顺。钢架与岩面的间隙用喷射混凝土充填密实，喷射顺序先下后上，对称进行，先喷钢架与围岩之间空隙，后喷钢架之间，钢架应被喷射混凝土所覆盖，保护层不得小于 4cm。如有大凹坑，先找平。

按施工配合比要求，将混凝土用料在搅拌机中进行拌合，搅拌运输罐车运至洞内，送入喷射机中，在喷射机喷头处按水泥质量的 3%～8%加入液态速凝剂。为有效提高混凝土的力学性能，减少回弹，每方喷射混凝土中按照设计配合比掺加相应数量的外加剂。

6 复杂地质条件下地铁隧道穿越工程变形控制技术

6.1 基本控制技术

对于地铁浅埋暗挖法施工引起的地层变形，一般可以采取以下的基本控制技术：

（1）严格遵循"十八字"原则

我国在隧道工程实践中总结了一套浅埋暗挖法的施工技术方针，即"管超前、严注浆、短开挖、强支护、快封闭、勤量测"，这 18 个字充分体现了浅埋暗挖隧道施工的精髓，施工时应严格遵循，并结合不同地质情况灵活运用。

（2）改善土体特性

对隧道开挖周边外土体的性质进行局部改善，一方面可以促进隧道开挖后自然拱的形成，另一方面可以改进土体特性。深层注浆和超前注浆既可以加固土体，也可以改善土体的性质。比如，根据土体的性质不同，可以压注纯水泥浆或双液屈服准则（包含拉伸截断）作为单元破坏的强度判据，研究不同隧道开挖方式对建筑物桩基和地面移动的影响。

（3）适度排放地下水

采取地表或洞内降排水措施时，尽量缩短抽排时间，在掌子面开挖过后及时开挖周边和掌子面注浆、喷混凝土等措施以稳定工作面，然后及时停止排水。根据具体地层条件，及时调整小导管、格栅支护参数以及注浆参数，确保达到注浆的效果。

（4）根据地层条件选择施工方法

为有效控制地表沉降，用台阶法开挖时应预留成型的核心土，台阶长度应根据地层条件确定；为使开挖各分部早闭合，上台阶一般应增设临时仰拱，在特殊地段处，上台阶拱脚处应架设钢支撑喷混凝土作为托梁。

（5）拉开左右线隧道的开挖距离

当两隧道的中心线距等于或小于 3D（D 为隧道宽度）时，两隧道的开挖会有叠加影响；在线间距一定的情况下，增大两隧道开挖面的相对距离可以减少其相互作用的叠加；如果围岩软弱，建议两开挖工作面的距离控制在 30m 以上。

（6）合理确定开挖进尺

为控制地表下沉量及拱顶下沉量，工作面的稳定十分重要。对城市地铁尤其是软弱地层隧道，开挖进尺应尽量小，必须根据地层特性确定合理的开挖进尺；根据国内外实践经验，建议每循环进尺取断面开挖宽度的十分之一较为适宜。

（7）加强初期支护

初期支护施作后，支护本身有一个徐变过程。对超前支护，一般采取增大小导管直径、减小布置间距、扩大注浆范围和严格注浆等加强措施；对钢格栅，可适当缩小格栅间距，在间距一定时，宜增大主筋直径，从而增大支护初期刚度，以控制地层沉降。

6.2 地表建筑物变形控制技术

地表建筑物的保护一般从三个方面考虑：一是主动对建筑物或管线等设施进行加固处理，二是采取措施尽可能控制地下工程开挖引起的地层变形，三是前两种方法同时采用。具体来说，暗挖隧道开挖时保护地表建筑物的方法很多，包括桩基托换法、顶升法、迫降法、平移法和注浆保护法等。其中，每一种方法都有自己的适用性，需根据具体情况确定是单独使用还是综合使用。

6.2.1 桩基托换法

桩基托换法首先对建筑物的原基础进行加固处理，施作人工挖孔桩，通过托换梁将建筑物的全部或者部分荷载转移到灌注桩上，从而起到保护建筑物的作用。

桩基托换法的基本工艺流程为：

① 通过计算确定托换桩和托换主梁的位置和个数。

② 在地面进行放点、放线。

③ 在托换桩周围施工止水帷幕。

④ 人工挖孔桩施工，同时开始对房屋进行密切监测直至托换工作结束。

⑤ 开挖基槽内夹墙梁和穿墙小梁施工。

⑥ 开挖基槽施工托换主梁，部分墙体需要拆除并做临时支撑。

⑦ 在托换主体施工完毕后，对托换主梁进行预应力张拉，待张拉到设计值后桩基托换完成。

6.2.2 顶升法

顶升法是建筑物纠偏的常用方法，一般采用预压桩并配合千斤顶等装置实现建筑物的顶升纠偏。其工艺流程为如下：

① 通过计算确定房屋荷载、地层承载力、预压桩承载力、预压桩的个数和位置。

② 在地面测量放线，测放出预压桩的位置。

③ 开挖预压桩坑到设计深度，安放第一节预压桩。

④ 在第一节预压桩顶安装千斤顶，千斤顶与电动油泵相连，泵上装有压力表，开动油泵，利用建筑物自身重力作反力向下压桩。当第一节桩压到坑底后进行接桩，桩段之间通过预埋钢板焊接进行连接，如此重复进行，直到压桩终止压力达到设计要求即终止压桩。

⑤ 在桩顶两侧安装钢支架，支架两端设千斤顶，同时施压达到预设压力后将那里的桩顶主千斤顶取出，并量取桩顶与基础底部的空隙，截取钢管塞入，然后同时卸下两侧千斤顶，桩身反弹而顶紧基础。

6.2.3 迫降法

迫降法是建筑物纠偏的方法之一，通过一些措施人为使建筑物相对较高的一侧下沉，最终达到纠偏的目的。根据迫降方法的不同可分为掏土纠偏、注水纠偏和重压纠偏等。

6.2.4 建筑物平移法

建筑物"整体平移"是将建筑物托换到一个托架上，托架下部设有滚轴（轮），滚轴下部有轨道，将建筑物与地基切断，这样建筑物就形成了一个可移动体，然后用牵引设备将其移动到已完工的新基础上。

6.2.5 注浆加固保护法

在浅埋隧道开挖过程中最大的风险就是塌方，这将严重危及地表建筑物安全，为了防塌和有效控制地表沉降，可以采取地层注浆加固的方法。注浆加固法是地下工程中应用最广泛，见效最快的一种方法，通过对建筑物下部地层进行注浆加固，对基础进行改良，提高基地承载力，可有效控制建筑物的沉降，而且还可实现建筑物抬升。

确定地表注浆加固施工的方案时，为了严格控制地层变形和保护建筑物需要注意以下几个方面：

① 建筑物周边止浆帷幕的布孔参数、施工工艺、注浆材料选择和注浆结束标准。

② 基础预加固的地表布孔参数、施工工艺、注浆材料选择和注浆结束标准。

③ 动态跟踪注浆的布孔参数、施工工艺、注浆材料选择和注浆结束标准。

④ 地表各项注浆加固措施的时间安排。

6.3 施工变形及建筑物保护控制标准的确定

上软下硬地层中浅埋暗挖法隧道施工必然扰动周围岩土体，使其失去原有的平衡状态，而向新的平衡状态转化，在这个过程中地下岩土体及地表面势必发生不同程度的位移或变形。如果不能有效地抑制这种变形，将对周边环境造成不利影响，严重的还会影响建筑物的使用直至破坏。在暗挖隧道施工中应根据周边环境的保护要求，采取有效措施减小施工引起的岩土体变形，以确保地面建筑物及地中构筑物的安全。因此，研究并提出较为可靠的浅埋暗挖法隧道施工引起的地层变形预测方法，制订变形控制基准就显得十分必要。

目前，深圳上软下硬地层中浅埋暗挖法隧道施工对环境影响急需解决的问题有：①隧道施工引起的地层变形规律及变形控制基准的确定；②地表建筑物及地中构筑物的沉降控制基准的确定与保护等级的划分；③支护（围护）结构变形控制基准的确定等。

6.4 深农区间隧道下穿段变形控制技术

6.4.1 控制开挖进尺及步长间距

根据围岩的稳定情况，下穿段洞室开挖循环进尺均为一榀钢架间距即 0.5m。侧导初期支护仰拱开挖循环进尺严禁超过 3 榀钢架间距。仰拱的循环作业长度为 5.2m。通过监控量测数据表明，仰拱及时封闭是控制沉降的最有效手段。为此施工中应严控下列步距关系：一是控制侧导初期支护仰拱的封闭，一般要求侧导初期支护仰拱距前方掌子面的距离小于 5m。二是控制大仰拱的封闭时间，要求中间洞室大仰拱距 5 号洞室掌子面的距离小于 17m。三是控制 5 号洞室距侧导初期支护仰拱的距离，一般要求封闭的侧导初期支护仰拱距 5 号洞室掌子面的距离为 2～3m，两者之间距离过小，势必导致侧导初期支护封闭期间下沉量增大，距离过大会延长大仰拱的封闭时间。四是控制二衬距最前方掌子面的距离，一般要求控制在 45m 以内。

6.4.2　控制工序施工质量

建立隧道各工序的质量卡控表，使每道工序质量都处于受控状态，以质量保证隧道施工的安全和达到控制变形的目的。各工序质量要求如下：

① 开挖。

隧道下穿段洞室掌子面核心土应尽可能的留大，其洞室底部临时横撑应采用掏槽法进行安装。

② 钢架安装。

拱墙脚下垫槽钢纵向应连成一个整体，钢架应尽可能地贴紧掌子面的土体，钢架接头垫板应密贴，连接螺栓应上紧、数量上足。同一榀钢架各单元拱架应位于同一里程断面内。洞室底部临时横撑应紧跟核心土。

③ 锁脚锚杆。

一是严控锁脚的下插角度，一般与水平面呈 45°角；二是严控锁脚的施作长度和数量；三是严控锁脚锚管的注浆饱满度；四是锁脚与钢架的连接必须焊接牢固。

④ 喷射混凝土。

一是严控喷混凝土的密实度；二是各洞室接头混凝土接茬部位的废碴、浮土应清除干净；三是临时钢架与主拱架的接点部位应加喷混凝土，该接点部位是应力较为集中的部位，也是施工最薄弱的地方，故而应通过喷射混凝土来补强。

⑤ 临时支护。

设计上主拱圈为双层支护，而临时隔墙为单层支护，通过前期的施工我们也发现，临时隔墙是引起变形的薄弱环节。因此，施工中应严控临时隔墙的喷混凝土厚度。

⑥ 加强对洞内施工用水的管理，严禁积水浸泡初期支护基础。

6.4.3　洞内初期支护补强

洞内初期支护补强采取的措施主要是：增加临时支撑的喷混凝土厚度；增加锁脚锚杆的数量；水平临时横撑满喷混凝土；加密钢拱架的间距；加打法向锚杆。

6.4.4　初期支护背后注浆

为了使地层与支护结构密贴，减小地层沉降变形，改善结构受力情况，在初期支护拱部背后进行压浆回填。第一层初期支护施工时拱部预埋 $\phi42$ 钢管，长（L）为 0.5m，环向间距为 3.0m，纵向间距为 1.0m，梅花形布置。注浆材料采用 1：1 水泥砂浆，注浆压力为 0.3～0.5MPa，注浆孔喷射混凝土前应以编织袋封口，以免喷混凝土时堵塞注浆孔。初期支护背后回填灌浆应分期进行。

6.4.5　洞顶地表处理

隧道洞内施工前应对洞顶地表的冲沟、陷穴、人工洞穴、已探明的墓穴等及时进行回填处理，并应完善地表的排水系统。另外，施工过程中对于地表出现的裂缝应及时进行灌浆处理，防止雨水顺着裂缝下渗。

6.4.6　监控量测数据指导施工生产

围岩监控量测应贯穿于施工的整个过程。监控量测应安排专人进行，过程中要及时对量测数据进行分析，及时绘制各种变形-时间关系曲线，参照收集的以往量测断面施工各阶段的变形量及变形速率来综合预测变形发展趋势及围岩和隧道结构的安全状况，以此来指导施工生产。

6.4.7　公路路面防护

路面防护主要是尽可能地减少车辆对初期支护结构的作用力。具体采取的措施一是对车辆进行限速，在隧道下穿高速公路轴线两侧 500m 的位置设置减速及警示标语，现场安排高速交警 24h 值班，进行强制限速；二是对隧道下穿区段实行间断封闭半车道的方式通过车辆。

6.5　皇福区间下穿福民车站变形控制技术

6.5.1　针对 4 号线福民站的施工准备

在施工前，对 4 号线福民站上下行站台范围进行检查，对线路状态不满足"综合维修"标准的地段进行维修，以达到相应的标准。

对 4 号线现状调查计划于 2014 年 12 月 10 日进行，具体时间由港铁相关人员清点后通知的日期为准，参与现状调查的单位为：地铁公司 7 号线分公司、西安铁一院监理、中国电建南方公司、中水十四局深圳地铁 7304-2 标项目部、第三方检测单位深圳市政院，现状调查内容主要包含：轨道水平、轨道轨距、隧道裂缝、隧道渗漏水和隧道纵断面。

调查完毕后，由第三方检测机构出具纸质盖章版调查报告予港铁轨道交通（深圳）有限公司。

在 7 号线隧道开始施工直至地铁结构变形稳定期间，根据变形情况，及时对轨道结构进行调整，使线路状态始终满足"综合维修"标准的要求。

7 号线施工一般不会引起较大道床开裂和道床与结构间的剥离。如施工过程中，道床开裂和道床结构的剥离超过 3mm，应及时整治；对 0.3mm 以上裂缝，进行修补。结合类似经验，道床裂缝采用磨细超流态 CGM 灌浆料填充，浆料粒径不大于 0.3mm，采用无压灌注法，灌浆材料 2h 必须达到 C15 强度等级，并在通车前 2h 内施工完毕。灌注部位及工程量现场确定，检验措施可采用试块和取芯相结合的办法。

6.5.2　减少底板沉降的保护

减少底板沉降保护的措施如下：

① 超前注浆加固时，可适当加大注浆压力和注浆量，以主动控制其沉降。

② 掌子面采用超前小导管注浆，以主动控制其沉降。

③ 使用 CRD 四步法施工，开挖各导洞时采取预留核心土的方法，并在上导洞每榀格栅两侧拱脚节点处打设两根 $\phi42$ 长 2.5m 的锁脚锚管，主动控制其沉降；这个施工方法与同等施工方法相比，沉降量一般，工期短，这样可以较快地完成初期支护，及时封闭，减少不均匀沉降量。

④ 临时支撑中隔壁板每段拆除的长度不大于 8m。

⑤ 初期支护封闭成环后，需及时进行拱部及侧墙背后的回填注浆，以减少其沉降。

⑥ 区间下穿既有 4 号线车站时要连续施工，无特殊突发情况，不得中断施工。

⑦ 隧道开挖时，开挖尺寸为 1 榀格栅钢架间距，严禁多榀开挖，防止沉降。

6.5.3 运营单位的配合

为保证下穿既有 4 号线福民站的顺利和安全，项目部安排专人与运营单位对接，结合地铁的运营情况，对既有线路进行日常监测，对数据进行分析，保证既有线的正常运行。

4 号线福民站自动化监测时段暂定延续到 7 号线试运行阶段，后期监测频率可根据变形情况适当调整；在深圳地铁 7 号线建设期内，下穿 4 号线福民站段隧道二衬结构施工完成后，因 7 号线隧道引起的 4 号线车站结构变形，由深圳地铁 7304-2 标施工单位负责从 7 号线隧道内注浆加固恢复。

6.5.4 下穿段初期支护临时支护拆除方案及安全措施

（1）临时支护拆除前提条件

① 隧道仰拱初期支护格栅钢架封闭成环，初期支护按施工图要求施工完成。

② 隧道初期支护背后注浆施工完毕并达到凝期要求。

③ 隧道沉降、收敛变形趋于稳定。

④ 隧道初期支护验收通过，具备二衬施工条件。

（2）临时支护拆除施工前准备

① 待小间距隧道初期支护成环后，监测单位按 3m 间距设置监测断面，每个监测断面布置五个监测点，顶拱一个、两侧边墙各两个。采集初始值，用于监测隧道初期支护成环后隧道沉降、收敛变形情况，以指导临时支护拆除施工。初期支护验收后，拆除临时支护过程中，施工监测单位每天将监测数据报至工程部、技术部。

② 临时支护拆除前，需对隧道集水进行截排，将洞内集水抽排至洞外，并在洞口修筑截排水设施，避免外部水漫流至隧道内。

③ 安全管控参数见表 6.1。

表 6.1　　　　安 全 管 控 参 数

管控阶段	中隔壁拆除过程中位移量/mm	中隔壁拆除后位移量/mm
安全	3	6
注意	6	12
危险	12	24

（3）临时支护拆除方案

① 隧道临时支护按照二衬施工顺序跳块拆除，拆除中隔壁需搭设脚手架从顶部至底部分段拆除。首次拆除前，由监测单位对拆除部位进行监测初始值采集，先破除中隔壁喷射混凝土，将 1.5m 范围内中隔壁顶部割除 20cm 缺口。对该段隧道进行顶拱沉降监测，如隧道顶拱无明显沉降变形，可将该段中隔壁由上至下全部拆除，可将首段拆除长度加大至 3m 范围（图 6.1）。如发现隧道顶拱变形过大，及时将割除部位钢架接长焊接。

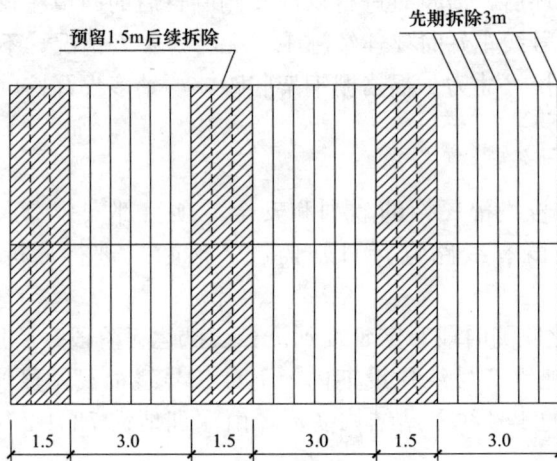

图 6.1　临时支撑分段拆除示意图

② 中隔壁每段拆除长度按 3m 控制，单段拆除后，需间隔 3 榀，再进行下段拆除；间隔 3 榀根据监测情况后续拆除。

③ 隧道底板混凝土应紧跟临时中隔壁拆除施工，拆除一段浇筑一段，避免因仰拱浇筑滞后，导致隧道沉降过大。

④ 中隔壁拆除应根据现场施工资源配置情况，逐榀从上至下拆除，每榀钢架应合理分段拆除，单段长度以不超过 3m 为宜。

⑤ 拆除过程中应加强监测，预先准备 5～10 根 $\phi 159$ 钢管（钢管长度应足够支顶拱顶钢架），如发现中隔墙已拆除，隧道监测数据异常，及时利用钢管支顶。

（4）拆除施工安全措施

① 脚手架搭设应稳定、牢固，满足脚手架搭设的相关规范要求。施工层及临边必须设兜。

② 架子上不准有任何活动材料，如扣件、活动钢管、钢筋，一旦发现应及时清除。避免高空坠物损伤人员、设备。

③ 脚手架搭设人员必须是经过按现行国家标准《特种作业人员安全技术考核管理规则》（安监总局 30 号令）考核合格的专业架子工，必须持有特种工上岗证、劳动合同、人身保险，并且年满 18 岁，两眼视力均不低于 1.0，无色盲，无听觉障碍，无高血压、心脏病、癫痫、眩晕和突发性昏厥等疾病，无妨害登高架设作业的其他疾病和生理缺陷。

④ 工作人员责任心强，工作认真负责，熟悉本作业的安全技术操作规程。严禁酒后作业和作业中玩笑戏闹。

⑤ 明确使用个人防护用品和采取安全防护措施。进入施工现场，必须戴好安全帽，在

无可靠防护 2m 以上处作业必须系好安全带，使用工具要放在工具套内。安全带应高挂低用（架子工除外），注意防止摆动碰撞，不准将绳打结使用，也不准将钩直接挂在安全绳上使用，应挂在连接环上用，要选择在牢固构件上悬挂。

⑥ 操作工必须经过培训教育，考试、体检合格，持证上岗，任何人不得安排未经培训的无证人员上岗作业。作业人员应定期进行体检（每年体检一次）。

⑦ 中立柱拆除时应设置安全警戒，由专职安全人员负责现场指挥。拆除施工作业范围内，严禁人员出入、逗留，无关人员不得进入施工现场。

7 施工安全与质量保障措施

7.1 安全生产目标

以科学发展观和构建和谐社会为指导，牢固树立"以人为本、安全发展"的理念，坚持"安全第一、预防为主、综合治理"的方针，预防与应急并重，以遏制重、特大事故为重点，以杜绝人员伤亡为目标，倡导安全文化，健全安全制度，落实安全责任，建立安全长效机制。

根据国家安全生产、职业健康法规，广东省深圳市安全文明施工相关规定及有限公司的要求，实现安全目标"六杜绝、三消灭、一创建"：

六杜绝：杜绝重大死亡事故，杜绝多人伤亡事故，杜绝重大机械事故，杜绝重大交通事故，杜绝重大火灾事故，杜绝人身中毒事故。

三消灭：消灭违章指挥，消灭违章作业，消灭惯性事故。

一创建：创建深圳市安全文明样板工地。

7.2 安全生产保证体系

建立安全管理组织机构和安全例会制，做到工前有布置，工中有落实，工后有讲评。定期检查、突击检查和特殊检查相结合实行安全生产责任制，建立安全岗位责任制，有组织有领导地开展安全管理活动。建立以项目经理为安全生产第一责任人的安全生产领导小组，一名副经理直接负责安全施工，委派具有合法上岗资格和足够经验的专职安全员，对安全工作进行全天候监控。并将岗位责任制与经济挂钩，形成上下齐抓共管的安全管理网络，做到安全工作层层有人抓，同时给从事本工程施工的从业人员办理工伤保险。经常召开生产安全会议，开展查思想、查管理、查制度、查现场、查隐患、查处理落实情况。

7.3 安全管理措施

7.3.1 开工前准备工作

开工前准备工作如下：

① 研究本工程地质勘查报告，并掌握第一手资料。编制施工方案，有预知性地制订安全防护措施。

② 配备足够的安全防护品、口哨、安全帽、红绿旗、警示牌、红色警示灯、铁丝网。

③ 开工前检查挖掘机、提升设备等机械是否处于良好状态、各项制动是否有效，电缆

线有无裸露情况。

7.3.2　新工人进场时，三级安全教育

新工人进场时，实行以下三级安全教育：第一级公司安全培训教育，主要内容是国家和地方有关安全生产的方针、政策、法规、标准、规范、规程和企业的安全规章制度等。第二级项目安全培训教育，主要内容是工地安全制度、施工现场环境、工程施工特点及可能存在的不安全因素等。第三级班组安全培训教育，主要内容是本工种的安全操作规程、事故案例剖析、劳动纪律和岗位讲评等。

项目部对新进场员工主要实行第二、第三级安全教育。

7.3.3　班前安全技术交底

施工班组实行班前安全技术交底制，掌握当天工作的安全、环保要求和注意事项，经交底后方可开始作业，严禁未经班前安全交底的人员进行施工。

7.3.4　施工过程中的监督、检查、再教育及考核

① 利用墙报、标语、会议、学习等形式，并在工地办公室和施工现场展示"施工现场安全规则指南"，对进场施工人员进行安全生产教育，使各级领导和广大员工真正认识到安全生产的重要性、必要性，懂得安全生产的科学知识，牢固树立安全第一的思想，自觉遵守由国家、广东省和深圳市安全生产管理部门、劳动部门批准的现行安全生产和劳动保护法规。

② 建立经常性的安全教育和培训考核制度。不定期对施工人员进行安全知识考核，并以此为依据确定其上岗资格。

③ 电工、焊工、起重工等特殊工种除进行一般的安全教育外，还须经过劳动行政部门考核合格，取得职业资格证书后，执证上岗，对从事有粉尘危害作业人员进行相关防治知识教育。

④ 工班每周进行一次安全学习，学习安全操作规程、安全防护知识，总结施工生产中安全隐患，并制订相应防范措施。

7.3.5　班后总结及改进工作

① 通过每周的项目部安全例会对整体所做工作进行总结，吸取经验，明确责任目标，将事故隐患消灭于萌芽状态。

② 对工作中的不足之处进行改进，并采取有效的措施进行补救，加大预防力度。

③ 集思广益，采纳各方面具有建设性的建议，并采取实际行动。

7.4　安全措施

7.4.1　机械安全保证措施

① 特种设备各种机械操作人员和车辆驾驶员，必须取得操作合格证，无操作合格证或

者操作合格证与机械不相符的；不得将机械设备交给无本机械操作合格证的人员操作，对机械操作人员要建立档案，专人管理。

② 操作人员必须按照本机械说明书规定，严格执行工作前的检查制度、工作中注意事项及工作后的检查保养制度。

③ 指挥施工机械作业人员，站在可让人瞭望的安全地点，并明确规定指挥联络信号。

④ 使用钢丝绳的机械，在运转中严禁用手套或其他物件接触钢丝绳，用钢丝绳拖、拉机械或重物时，人员远离钢丝绳。

⑤ 定期组织机电设备、车辆安全大检查，对检查中查出的安全问题，按照"三不放过"的原则进行调查处理，制订防范措施，防止机械事故的发生。

7.4.2 安全用电措施

① 施工用电采用三相五线制度，实行安全电压，用电开关采用保险电闸。

② 所有施工人员掌握安全用电的基本知识，用电人员各自保护好设备的负荷线、接地线和开关，发现问题及时找电工解决，严禁非专业电气操作人员乱接电气设备。

③ 高压线引至施工现场设置的变电所，所内做到通风排水良好，上锁并由专人负责、接地电阻符合规范要求。

④ 配电系统分级配电，配电箱、开关箱外观完整、牢固、防雨防尘，外涂安全色，统一编号，其安装形式符合有关规定。

⑤ 施工现场所有用电设备，按规定设置漏电保护装置。禁止私接电线和使用大功率设备，不定期检查，发现问题严肃处理。

⑥ 配电箱必须符合配电箱保护规范规定的要求，漏电保护装置参数必须与规范规定相匹配，配电箱内设置隔离开关，每台电机必须做到"一机、一闸、一漏、一箱"，配电箱安装部位周围不得堆放杂物，以免影响配电箱操作，配电箱内如有多路配电必须做出标记，以免混乱，配电箱门必须完好无损、经常上锁，并且做好防雨措施，电器闸具、熔断器参数必须与设备容量相匹配，安装要符合要求。

7.4.3 下穿段隧道施工安全保证措施

（1）施工准备安全保证措施

① 根据隧道功能、隧道内径以及下穿地层、地面建筑物、地下构筑物等条件，合理控制开挖进尺。

② 为确保施工的安全，必须保证各作业点之间的通信设备便捷可靠。

③ 施工前应编制施工组织设计，其主要内容应包括：工程及地质概况，开挖施工方法和程序，横通道等特殊段的技术措施，工程主要质量指标及保证措施，施工安全和文明施工要求，主要施工设备和材料使用计划等。

④ 做好环境调查，并对下列环境条件调查内容实地勘察核实。

a. 土地使用情况——根据报告和附图，实地勘察调查土地利用情况，各种建筑物和构筑物的使用功能、结构形式、基础类型与隧道的相对位置等。

b. 工程用地情况——主要对施工场地及材料堆放场地、弃土场、运土路线等做必要的调查。

⑤ 地下障碍物调查报告中，对隧道经过地区有无相遇阻碍物或位于施工范围内的各种设施必须进行详细调查，其内容应包括：地下构筑物的结构形式、基础形式及其埋深，以及与隧道的相对位置等；煤气管道、上下水电力和通信电缆等位置、管道材质及接头形式，被侵蚀程度；其与隧道的相对位置等；地下废弃构筑物、管道及临时工程残留物等。

⑥ 施工前应由工程技术负责人和生产负责人向施工管理人员、作业班长等做全面安全、技术交底。作业班长应向作业人员进行操作交底。

⑦ 箱变、配电间设有两路电源，且相互切换应迅速、方便、安全。

⑧ 垂直运输设施的运输能力应与施工所需的材料、设备供应量相适应。所有的起重机械、机具要按安全规程要求定期检查维修与保养。

（2）土石方工程

① 采用挖机挖渣时，挖机的工作范围内不得有人进行其他工作，挖渣要自上而下，逐层进行。

② 挖机作业时应处于水平位置，行走机构处制动状态，履带前缘距工作面边缘应保持1～1.5m的安全距离。

（3）装卸碴与运输安全措施

① 严格执行设备安全操作规程。

② 碴土远运采用专用散装物料车夜间进行。

③ 装载料具时，严禁超出装载限界。装运大体积或超长料具时，应捆扎牢固，必要时加设保险绳和显示限界的红灯，还应专车运输和专人指挥。

④ 各种运输设备不得人、料混装。

⑤ 外运淤泥的车辆应文明行驶，限制行驶时速，不抢道、不违章。

（4）注浆安全保证措施

① 注浆人员必须经过专门培训，并熟练掌握有关作业规程。

② 严禁在不停泵的情况下进行任何修理。

③ 注浆泵及管路内压力未降至零时，不准拆除管路或松开管路接头，以免浆液喷出伤人。

④ 注浆泵由专人负责操作，未经同意其他人不得操作。

⑤ 注浆人员在拆管路、操作注浆泵时应戴防护眼镜，以防浆液溅入眼睛。

⑥ 保持机械及隧道内整洁，工作结束后必须对设备进行清洗保养，并清理周围环境。

（5）垂直运输作业安全保证措施

① 起重安装作业前应清除工地所经道路的障碍物，做到工地整洁、道路畅通。

② 使用新机具或采用新工艺时，必须经过技术鉴定。

③ 各种起重机械起吊前，应进行试吊。

④ 各种起重机械在使用和行走时，应有良好的道路。

⑤ 起重工在工作时集中精力，明确分工，服从统一指挥；起吊重物时，起重扒杆下不得有人停留或行走，吊机停止作业时，应安止动器，收紧吊钩和钢丝绳。

⑥ 起重工必须熟悉施工方法、起重设备的性能、所起重物的特点和确切重量以及施工安全的要求。

⑦ 起吊重物时，吊具捆扎应牢固，以防吊钩滑脱。

7.5 质量保证措施

7.5.1 质量目标

质量目标内容如下：

① 交验工程质量达到国家、行业质量验收标准，符合设计文件和相关技术标准要求。

② 单位工程一次验收合格率为 100%。

③ 实现施工 BT 合同全兑现。

④ 合同范围内全部工程的使用功能符合设计图纸要求。

⑤ 配合 7 号线工程争创"中国建设工程鲁班奖（国家优质工程）"。

7.5.2 质量管理组织机构

项目经理部成立质量管理组织机构，严格在质量保证体系下进行管理，作业队以上单位成立全面质量管理小组，对主要工序的施工质量进行有组织的控制。配备专职的质检工程师和质检员，推行全面质量管理和目标责任管理，从组织措施上使保证工程质量真正落到实处。质量管理组织机构如图 7.1 所示。

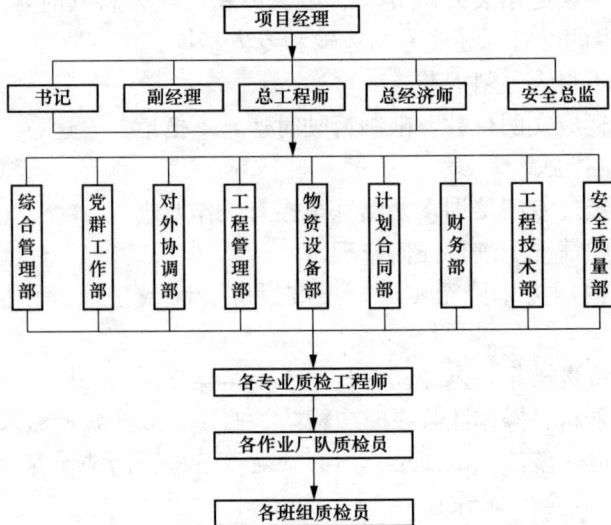

图 7.1　质量保证体系框图

7.5.3 隧道开挖质量保证措施

① 对定位标准桩、标准水准点等，施工时采取有效措施保护，不得碰撞或震动，定位标准桩和标准水准点定期复测和检查是否正确。

② 隧道开挖时，采取措施防止既有车站、道路等发生下沉和变形，必要时与设计单位或建设单位协商采取防护措施，并在施工中进行沉降和位移观测。

③ 施工中，如发现有文物或石墓等，应妥善保护，并应立即报请当地有关部门处理后，

方可继续施工，如发现有测量用的永久性标桩或地质、地震部门设置的定期观测点等应加以保护。

7.5.4　施工过程控制

在施工过程中，对每一道工序控制认真到位，做好每一个工序的质量检查，严禁转序作业。对特殊工序实行现场旁站制，出现质量问题，及时处理，确保工程的总质量达到预期目标。

施工过程控制以技术为依托，技术保证质量。落实"三检制"，以制度保证过程控制的有效执行。

7.6　应急预案

7.6.1　应急组织机构

（1）应急抢险组织机构建立

为了保证工程顺利进行，一旦出现险情和不良情况，能够及时、迅速、有效地对险情进行控制，将险情控制在最小范围，将损失降低到最低程度，标段项目经理部针对矿山法隧道施工特成立抢险领导小组，施工队长负责组织现场抢险工作。应急抢险组织机构人员如下：

组长：项目经理

副组长：项目副经理、安全总监、总工程师

成员：项目部各职能部门负责人

项目部应急领导小组负责应急领导和指挥，并组织技术处理组、善后工作组、事件调查组和后勤保障组。

其成员组成如图7.2所示。

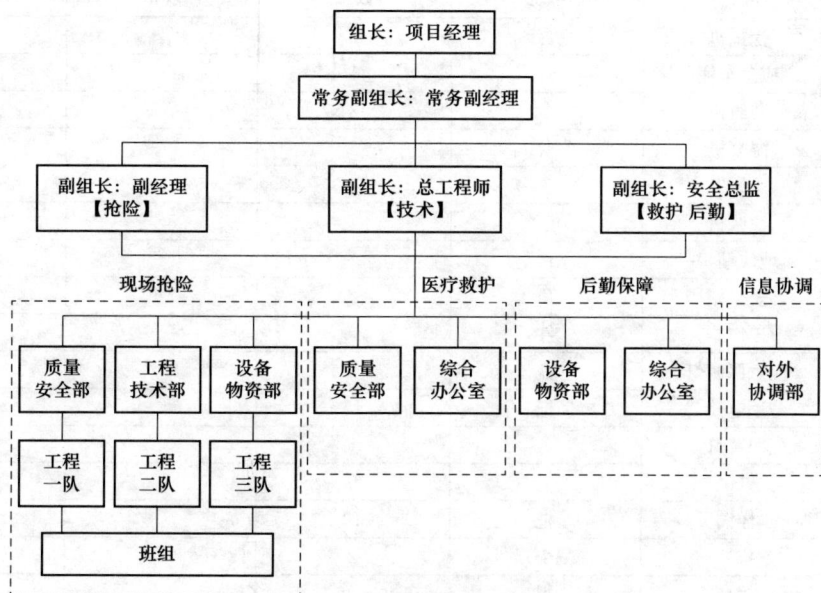

图7.2　抢险组织机构图

（2）应急救援人员分工

组长：接到突发事件应急救援险情报告后，首先向上级领导汇报，同时拨打 120 急救和 119 火警电话，告知伤员人数和伤者受伤部位及事故地点、联系电话，并指挥突发事件抢险领导小组成员立即启动紧急救助预案。

副组长：按项目经理指令及现场报告的情况，召集抢险领导小组成员按照预案分工实施抢救工作，小组成员和抢险救援小分队人员正确有序地组织抢险救援同时做好与外界的协调工作。

技术保障组：负责在技术方面制订有效的抢救方案，并安排组织抢险救援。

抢险救援组：负责指挥救援队长组织抢险队员到事件现场抢救伤员。

医疗救护组：负责及时联系 120 或 119 急救电话，报告事故地点及伤员受伤情况，并安排护送伤员到医院。

现场警戒组：负责组织现场安保人员进行警戒，维护现场秩序。并负责与派出所取得联系，取得公安部门的支援。同时负责与配合抢险和提供救援的单位取得联系，通报突发事件求得援助。

物资保障组：负责组织人员对突发事件抢险所需物资保障供应，同时为避免事态扩大需组织人员对危及现场储备的物资材料和设备，调离或搬运离开事件现场。启动应急抢险救援备用的发电机、抽水机、通风机、起重机、电气焊机、灭火器等机械设备。

后勤供应组：负责组织人员做好生活、生产、后勤保障工作。

7.6.2 应急物资

应急物资表见表 7.1。

表 7.1　　　　　　　　　　应 急 物 资 表

序号	名称	单位	数量	规格	备注
1	挖掘机	台	2		
2	应急车辆	台	1		
3	装载机	台	2		
4	湿喷机	台	2		
5	手风钻	台	4		
6	注浆机	台	2		
7	地质钻机	台	1		
8	安全帽	顶	15		
9	工作服	件	15		
10	应急照明灯	盏	5		
11	手电筒	把	15		
12	照明灯	盏	5		头套式
13	铁锹	把	5		
14	洋镐	把	10		
15	担架	个	2		
16	撬杠	根	2		
17	警戒绳	米	200		

序号	名称	单位	数量	规格	备注
18	安全锥筒	个	10		
19	对讲机	个	8		
20	手套	双	20		
21	红蓝旗	面	6		各3面

7.6.3 应急材料

应急材料见表7.2。

表7.2 应 急 材 料

序号	名称	单位	数量	序号	名称	单位	数量
1	水玻璃	t	5	7	ϕ42 小导管	t	1
2	双快水泥	t	3	8	钢筋网	t	2
3	沙袋	个	100	9	ϕ108 大管棚	t	3
4	速凝剂	t	1	10	砂	m³	5
5	型钢	t	5	11	PVC管	m	50
6	锚杆	t	3	12	方木	m³	5

7.6.4 洞内塌方应急预案

（1）一般塌方应急处理

当该段发生塌方时，施工队长立即向项目经理部及驻地监理汇报，项目经理立即到达现场，会同施工队长采取应急措施，防止事态进一步扩大。总工会同监理工程师进行原因分析，确定处理方案。

① 塌方段有渗流水时，埋设 PVC 管，把水引流至排水沟处，以防止水软化塌方土体，引起连续塌方。

② 用方木、工字钢、钢管支撑塌方掌子面，及时挂网喷射混凝土封闭塌方土体，喷混凝土时在塌方段埋设 ϕ108 钢管，间距视实际情况而定；对距离掌子面 5m 范围初期支护采用工字钢支撑进行加固。

③ 根据塌方深度在深度方向按 0.3m 间距安装 ϕ8 钢筋网片，分层安装分层喷射混凝土，直至喷平塌方凹处。

④ 在 ϕ108 钢管内灌喷混凝土干料，然后进行注浆，确保塌方段支护后面的土体密实。

⑤ 塌方处理后加强塌方处的监测，每天观测频率 3 次以上并及时上报监测情况，当地层变形稳定后方可继续施工。

⑥ 待土体强度达到要求强度后方可继续施工，塌方范围内的初期支护采用密排型钢进行加固。

（2）重大塌方应急处理

① 当重大塌方发生后，施工队长立即向项目经理部及驻地监理汇报，在报告的同时，立即组织向事故现场调配所备用的抢险机械设备、抢险物资及人员，以配合专业队伍进行抢险工作。人员、设备尽快撤离危险区，并派人对塌方段上方道路进行交通疏散，严禁车辆、

行人从塌方地段上方通过；项目经理立即到达现场，会同施工队长采取应急措施，防止事态进一步扩大。

② 项目经理部在接到报告后立即向总监办、项目公司、交通管理部门报告，总工程师会同监理工程师、业主和设计代表进行原因分析，提出处理方案。

③ 涉及管线应立即向相关产权单位报告，相关产权单位在接到事故报告后，尽快组织专业抢修队伍到达出事现场进行原因分析，共同组织抢修。

④ 塌方处理的全过程，抢险人员都要随时观察塌方情况，防止塌方伤人。必须确保通信信息畅通，并对处理情况、围岩变化情况、人员及机械设备状况等及时上报。

⑤ 塌方稳定后，如塌方段有渗水时，采用PVC管对渗水进行引流处理，防止渗水软化塌方土体，引起连续塌方事故。

⑥ 用方木、工字钢支撑塌方掌子面，及时挂网喷混凝土封闭塌方土体，并对距掌子面10m范围初期支护采用工字钢支撑进行加固。

⑦ 对于隧道顶拱空腔，在掌子面封闭后，通过地表灌浆及洞内注浆对空腔进行回填。回填注（灌）浆过程中，需对注（灌）浆量、注（灌）浆压力、隧道掌子面及地表变形情况进行监控，如发现异常立即停止灌浆。

⑧ 如对路面造成破坏，应与公路产权单位联系，按原公路标准对受损路面进行恢复。

⑨ 同时对受影响构筑物、管线架设临时支撑，防止构筑物、管线继续受破坏，对受影响的地下管线采取停止运营、导流等措施防止其产生更大灾害。

8 结 论

依托深圳地铁 7 号线地铁隧道下穿工程，针对复杂地质条件下地铁隧道穿越工程施工关键技术，综合运用现场监测、理论分析、数值计算和室内试验等多种技术手段，重点研究了地铁隧道下穿工程的工程力学特性，提出了隧道开挖诱发地层变形的预测模型，分析了周边环境复杂多变情况下地铁区间隧道、车站结构的变形对周边环境的影响，以此保证周边既有构筑物的安全性。同时，指导工程人员科学、合理、高效的开展施工，为后续工程提供有价值的参考依据。主要结论如下：

① 对隧道开挖造成地层沉降的因素进行了归纳，总结引起地层沉降因素的有土体开挖造成的应力重分布、地层损失、地下水向隧道渗流引起的孔压变化、施工过程中破坏的重塑土再固结。对地层沉降时空效应进行阐述，将地表沉降分为前期沉降、开挖沉降和固结沉降，并对地层沉降一般规律进行总结。

② 提出基于皮尔曲线模型的隧道施工地层变形三维时空预测模型，并将其拓展到双线隧道，推导了连续施工和考虑施工停顿情况下的地层沉降三维时空统一计算公式。利用等效土柱法得出双线隧道下穿既有道路统一计算公式。给出了公式中各个参数的既有公式或推导方法，提出通过当地既有监测数据反分析可以增加预测准确性。

③ 基于深圳地铁 7 号线停车场出入线下穿北环大道快车道工程，给出双线隧道下穿既有道路统一计算公式算例，利用临近工程计算结果和早期监测数据进行参数反推，重点对北环大道道路中线沉降结果进行预测。计算结果与监测结果较吻合。对现场地层沉降数据、拱顶沉降数据、围岩压力和钢拱架应力数据进行进一步分析，揭示了围岩应力-应变规律。

④ 基于深圳地铁 7 号线下穿福民站工程，模拟了下穿施工过程，对车站变形控制进行优化研究。模拟结果表明：隧道采用不同开挖方式时，CRD 法产生车站变形远小于台阶法与全断面法；采用 CRD 法，隧道施工 X 向、Y 向影响范围均得到了有效控制；隧道开挖步长会显著影响车站变形，分别采用 2m 与 4m 开挖步长时，车站最大变形数值差距可达两倍，且采用小步距施工，沉降发育速度与道床不均匀沉降均得到有效控制；全断面注浆工艺各施工参数中，注浆后围岩强度对注浆加固效果影响最大，结构变形与差异沉降均显著降低，但实际施工难以实现，另外增加预留注浆段长度同样能够显著提高注浆加固效果，且实际操作性较高。

⑤ 依托现场实际地质条件和具体施工设计建立三维数值模型，进行有限差分计算，对数值模拟得到的变形、应力进行分析，基于流固耦合模块对隧道开挖造成的孔压变化和渗流情况进行分析。通过数值模拟对超前加固措施进行比选，确定超前小导管加深孔注浆沉降量控制效果约为全断面注浆的 30%，并对全断面注浆工艺进行进一步讨论。

⑥ 总结并阐述了浅埋暗挖法地铁区间隧道下穿既有建筑物施工关键技术：①通过详细论述隧道信息化监测的三个方面（信息采集、信息处理、信息反馈），阐述了隧道信息化监测不仅是简单地反馈围岩和支护系统的力学行为，而且是隧道安全风险动态评估的监控方

式，也是隧道"动态施工"的重要信息来源。②针对深圳地铁 7 号线深农区间、安托山停车场出入线以及皇福区间下穿福民车站工程中的超前预加固技术，结合在建工程周边环境及其技术要求，详细论述了超前大管棚与超前小导管施工工艺。③提出了动态化注浆技术，其工艺是基于勘察、设计、施工、监测监控的并行性和反馈性，并加以综合分析与研究，将开挖与注浆观测结合起来，运用到隧道开挖施工过程中，实时变更调整原始注浆设计方案，做出动态调整，获得更合理、更有效、更安全的注浆方案。④提出了控制爆破减震技术，主要分为微震爆破技术和电子雷管减震爆破技术。⑤依据深圳地铁 7 号线下穿区域上软下硬地层具有岩土体空间分布差异大的显著特点，因地制宜地提出了不同工法转换技术的施工方案，结合不同地质情况采取适宜的开挖方法往往能取得良好的工程效果。⑥针对深农区间下穿既有建筑物的工程特点，提出了适用于深圳地铁 7 号线建设的 7 条下穿段变形控制技术；针对皇福区间下穿福民地铁车站工程特点，提出了适用于深圳地铁 7 号线建设的 4 条下穿段变形控制技术。

参 考 文 献

［1］ PECK R B. Deep excavations and tunneling in soft ground［C］//Proceedings of the 7th International Con-ference on Soil Mechanics and Foundation Engineering. Mexico City：［s. n.］，1969：225-290.

［2］ 韩煊，李宁，J. R. Standing. Peck 公式在我国隧道施工地面变形预测中的适用性分析［J］. 岩土力学，2007，28（1）：23-28.

［3］ 马可栓. 盾构施工引起地基移动与近邻建筑保护研究［D］. 武汉：华中科技大学，2008.

［4］ 陈春来，赵城丽，魏纲，等. 基于 Peck 公式的双线盾构引起的土体沉降预测［J］. 岩土力学，2014（8）：2212-2218.

［5］ 方恩权，杨玲芝，李鹏飞. 基于 Peck 公式修正的盾构施工地表沉降预测研究［J］. 现代隧道技术，2015，52（1）：143-149.

［6］ 康庄，宫全美，何超. 基于盾构隧道斜交下穿的修正 Peck 公式法［J］. 同济大学学报（自然科学版），2014，42（10）：1562-1566.

［7］ 久武胜保. 软岩隧道的非线性弹塑性状态［J］. 隧道译丛，1992（1）：11-18

［8］ 卞跃威，夏才初，肖维民，等. 考虑围岩软化特性和应力释放的圆形隧道黏弹塑性解［J］. 岩土力学，2013，34（1）：211-220.

［9］ Litwiniszyn J. Application of the equation of stochastic processes to mechanics of loose bodies［J］. Ar-chives of Mechanics，1956，8（4）：393-411.

［10］ 刘宝琛，廖国华. 煤矿地表移动的基本规律［M］. 北京：中国工业出版社，1965.

［11］ 刘宝琛. 随机介质理论及其在开挖引起的地表下沉问题中的应用［J］. 中国有色金属学报，1992（3）：8-14.

［12］ 张家生，刘宝琛. 随机介质理论基本参数的反分析确定［J］. 湖南科技大学学报（自然科学版），2004，19（1）：5-8.

［13］ 施成华. 城市隧道施工地层变形时空统一预测理论及应用研究［D］. 长沙：中南大学，2007.

［14］ 施成华. 城市隧道施工地层变形时空统一预测理论及应用研究［J］. 岩石力学与工程学报，2008，27（5）：1082-1082.

［15］ 李立新，童无欺，邹金锋. 注浆抬升位移的随机介质理论预测方法［J］. 铁道科学与工程学报，2013，10（5）：47-51.

［16］ 魏纲，周杨侃. 随机介质理论预测近距离平行盾构引起的地表沉降［J］. 岩土力学，2016（S2）：113-119.

［17］ 李新志，李术才，李树忱，等. 极浅埋大跨度连拱隧道地表沉降模型试验研究［J］. 武汉理工大学学报（交通科学与工程版），2012，36（6）：1118-1121.

［18］ 安建永. 浅埋隧道开挖与既有建筑基础荷载相互影响的模型试验和理论计算研究［D］. 北京交通大学，2015.

［19］ 王非，缪林昌，王正兴，等. 砂性土中隧道施工引起地层沉降分布特征的模型试验研究［J］. 岩石力学与工程学报，2014（S1）：3327-3332.

［20］ Kimura T，Mair R J. Centrifugal testing of model tunnels in soft clay［C］//1981.

［21］ Mair R J，Gunn M J，Oreilly M P. 软黏土中浅埋隧道周围地层运动［J］. 隧道译丛，1983 10：4753

［22］ Hirohisa Kamata，Hideto Mashimo. Centrifuge model test of tunnel face reinforcement by bolting［J］. Tunnelling & Underground Space Technology，2003，18：205-212.

[23] 马险峰，王俊淞，李削云，等. 盾构隧道引起地层损失和地表沉降的离心模型试验研究 [J]. 岩土工程学报，2012，34（5）：942-947.

[24] 苑艺. 地面沉降对地铁隧道影响机制的模型试验研究 [D]. 西安：长安大学，2014.

[25] 许明. 黏土隧道小导管注浆离心机模型试验 [J]. 西南交通大学学报，2013，48（3）：423-427.

[26] W Ke, Z Wen, W Haotian, W Yajun, et al. Study of impact of metro station side-crossing on adjacent existing underground structure [J]. Journal of Intelligent & Fuzzy Systems, 2016, 31 (4): 2291-2298

[27] Zhang W, Ke W U, Haotian W U, et al. Assessing the Influence of Humidity on the Stability of Expansive Soil Rock Surrounding Tunnels [J]. International Journal of Simulation—Systems, Science & Technology, 2016, 17 (44).

[28] 杨延栋，陈馈，李凤远，等. 狮子洋隧道陆地段盾构施工横向地表沉降研究 [J]. 隧道建设，2014（12）：1143-1147.

[29] 吕玺琳，周运才，李冯缔. 粉砂地层盾构隧道开挖面稳定性离心试验及数值模拟 [J]. 岩土力学，2016（11）：3324-3328.

[30] 康佐，王军琪，邓国华，等. 西安地铁一号线盾构隧道下穿朝阳门段城墙沉降数值模拟分析 [J]. 隧道建设，2015，35（1）：9-15.

[31] 仇文革. 地下工程近接施工力学原理与对策的研究 [D]. 西南交通大学，2003.

[32] Jenck O, Dias D. 3-D finite difference analysis of the interaction between concrete building and shallow tunnelling [J]. Géotechnique, 2004, 54 (8): 519-528.

[33] Mroueh H, Shahrour I. A full 3-D finite element analysis of tunneling-adjacent structures interaction [J]. Computers & Geotechnics, 2003, 30 (3): 245-253.

[34] Morton J D, King K H. Effect of tunneling on the bearing capacity and settlement of piled foundations [C]//Proceedings, Tunneling. London: IMM. 1979. 57-68

[35] Ocak I. Control of surface settlements with umbrella arch method in second stage excavations of Istanbul Metro [J]. Tunnelling & Underground Space Technology, 2008, 23 (6): 674-681.

[36] Jia R, Yang J, Li J. Monitoring and Numerical Analysis of Soil Displacements Due to Excavation of the Exit of Liuyang River Tunnel [C]//Geohunan International Conference. 2009: 218-224.

[37] 朱正国，黄松，朱永全. 铁路隧道下穿公路引起的路面沉降规律和控制基准研究 [J]. 岩土力学，2012，33（2）：558-563.

[38] 郑余朝，蔡佳良，袁竹，等. 地铁隧道下穿既有铁路近接影响分区和施工控制研究 [J]. 现代隧道技术，2016（6）：202-209.

[39] 何知思，杨新安. 浅埋黄土隧道下穿道路施工沉降及控制研究 [J]. 华东交通大学学报，2016，33（2）：35-41.

[40] 曹成勇，施成华，彭立敏，等. 浅埋大跨下穿高速公路隧道施工风险评估及控制措施研究 [J]. 铁道科学与工程学报，2016，13（7）：1439-1446.

[41] Sagaseta C. Analysis of undraind soil deformation due to ground loss [J]. Géotechnique, 1987, 37 (3): 301-320.

[42] 王晓睿，王元汉，余飞. 皮尔——自适应免疫算法在隧道围岩智能计算中的研究与应用 [J]. 岩石力学与工程学报，2007，26（a01）：3410-3415.

[43] 陈青香. 基于皮尔曲线模型的隧道围岩变形预测研究 [J]. 北方交通，2010（11）：48-50.

[44] 魏纲. 盾构隧道深层土体沉降槽宽度系数计算方法研究 [J]. 公路交通科技，2010，27（4）：110—115.

[45] Shirlaw J N, Doran S. Ground movements and settlements caused by tunnelling for the Singapore Mass Rapid Transit System [C]//Tunnelling. 1988.

[46] Kanayasu S，Yamamoto Y，Kitahara Y. Stability of excavation face in earth pressure balance shield [C]//International Symposium on Underground Construction in Soft Ground，New Dheli，India. 1994：265-268.

[47] New B M，Bowers K H. Ground movement model validation at the Heathrow Express trial tunnel [M]//Tunnelling' 94. Springer US，1994：301-329.

[48] 沈培良，张海波，殷宗泽. 上海地区地铁隧道盾构施工地面沉降分析 [J]. 河海大学学报（自然科学版），2003，31（5）：556-559.

[49] 张云，殷宗泽，徐永福. 盾构法隧道引起的地表变形分析 [J]. 岩石力学与工程学报，2002，21（3）：388-392.

[50] 万姜林，潘明亮，李治国. 浅埋单洞双层重叠隧道施工引起的地表与支护结构变形分析 [C]//中国土木工程学会年会. 2004.

[51] 王梦恕，罗琼. 北京地铁浅埋暗挖法施工——复兴门折返线工程 [C]//中国土木工程学会隧道及地下工程学会 1988 年年会. 1988.

[52] 季亚平. 考虑施工过程的盾构隧道地层位移与土压力研究 [D]. 南京：河海大学，2004.

[53] 刘洪震，赵运臣. 广州地铁"越～三"区间盾构工程地表沉降原因分析 [J]. 隧道建设，2002（1）：20-23.

[54] 荆龙飞. 地铁浅埋暗挖施工引起地表沉降规律研究 [D]. 西安建筑科技大学，2013.

[55] 姜忻良，赵志民，李园. 隧道开挖引起土层沉降槽曲线形态的分析与计算 [J]. 岩土力学，2004，25（10）：1542-1544.

[56] Gang W. Prediction of Soil Settlement caused by Double-Line Parallel Shield Tunnel Construction [J]. Disaster Advances，2013，6（6）：23-27.

[57] 魏新江，魏纲，丁智. 城市隧道工程施工技术 [M]. 北京：化学工业出版社，2011.

[58] 王靖. 高速公路隧道开挖引起既有公路的沉降预测与影响因素研究 [D]. 长沙：中南大学，2011.

[59] O'Reilly M P，New B M. Settlements above tunnels in the United Kingdom-Their magnitude and prediction [M]. 1982.

[60] Attewell P B，Farmer I W. Ground Deformations Resulting from Shield Tunnelling in London Clay [J]. Canadian Geotechnical Journal，1974，11（3）：380-395.

[61] Atkinson J H，Potts D M. Stability of a shallow circular tunnel in cohesionless soil [J]. Geotechnique，1977，27（2）：203-215.

[62] Clough G W，Schmidt B. Design and performance of excavations and tunnels in soft clay [M]. Dept. of Civil Engineering，Stanford University，1977.

[63] Rankin W J. Ground Movements Resulting From Urban Tunnelling：Predictions and Effects [J]. Engineering Geology of Underground Movements. Proceedings of the 23rd Annual Conference Of The Engineering Group of the Geological Society，Nottingham University，September 13-17，1 [M]. 1988.

[64] 刘建航，侯学渊. 盾构法隧道 [M]. 北京：中国铁道出版社，1991.

[65] Loganathan N，Poulos H G. Analytical prediction for tunneling-induced ground movements in clays [J]. Journal of Geotechnical and Geoenvironmental Engineering，1998，124（9）：846-856.

[66] 孙玉永，周顺华，宫全美. 软土地区盾构掘进引起的深层位移场分布规律 [J]. 岩石力学与工程学报，2009，28（3）：500-506.

[67] 魏纲. 盾构隧道深层土体沉降槽宽度系数计算方法研究 [J]. 公路交通科技，2010，27（4）：110-115.

[68] 李倩倩，张顶立，房倩，等. 浅埋暗挖法下穿既有盾构隧道的变形特性分析 [J]. 岩石力学与工程学报，2014，33（a02）：3911-3918.